上海社会科学院重要学术成果丛书·专著

道契与地籍图册

近代上海城市空间形态研究 (1843–1943)

Title Deed and Cadastral Map

Research on the Urban Space Form of Modern Shanghai 1843 -1943

·下册·

牟振宇／著

上海人民出版社

本书出版受到上海社会科学院重要学术成果出版资助项目的资助

第四章
公共租界北区地籍图册与城市形态演变

公共租界北区,位于苏州河以北,原系农业区,上海开埠后,有部分美国侨民来虹口居住。1863 年最终确定为美租界,因该地原称虹口,故又称虹口租界。相对于研究丰硕的英法租界相比,虹口地区的城市化研究仍比较薄弱。其中有代表性的研究成果有,吴俊范曾根据租界档案和相关文献,从城市道路的角度出发,对虹口地区的早期城市空间拓展进行了个案研究。[①]钱宗灏、刘存钢以咸丰期间上海道签发的 73 分外侨租地道契和光绪二十一年至二十二年(1895—1896 年)的 75 份道契为研究对象,向读者展示了原属于虹口租界的虹口、杨浦滨江地区城市化和工业化进程中的土地价格及从业者变化的图景。[②]张晓虹、罗婧则利用美国国会图书馆收藏的《1864—1866 年上海虹口暨美租界地图》《行名录》《上海道契》和《工部局董事会会议录》等资料,对开埠早期上海美租界城市化进程进行研究。该研究指出,1850—1860 年开埠早期虹口地区的城市化进程是在港口经济驱动下,借由土地价格的浮动所实现,并且使上海一改中国传统城市只依河流一侧形成单岸城市的特点,而发展为跨苏州河两岸的

---

① 吴俊范:《从英、美租界道路网的形成看近代上海城市空间的早期拓展》,《历史地理》,第 21 辑,上海人民出版社 2006 年版。
② 钱宗灏、刘存钢:《上海北外滩早期的地价及其城市化特征》,《同济大学学报(社会科学版)》,2017 年第 6 期。

双岸城市。[1]这些研究对于本书仍具有非常重要借鉴意义。本章重点依据地籍图册和上海道契的资料,对这一地区的城市化过程,土地产权和土地占有演变,以及土地价格和土地利用等方面进行系统的分析,以揭示该地区城市发展的基本特征和规律。

第一节　原行政区域与乡村景观要素复原

要了解这一地区的城市化过程,首先就要尽可能复原城市化之前的乡村景观。城市化的过程,实际上就是乡村景观逐步转变为城市景观的过程。公共租界北区,在外国人来这里之前,是一片典型的江南农业圩田区。河浜、圩田纵横交错,村镇聚落星罗棋布。陈玚《近代上海城乡景观变迁(1843—1863 年)——基于上海道契档案的数据处理与分析》[2]以及周振鹤、陈玚《清代上海县以下区划的空间结构试探——基于上海道契档案的数据处理与分析》[3],二文运用道契资料对该地区的图圩空间范围做过详细复原,在此基础上,进一步复原了这一地区的乡村聚落,并讨论了主要桥梁、坟墓等景观要素的基本状况。这些研究成为了解北区乡村景观的基础。本节将在此基础上做进一步的补充和说明。

一、图、圩范围复原

首先,根据嘉庆、同治《上海县志》和民国《上海县续志》的相关记载,了

---

① 张晓虹、罗婧:《开埠早期上海虹口地区城市化进程研究——兼论英美租界合并的土地经济动力》,《苏州大学学报(哲学社会科学版)》,2021 年第 1 期。

② 陈玚:《近代上海城乡景观变迁(1843—1863 年)——基于上海道契档案的数据处理与分析》,复旦大学博士学位论文,2010 年。

③ 周振鹤、陈玚:《清代上海县以下区划的空间结构试探——基于上海道契档案的数据处理与分析》《历史地理》,第 25 辑,上海人民出版社 2011 年版,第 124—148 页。

解该地区图圩的大概位置和范围。嘉庆《上海志》记载:二十五保,一图,老闸北,二图,老闸南。同治《上海县志》卷一《乡保》记载:"二十五保,区一,图十六,县城及四郊。一图,老闸北;二图,老闸南;三图;旧军工厂。"又据同书卷首《上海浦西乡保区图图》可知,这一地区属二十五保老闸区一图。而二图和三图位于苏州河以南。而民国《上海县续志》记载:"自咸丰团练至今,地方行政区划,取办事之便利,分为城局一乡局二十有二。兹即以二十二乡局定为二十二区,而画出城局北境为老闸区,各区所辖图分审定如左⋯⋯老闸区辖图三,均隶二十五保,曰一图、二图、三图。"从卷首《老闸图》上看,一图位于苏州河北,二图和三图是跨苏州河的。

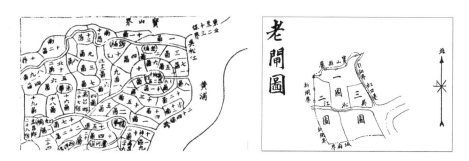

图 4-1-1 同治《上海县志》"浦西乡保区图图"和民国《上海县续志》"老闸图"

其次,笔者的研究方法,与上述两文基本相同,也是采用道契数据进行复原,略有不同的是,笔者采用了 1900 年公共租界北区的地籍图册资料。关于这份地籍资料的基本情况,后文还要详述。采用这种方法的优点在于,地块的位置更为准确,因为地籍图上标注了每个地块的位置,而且,与地籍图相对应的地籍册上有该地块的道契编号,通过二者连接,就可以复原该地块的空间位置和范围。至于上海道契资料,主要采用上海市档案馆编并于 2005 年刊行的《上海道契》中的《英册道契》和《美册道契》,因为在 1900 年之前,该地区以英美商人为主,至于日本、德国、意大利等其他国家的侨民,在本区的土地还甚少,微不足道。

第三,运用 GIS 的方法,对 1900 年公共租界北区地籍图进行复原,并与地籍册连接。再将《上海道契》中的相关道契数据与地籍数据进行连接,由此得出该地区的图圩分布图。公共租界北区,包括二十五保一图知字圩、二图过字圩和三图必字圩的北部。

(一)二十五保一图知字圩

"二十五保一图知字圩",也记作"二十五保头图知字圩"。据不完全统计,英册道契中记载位于"二十五保一图"的有 152 份道契,"二十五保头图"有 304 份道契,二者不做区别统一作为该图圩的范围。美册道契中,记载位于"二十五保一图"的有 15 份道契,"二十五保头图"的有 39 份道契。根据这些道契的位置,可以初步推断二十五保一图知字圩的空间范围,大致位于:东至虹口浜,北至界路,南至苏州河。东南与二十五保三图以今塘沽路、四川北路为界,西南与二十五保二图以海宁路、福建北路以西为界。

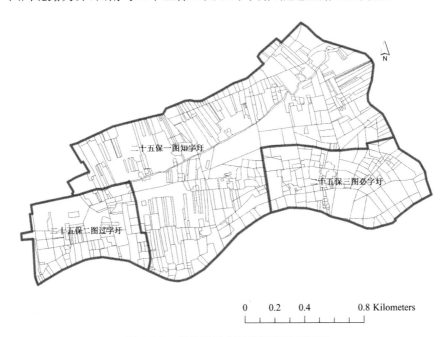

0   0.2   0.4   0.8 Kilometers

图 4-1-2 公共租界北区图圩范围复原图

注:底图采用 1900 年公共租界北区地籍图册

（二）二十五保二图过字圩

据不完全统计，英册道契记载位于"二十五保二图过字圩"的有 221 份道契。二十五保二图过字圩的范围，东、北均与二十五保一图相邻，以川虹浜、福建北路以西为界，南至苏州河，西至上海县与宝山县界。

（三）二十五保三图必字圩

据不完全统计，英册道契中记载"二十五保三图必字圩"的有 60 份道契。其范围东至虹口浜，南至苏州河，西、北与二十五保一图相邻，二者的边界是：今塘沽路和四川北路。

二、市镇、集市、聚落复原

（一）市镇

1. 虹口

虹口之名，始见于清康熙《上海县志》。该志卷首县境全图，吴淞江以北有一条河，连接虬江与黄浦江。在黄浦江入口处标有"虹口"二字。嘉庆《上海县志》卷首县境图，在同一位置，则标注为"洪口"，故有文献认为"虹口"实为"洪口"传讹。[①]同治《上海县志》卷首《古上海县全境图》，又标为"虹口"。在同书的《上海县北境水道图》上，不仅标注了"虹口"，而且还绘制了虹口浜的大致位置走向，该浜位于下海浦和陶林浦之间，北向通中穿洪、北穿洪，并与虬江连接。

据专家考证，虹口港的前身系上海浦北段。元代，上海浦并入黄浦之中，今嘉兴路桥处就是当年黄浦注入吴淞江的地方，称"黄浦口"。明代中期，吴淞江改道至宋家浜（今福建路桥一带）在今外白渡桥处与黄浦合流。关于虹口的名称，还有一说，此段上海浦故道因北接三洪，遂名沙洪、串洪或洪口。因"洪"字与明太祖朱元璋的"洪武"年号，字音皆同，清朝官员在官方

---

① 郑祖安：《"虹口"考略》，载唐振常、沈恒春主编：《上海史研究二编》，学林出版社 1988 年版，第 421—424 页。

文书中乃改"洪口"为"虹口"。

虹口，清朝时为海防要塞。康熙七年，巡察使肯赤黑等驻扎上海期间，撰写《防海疏》，建议将虹口浜等几处河流用木椿钉塞，本意是作为海防之需，实际上这一举措不仅影响了河流的正常流淌，而且给当地的发展造成了恶劣影响。乾隆《上海县志》记载："康熙七年，巡察使者肯赤黑等驻邑，建防海之策疏，将界浜、虹口、西虹江三河用木椿钉塞，……"，"后数年，突将各处渐次钉塞，内河填咽，洩泻无从，腹地膏腴尽成灌莽"。乾隆年间，在虹口设炮台一座。据乾隆《上海县志》记载："本朝于沿浦若虹口、龙华、关上闸，港口之周家寺及竹冈、语儿泾，沿海则殷家路口、杨家路口、黄家湾、宝山城诸处，各筑炮台一座，遇有寇警，则举炮相闻，谓之号炮。其烟墩即古之烽燧也。"民国《上海县续志》将虹口地理位置的重要性说得更加具体："吴淞、虹口与陆家嘴为黄浦第三层门户，由此历邑城至董家渡，尤为全局关键。"进出上海的最大水路——黄浦江，共有三层门户，其中虹口、陆家嘴和吴淞江所在的地理位置为第三层门户，也是事关全局最重要的一层门户。

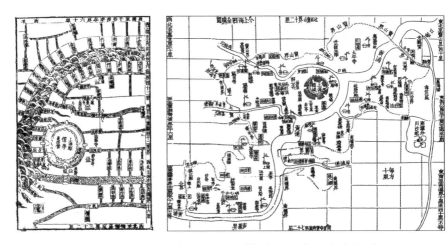

图 4-1-3　康熙《上海县志》"虹口"与嘉庆《上海县志》"洪口"

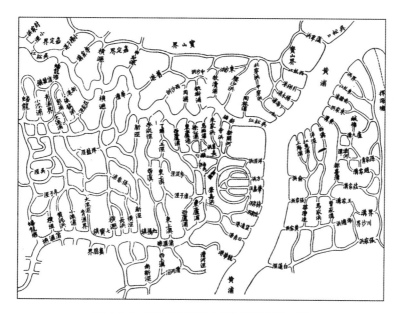

图 4-1-4　同治《上海县志》卷首所绘"虹口"

注：虹口浜，在嘉庆和同治《上海县志》均指"虹口"，后缀无浜或河字。

　　虹口浜沿岸地带，根据与黄浦江距离远近，又分为"内外虹口"或者"里外虹口"。在上海一般将河流的上游，称为里，河流的下游称为外。"里虹口"指虹口港的中上游，"外虹口"一般指虹口港下游，即入黄浦江处。王韬在其《瀛壖杂志》指出，"浦北为虹口，近浦曰外虹口，较远曰里虹口"。①

　　位于虹口滨岸的里、外虹口，因水路发达、交通便利，最先发展起来。道光年间，这里发展为集市。据同治《上海县志》载："内、外虹口市，县东北九里，道光间渐成市，多聚客民，易藏奸宄。"虹口的发展主要受益于开埠之后大量外来人口。尤其是小刀会起义和太平天国运动期间，大量难民涌入上海，有相当一部分外来难民，涌入虹口，并在这里定居下来。但由于这里疏于管理，治安较差，被视为藏污纳垢之所。据民国《上海县续志》称，"虹口为赌窟……，皆污垢之渊薮。"

① （清）王韬：《瀛壖杂志》，岳麓书社 1988 年版，第 193 页。

2. 老闸市、新闸市

吴淞江是一条潮汐河,每天潮涨潮落。潮汐携带了大量的泥沙,常年沉积会淤塞河道。为此,古人在吴淞江下游入江口修建水闸,用来阻挡潮水,涨潮时闭闸,退潮时开闸。遇到闭闸的时候,船民就会上岸休息,补充一些食品或生活用品。久而久之,在老闸的地方人气渐旺,形成集市,俗称"老闸市"。嘉庆《上海县志》记载,"老闸市,城北三里"。著名的"沪城八景"之一"吴淞烟雨",就是描写烟雨朦胧中老闸的自然风景。古人作诗曰:"闸门潮长水如春,去去张帆拂柳浓。别有归舟烟雨里,迎潮无奈泊吴淞。"[①]后来老闸因历史悠久,逐步损毁,被弃之不用。而在老闸的上游不远处,又新建水闸,俗称"新闸",这里也逐步发展为集市。嘉庆《上海县志》记载,"新闸市,城北五里"。

一般认为,老闸市位于苏州河南岸,福建南路至厦门路之间的苏州河边。其实,南北两岸均有集市存在。根据《上海道契》中的位置记载,在苏州河北岸,靠近福建北路的地方,也就是老闸的北岸,有"唐家衖"和"老唐家衖",推测是老闸北岸最先发展起来的街巷。上海开埠后,"老闸市"、"新闸市"成为日益繁华的大都市一部分,名字也逐步消失在历史的长河中了。

(二) 乡村、聚落

除了市镇外,该地区大部分地区为乡村聚落。上海道契中还记载了一些聚落地名的信息。根据这些信息,可以复原该地区原有的村落。

1. 二十五保一图和头图的聚落

从英册道契的记载来看,以"姓"+"家"+"宅"为名的村落,在该地区分布最多,主要有如下村落:费家宅、沈家宅、孙家宅、包家宅、毛家宅、钱家宅、小陆家宅、杨家宅、张家宅、周家宅、朱家宅、前暨宅、荣家宅等。这些村落多沿河而居,为典型的江南水乡。

---

① 清乾隆时期李行南《申江竹枝词》所记"海天旭日、黄浦秋涛、龙华晚钟、吴淞烟雨、石梁夜月、野渡兼葭、凤楼远眺和江皋霁雪"之一。

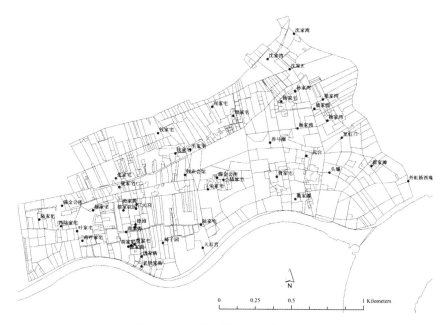

图 4-1-5　公共租界北区村落分布图

以"湾"为通名的村落有：杨家湾、沈家湾、梁家湾、孙家湾。湾，即河流弯曲处，一般是村落的外围小河。以"湾"命名的村落主要位于虹口港西侧。

以"衖"为通名的村落：梅家衖、老唐家衖、新唐家衖，主要位于苏州河北岸，靠近老闸，密集分布，为老闸地方较早形成的街巷或聚落点。

以"园"为通名的村落，如柿子园、徐园，为私家园林，主要位于苏州河北岸。柿子园，估计是私家果园，以种植柿子为主。根据上海道契记载，柿子园大致位于老闸以北，在今山西北路天潼路附近。徐园，距离柿子园不远。

以河浜命名的村落有：沈家汇、川虹浜（或写作穿虹浜）、北川虹浜、东川虹浜、南川虹浜、中川虹浜、老川虹浜、染坊浜、界浜、虬港、俞泾浦口。

"土名"中还记载有一些建筑或机构，用于标注地点，如：三官堂、钱业会馆、三元宫、锡金公所、文昌阁、油车基等，还有养马圈。

三官堂，据同治《上海县志》记载："西竺禅院，在虹口，向名三官堂，在洋泾浜，后地入西商，僧明照迁建，改今名。"

三元宫，又称为三元宫庙，位于天潼路以北、四川北路以西的街区。

钱业会馆，为钱庄行业的会馆，位于河南北路以西、海宁路以南的街区。据民国《上海县志》记载："沪北钱业会馆，二十五保一图公共租界铁马路，光绪十四年公建。钱市向在沪南，租界既辟，商贾云集，贸迁有无，咸恃钱业为灌输。于是始分南、北两市，而会议同业规则及地方公益筹助赈济等事，则恒以邑庙内园为总公所。迨北市营业愈广，事务亦愈繁，同业为便利计，遂输助款项，克日观成，计糜建筑费十余万金，占地十六亩有奇，峻宇崇墉，巍然在望，诚巨观也。附设怀安恤嫠会，专恤同业伙友故后其妻之贫乏者。"

锡金公所，即锡金公馆，为江苏无锡的同乡公所，位于河南北路以东、海宁路附近。

养马圈，即养马的地方。西方人喜欢养马，并在英租界先后开设了三个跑马场，而在郊区，又开辟了很多跑马道，或者进行赛马猎纸比赛场地。但虹口这个养马场，应该非西人的养马场。据嘉庆《上海县志》记载，康熙九年，"里民高向荣从养马院、宋家桥径直出浦，减浚三百余丈，省帑多金"。宋家桥，在吴淞江入黄浦江处，养马院距离宋家桥不远，说明至少在康熙初年这里已经有了一个叫养马院的地方。道契中有关"养马圈"的记载，养马圈在费家宅之北，其范围大致在四川北路以东、塘沽路以北。

2. 二十五保二图知字圩聚落

本图圩中以"宅"为通名的村落有：韩家宅、胡家宅、陆家宅、徐家宅、薛家宅、叶家宅、张家宅。

以街或"衖"为通名的村落有：中巷街、唐家衖、宋家衖、瞿家巷、顾家衖，大部分位于苏州河北岸。

3. 二十五保三图必字圩聚落

本图圩位于黄浦江与苏州河的交汇处，聚落主要有：瞿家滩，位于虹口港西侧，系虹口涨滩，以涨滩命名村落；还有一些姓氏聚落，如"养马圈东之陈家宅"、魏家宅、费家宅等，以费家宅范围最大。

该圩中还有一个特殊的地名："头坝"，为吴淞江上为修筑水闸而建造的水坝。头坝,即吴淞口的第一个水坝。同治《上海县志》记载:"吴松江石闸……明嘉靖元年,李充嗣建闸于头坝之关桥,后圮。"这座石闸,后迁建二坝,即所谓老闸。这座老闸几经修筑,"久之亦废"。雍正十三年,移建于金家湾,乾隆二年十月竣工,俗称新闸。

三、河浜、道路、桥梁复原

(一) 河流

在英册道契中,"土名"有关河浜的信息:川虹浜、北川虹浜、东川虹浜、南川虹浜、中川虹浜、老川虹浜、染坊浜、界浜、虹港、俞泾浦口。

虹港,即虹江,也写作"旧江",是吴淞江故道。据同治《上海县志》记载:"旧江,即吴松江也,亦名虹江。"明朝中后期,吴淞江改走今道后,这条故道成为吴淞江的北岸支流,跨越嘉定、青浦、上海和宝山四县境。其中,西沙洪、中沙洪,即虹口港,均连通虹江。

虹口港,民国《上海县续志》:"虹口港。即前志沙洪。纳浦潮西北流,过北新虹桥,又西北折而东,过何家桥。又西北至分水庙分为三。一东出过陶家湾、虹镇,又东北入宝山县境。一北出至诸家行,而东北流。一西北出,过谈家桥,入宝山县境。"

川虹浜为该地区最长的一条东西向河流。但在历年的《上海县志》中记载其少,"川虹浜"这个名字出现很晚,直到民国《上海县续志》才有记载:"光绪三十四年……,继又奏归闸北马路工需,近来闸北添筑大新桥、杨树浦、川虹浜各马路,需费浩繁,暂借商部存项十万两,全恃续收滩价归还,详明批准立案云云。"嘉庆《上海县志》记载有"穿虹浜,南通诸翟镇,北入嘉定界"。诸翟镇,位于今吴淞江上游闵行区,地处原上海、青浦和嘉定三县的交界处,距离虹口甚远。由此判断,穿虹浜与川虹浜,并非一条河流。《虹口区地名志》认为:川虹浜,即穿洪浜,"穿洪浜接沈家湾,经吴淞路,折向北海宁路,至海宁路西流。19世纪60年代淤没后,逐渐形成今日的海宁路"。

嘉庆《上海县志》亦有"穿洪浜"的记载,"穿洪,即中洪","中沙洪,在西沙洪东,亦穿旧江而北入嘉定界。"而同治《上海县志》卷首《上海县北境水道图》显示,与虹口浜连接的是中穿洪和北穿洪,该河流为北走向,而非东西走向,故"穿洪",应为虹口港的北段,非川虹浜。《同治上海县志札记》卷一记载:"上海县北境水道图……图于下海浦西有虹口,北流为中穿洪、北穿洪。志无虹口,有沙洪,注由虹口桥进中流曰穿洪,则沙洪即虹口也。"

(二) 桥梁

本区内河浜纵横交错,桥梁星罗棋布。川虹浜,为本区最长一条东西向河流,河上桥梁众多。自西向东,分别是张家宅桥、张家桥、杜木桥、周家桥和周家石桥,均靠近聚落,方便居民进出。界浜,位于本区的西北边界,浜上有界浜桥和钱家宅桥。这些历史较为久远的桥梁,随着这些河浜的填埋筑路,逐步消失在历史的长河里。

也有一些历史较长的桥梁,却因为实际的需要而保留至今,并发挥重要作用。最著名的是虹口浜上的"虹桥",根据依据与黄浦江距离的远近,有"外虹桥""中虹桥"和"里虹桥",分别位于今东大名路、东长治路和汉阳路上。据嘉庆《上海县志》,"二十三保浦之北,跨虹口、下海浦、杨树浦、引翔港等河者,为虹桥,旧木制,乾隆三十四年重瞿、钱二姓易石墩,后里人重修)、分水庙桥、南虹桥、北虹桥、沈家桥(上、宝分界处)……"。可见,虹桥出现时间应该在乾隆三十四年之前,原为木桥,乾隆三十四年改为石桥。另外虹口河上还有南虹桥和北虹桥。分水庙位于虹口浜与虬江南北分流处,分水庙桥应在虹口浜的最北端。道光二十一年,在虹口外又建造了一座木桥,名外虹桥。又,民国《上海县续志》记载:"跨虹口港者,外虹桥、中虹桥、即前志南虹桥。里虹桥、即前志北虹桥。新虹桥、北新虹桥、四卡子桥、嘉兴桥。上并工部局建。"

在开埠之前,吴淞江下游出口处并无桥梁,过江靠船渡。上海开埠后,两岸土地开发快速,对交通运输的需求日益增长,船渡已无法满足,于是工部局或中外商人在江上新建了若干桥梁。据民国《上海县续志》记载:"跨吴松江者,外摆渡桥、二摆渡桥、里摆渡桥、自来水桥、铁马路桥、盆汤衖桥、老闸桥、老垃圾桥、新垃圾桥"。

外白渡桥，咸丰六年（1856 年），英国人威尔斯（Charles Wills）在吴淞江靠近江口的地方修建，为一座木质桥梁，俗称威尔斯桥，并开始收取过桥费。在 1884 年《上海县城厢租界全图》[①]上，标注为"大桥"。到了 1906 年，这座木桥不足以应付巨大的交通压力，于是被一座钢架结构的外白渡桥取代。

头白渡桥（即今四川路桥），在外白渡桥和二白渡桥之间，四川北路南端，连接英租界四川路和虹口的四川北路，在 1884 年《上海县城厢租界全图》上也有标注。

二白渡桥，位于江西北路南端，连接英租界江西路和虹口的江西北路。1873—1876 年由工部局建，为六孔木桥。1882 年英商自来水公司在江西中路香港路建有水塔，1883 年为了让杨树浦水厂输送到吴淞江南岸，在这座桥旁边建了巨大的自来水管，因此当时人称这座桥为自来水桥。

三白渡桥（即今河南路桥），位于河南北路南端，连接英租界河南路和虹口的河南北路。

盆汤弄桥，即山西路桥，连接山西南路与山西北路，1885 年由工部局所建，为一座六孔木桥，因吴淞江边到南京路之间的山西路，称"盆汤弄"，故这座桥也称"盆汤弄桥"。[②]

新闸桥（即今福建路桥），位于英租界福建路北端，连接英租界福建路和虹口的老街（今福建北路）。据民国《上海县续志》记载："雍正十三年建新闸，两岸各筑石磴，中架浮桥，船过拽之。咸丰间，洋商易以铁轨，用铁索牵挽。同治元年，巡抚李鸿章改建。光绪二十三年，商董徐鸿逵、总董瞿开桐议仿西式建平桥，巡道刘麒祥捐银二千两，商民集捐银二千两，就旧石磴建。汇通桥。俗名新大桥。光绪二十九年，粤商沈铺、祝承桂，浙商钱康荣，集资经建。"在 1884 年《上海县城厢租界全图》上标注为"老闸桥"。

老垃圾桥，即浙江路桥，位于英租界浙江路北端，连接英租界浙江路和

①　https://www.virtualshanghai.net/Asset/Preview/vcMap_ID-261_No-1.jpeg［2022-6-10］.

②　黄浦区人民政府编：《黄浦区地名志》，上海社会科学院出版社 1989 年版，第 459 页。

虹口。在 1884 年《上海县城厢租界全图》上，标注为"新造大桥"。原为石桥，1908 年改建为钢架结构，因附近为垃圾船，粪船停泊之处，故名。

新垃圾桥（即今西藏路桥），北接西藏北路和西藏中路。1853 年挖泥城浜，通苏州河，后在两河相交处建木桥。为了区别老垃圾桥，故名新垃圾桥。

（三）道路

有关道路的记载，在道契的土名记载中，仅有两条：打靶路（或写作打枪路）、铁路（或写作铁马路）。

打靶路，又称打枪路，据民国《上海县续志》记载："靶子路，斐伦路西，河南路东。"1870 年，工部局在虹口港一带购买了一块土地，作为训练射击的靶场，还把靶场南面的穿洪浜填埋筑路，即为"靶子路"。靶场搬走后，"靶子路"成了"老靶子路"。

铁路，或写作铁马路。上海最早的铁路就是淞沪铁路。据民国《上海县志》记载，同治五年七月，英商玛礼逊出资创筑一条从老靶子路至江湾的铁路，由上海老靶子路至江湾，"长十里八分"。光绪二年三月，再由江湾延长至吴淞口，"共长三十里五分，轨宽四尺"。铁路筑成后，中国官方担心会对中国的国防不利。光绪三年九月，总督沈葆桢购回拆毁，偿英商银二十八万五千两，"车轨等件移至台湾供运煤之用"。光绪二十二年十月，南洋通商大臣奏准复筑。光绪二十三年三月开工，二十四年七月竣工。路线由靶子场起，经张华浜至吴淞口炮台湾，"长三十里五分七"，共享银九十二万五千八百二十八两，内购地费十二万六千三百四十八两。光绪三十年九月归并于沪宁铁路。

沪宁铁路，光绪二十九年二月，总督张之洞奏准建造，由于督办盛宣怀与英商银公司借款 225 万英镑作为资本，以淞沪铁路为抵押。光绪二十九年八月开工，三十四年三月全线竣工，"全路共长六百三里"为第一条连接南京和上海的铁路。

（四）义渡

吴淞江上最初无桥，两岸交通靠渡船。清朝时，当地士绅曾在吴淞口附近设立头坝义渡，方便两岸居民跨江，直到咸丰六年威尔斯建桥后，义渡的人数才减少。王韬《瀛壖杂志》记载，"沿浦多以小舢渡人，操舵者皆闽、浙无赖子也。虽至深夜唤渡，无不应者。咸丰六年，西人建筑巨桥以通往来，而招招者迹稍稀矣。"①

头坝义渡，同治《上海县志》记载："在吴淞江口，康熙十八年钱瑞、金章等捐设，咸丰年间建木桥代之。"

代笠亭，同治《上海县志》记载："在吴松江头渡口，张锡怿建。乾隆四十五年，吴惟德重修，易名咸宜，后圮，子大成迁建北岸，仍旧名"。

四、道契中的原业主姓氏

道契不仅记载了承租业主姓名，即外国地产主，也记载了土地出售的原业主姓名。根据上述方法将这些业主付之于图，绘制公共租界北区原业主地产分布图。

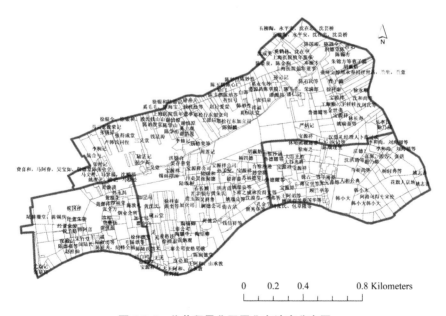

图 4-1-6　公共租界北区原业主地产分布图

---

① （清）王韬：《瀛壖杂志》，第 193 页。

这里主要根据英册道契中的原业主进行统计分析。英册道契中位于二十五保一图和头图的,记载有原业主的共计 389 份道契。从这些名单可以看到,这些所谓的原业主,并非均是原土著居民,有些是洋商或洋行,比如通和行,也有些是从事土地买卖的外省籍华商或企业,比如宝源祥,即徐润的商行。还有一块地产为工部局的地产(B. C. 2861)。

(一)二十五保一图和头图的姓氏

1. 姓氏分布

英册道契记载的本图圩原业主各姓氏有陈、陆、奚等 51 个姓氏家族,共占有 52 宗 763 亩土地。从每份道契记载的土地面积来看,平均每份道契的面积为 763÷52＝14.67(亩)。考虑到当时上海地狭人稠,平均到每户家庭的田亩数,应该没有这么多。道契记载的仅是部分业主,并不是全部的业主。不少道契的正文中记载华人业主,写作"某某等"。比如英册道契 4249 号,原业主写作"瞿耀昌,瞿耀福,瞿耀曾,瞿耀玉等"。对于当时的永租制而言,华人一旦将土地永租给洋人,就意味着与此土地没有任何关系了,再加上当时华人地位低下,更没有必要将所有业主姓名记录下来。本图圩中还有 71 份道契,原业主是空缺的。另有若干份道契,仅写姓,如陈姓,未写全名。

从有姓名的统计数据来看,本区域并不大,却聚集了如此众多的姓氏家族,可以推测这一地区已有了很多外来移民。哪些姓为外来移民,哪些是原土著居民,很难判断,只能做一些推测:以姓氏村落的姓氏,应该是土著居民,因为村落的形成时间一般较长,可以推断费、沈、孙、钱、陆、杨、张、周、朱等为土著姓氏。另外人口较多、占地较多的姓氏,可能是原土著居民。因为一次性移民可能人口较多,但不一定占地较多,除非全部都是有钱家族,这种情况在现实中不多。如果排除一次性移民,人口自然增长非一朝一夕。按照这种思路,将占地 5 块以上,土地面积超过 10 亩的算为土著居民:陈、奚、徐、胡、黄、朱、唐、张、马、顾。这两种方法统计的土著居民共计 19 个,仅占该图圩全部姓氏的三分之一强。

钱姓是这一地区的名门望族,家族中最有影响的是钱秀三,是沙逊洋行买办。①

从历史事件来看,这些外来姓氏的移民,大部分应该是开埠之后,特别是小刀会起义失败后迁过来的。当时清政府"下令拆除潮州会馆并强迫广东籍人迁移分散,一部分广东人迁移到高昌庙附近,另一部分被迁距县城较远的虹口美租界内的天潼路附近"。②虹口成为广东人的聚集地,美国汉学家裴宜理指出,"文化差异还反映在居住方式上。广东人聚居于美国人所在的虹口区,而宁波移民一般居住在老城所在的南市,紧靠宁绍码头——这可是上海与其家乡浙江省之间的商业生命线"。③

表 4-1-1　二十五保一图(头图)的原业主各姓氏地产汇总表　面积单位:亩

姓氏	面积	土地数	姓氏	面积	土地数
陈	115.56	36	唐	22.11	6
陆	106.83	47	金	21.50	4
奚	68.92	15	张	20.36	11
徐	47.61	18	马	18.53	10
费	35.77	7	顾	15.63	7
孙	33.97	11	沈	15.39	15
胡	32.73	10	钱	13.16	13
黄	25.80	5	潘	8.33	11
洪	25.18	4	周	7.19	7
朱	24.91	8	王	7.13	10
谢	24.65	2	刘	6.44	2

① 中国人民政治协商会议上海市闸北区委员会、闸北区苏河湾建设推进办公室编著:《百年苏河湾》,东方出版中心 2011 年版,第 147 页。

② 刘正刚:《广东会馆论稿》,上海古籍出版社 2006 年版,第 91 页。

③ (美)裴宜理:《上海罢工:中国工人政治研究》,商务印书馆 2018 年版,第 23 页。

续　表

姓氏	面积	土地数	姓氏	面积	土地数
郑	5.58	1	邢	1.80	1
白	5.50	2	苏	1.75	1
陶	4.57	2	梁	1.58	1
吴	4.21	6	姚	1.54	1
蔡	3.93	2	施	1.40	1
林	3.62	1	伯	1.27	1
李	3.47	2	倪	1.03	1
曹	3.16	2	高	0.89	2
卢	3.13	2	麦	0.80	1
祝	3.07	1	洋	0.70	1
郭	3.00	1	邓	0.38	1
杨	2.80	4	赵	0.37	1
许	2.20	1	魏	0.33	1
瞿	1.91	3	谭	0.10	1
庄	1.82	1			

资料来源:《上海道契》,卷 3—25。

2. 华人公司或机构

华人公司或机构,也是本图圩原业主中一个重要组成部分,总计有 25 个,共售地 49 宗地产,计 239.55 亩土地。鉴于开埠之前本图圩为农业地区,故这些公司、商行均系开埠之后开办的。比如本图圩中占地最多的宝源祥,系著名的华商企业家、宝顺洋行的买办徐润创办的房地产公司,在中法战争之前,曾在上海购地"三千亩",为当时的"地产大王"。徐润以其开办的宝源祥或潘源昌名义购地。在本图圩中,宝源祥售卖的土地有 89.47 亩,实际拥有土地应该超过百亩。其他商行,或做贸易,或做其他行业。从其占有的土地数量和土地面积来看,这些业主只有宝源祥售地 17 块地产;其他如谦益公司,6 块地产;仁记,2 块地产;三泰公司,2 块地产。由徐银宝,徐银和,徐银全,徐银海,徐小弟组成的协记商行,尽管只有 1 块地产,但面积达33.84 亩。另外还有协记成、恒庆堂、砚云堂等商行,售地面积超过 10 亩,其他售地面积均低于 1 亩。可以推断,这些商行的土地大部分是出于营业需要,作为房地产交易的较少。

表 4-1-2　二十五保一图(头图)华商原业主　　　　　　面积:亩

名　称	面　积	名　称	面　积
宝源祥	89.47	三益公司	3.47
协　记	33.84	铅门	2.91
协记成	27.69	三泰公司	2.04
恒庆堂	16.62	曹松筠堂	1.93
砚云堂	10.89	项荣记	0.99
三义堂	7.31	树德公司	0.70
谦益公司	6.97	恒义公司	0.70
昌　记	6.21	苄真堂	0.63
合意堂梁,万	5.29	润德堂陈	0.59
容宝善堂	5.22	洽　记	0.55
厚福公司	5.04	翁六桂堂	0.41
仁　记	3.98	有恒号	0.37
祥　福	3.55		

资料来源:《上海道契》,英册部分,卷 3—25。

3. 洋商或洋行

由于笔者统计的道契数据是 1847—1911 年,时间跨度较大。故道契记载的有些土地,非原土著居民的土地,说明在道契颁发之前,该土地已经为外国人所有。从其身份来看,既有英国商人,比如汉璧礼经理人卜落司试,或者商行,比如通和行等,也有美国商人,比如旗昌行。这些道契大部分是由其他道契换立或划出另立的新契:

英册道契第 4561 号，原业主为巴吉，该契是由法册套字 224 号契换立。

英册道契第 3455 号，原业主为贝尔，该契是由英册道契 2418 号划出另立本契。

英册道契第 1226 号，原业主为呵利喊喇，该契是由美册 342 号换立。

英册道契第 4097 号，原业主为惠尔生，该契是由英册 1569、2120 等号各划出北首之地一段，并立本契。

英册道契第 3108 号，原业主为加立司，该契是由德册 160 号换立。

英册道契第 3109 号，原业主为加立司，该契是由德册 161 号换立。

英册道契第 3163 号，原业主为加立司，该契是由德册 140 号换立。

英册道契第 7171 号，由美册 1131 号换立。

英册道契第 5245 号，原业主为门利，该契是由美册 1022 号换立。

英册道契第 3317 号，原业主为耶松行东加立司，该契是由德册 132 号换立。

英册道契第 3325 号，原业主耶松行东加立司，该契是由德册 133 号换立。

英册道契第 2566 号，原业主业广公司，该契是由英册 1349 号划出一段另立本契。

表 4-1-3　二十五保一图（头图）洋商原业主　　　　　　面积：亩

姓　　名	立契时间	道契号	土地面积
巴吉	1903	4561	7.80
贝尔	1900	3455	0.06
汉璧礼经理人卜落司试	1892	1967	3.32
呵利喊喇	1879	1226	2.17
惠尔生	1902	4097	3.00
加立司	1899	3108	5.00
加立司	1899	3109	2.00

续　表

姓　　名	立契时间	道契号	土地面积
加立司	1899	3163	4.50
美册 1131 号	1915	7171	0.86
门利	1905	5245	1.92
旗昌行,爱杜挖沙逊	1890	1901	2.80
通和行,广肇公所	1904	4866	4.20
通和行,广肇公所	1904	4867	0.63
通和行,广肇公所	1904	4868	1.48
通和行,广肇公所	1904	4869	1.30
通和行,广肇公所	1904	4870	3.33
通和行,广肇公所	1904	4871	2.46
通和行,广肇公所	1904	4872	7.91
通和行,广肇公所	1904	4873	2.01
通和行,广肇公所	1904	4874	0.26
通和行,广肇公所	1904	4875	1.20
通和行,广肇公所	1904	4876	5.51
通和行,广肇公所	1904	4877	1.80
耶松行东加立司	1900	3317	0.53
耶松行东加立司	1900	3325	1.09
业广公司	1897	2566	9.02
业广公司	1893	2007	0.70
业广公司	1897	2565	0.32

资料来源:《上海道契》,卷 3—25。

注:业广公司,指英商上海业广地产公司。

英册第 4866—4877 号,原业主为华洋两个原业主:通和行、广肇公所,这些土地是否原由华洋两个业主共同拥有? 据《上海知县暨会丈局总办联衔呈上海道台禀帖》:

英副领事所派之员查明，原契田单系由业户广肇公所，将坐落于上邑二十五保一图知字圩一百三十号，户名奚金海，则田五分一厘一毫，又奚颖玉，原田一亩二分二厘八毫内，除马路八厘九毫外，实剩一亩一分三厘九毫，又奚兆观三分七毫内，划租二分五厘一毫，今划租九分一毫，计田单一张又半张一纸又四角，共田二亩八分一厘，租与洋商克明为业。又由通和洋行，将英册二千九百十六号契地一亩，转与该洋商联通单地，两共三亩八分一厘，分立前项新契。①

由此可见，实际上这些土地由两部分构成，一部分是广肇公所的地产，一部分是洋商通和行的地产。这两部分组成一宗面积较大地产后，再划租为多个地产后重新立契。广肇公所是否就是原业主呢？ 据《上海县二十五保头图地保禀帖》记载：

查广肇公所买奚土土土地，因地价甚小，奚土土不愿出售，后来广肇公所函送奚土土到县，讯问业蒙。县宪断定每亩加价以致奚土土情愿并卖广肇公所，永为世业，听凭出租洋商，转立道契，永无纠葛，此系查实，并不蒙混。②

由此可见，广肇公所也并非原业主，而是购买了华人土地，然后再转卖给洋商。广肇公所本计划压低地价购地，然后高价转给洋商，从中渔利，但是遭到了华人业主的反对，最后又给原业主补了地价，才算了结此事。广肇公所所扮演的角色就是地贩，即中间商。

① 《上海知县暨会丈局总办联衔呈上海道台禀帖a》，英册道契第 4866 号，《上海道契》，卷 17，第 244 页。
② 《上海县二十五保头图地保禀帖》，英册道契第 4866 号，《上海道契》，卷 17，第 244 页。

第二节　1844—1890 年虹口租界的
土地状况与城市变迁

早在 1844 年，美国政府与清廷即签署了《望厦条约》，紧随英国之后，成为最早来华的西方列强。然而，因内战无暇经营在华的租界事业。道光二十四年（1844 年）十一月，美国圣公会中国布道区首任主教文惠廉（Bishop William J. Boone），携带妻子及 8 名神职人员来华。次年五月抵达上海。开始，文惠廉在上海城厢传教，不久看中苏州河北岸虹口一带地广人稀、地价低廉，便向上海道台提出购地建屋的要求。未等中国官方同意，文惠廉等迫不及待地在今东大名路附近同农民商议租地造屋。为吸引更多中国人信教，又于道光二十六年（1846 年）创办一所男童学校。[1]同年，当时美国的唯一商人吴利国被任命为驻沪代理领事。在英租界设置领事馆，但在其领馆升起国旗却遭到英人的反对。1848 年，文惠廉以传教及建教堂名义，向上海道台麟桂提出了在虹口一带作为美租界的申请，但最终仅获得口头上答应，实际上未执行。[2][3]直到 1863 年 6 月 25 日，美领事熙华德（Seward）与上海道台最终确定了美租界边界：计自壕沟起（即西人与官军在泥城之战时所掘者），沿苏州河至黄浦江，过杨树浦三里之地，由此作一直线至壕沟。[3]美租界从局促狭小的"虹口"区一跃而为上海面积最大的租界区。新界达346.67 万平方米，为当时英租界划定面积的 6 倍多。[4]仅过 3 个月，出于"安全和治安"方面考虑，英美租界实现了合并，成为日后的上海公共租界。直到 1899 年才正式命名公共租界。在 1899 年以前在官方文件中，仍称"虹口

---

[1]　《虹口区志》编纂委员会编：《虹口区志》，上海社会科学院出版社 1999 年版，第 156—157 页。

[2][3]　《公共租界史稿》，第 68 页。

[4]　《虹口区志》编纂委员会编《虹口区志》，第 157 页。

租界"或"美租界"故本章采用当时官方的说法。

一、1844—1869 年虹口租界的土地产权转移与洋商租地状况

（一）1860 年之前

这里原是农业区，地广人稀。1845 年英国商人在虹口徐家滩建造了 1 座可供驳船停靠的码头。[①]三年后，1848 年美国人在虹口地区修筑了今塘沽路最东端一段路，东起今东大名路，西至吴淞路附近，并以文惠廉之名命名为文监师路（Boone Road），习称蓬路，这是目前所知虹口近代修筑的最早一条马路。开埠五六年后，苏州河北边，中国住房很少，仅有几个美国人居住，虹口被西方人称为租界中的"灰姑娘"。

咸丰三年（1853 年），上海爆发小刀会起义，逃难的大批华人纷纷迁入虹口地区。在开埠十年后，虹口终于获得了发展契机，人口开始增加。1853 年，圣公会在今大名路和塘沽路交界处建造救主堂，文惠廉任座堂主教。王韬《瀛壖杂志》记载，"米利坚人教士皆于其地建讲堂、构居屋，鳞次栉比。庭前多旷土，桥梁修整，树木葱茂，蔚然别一风景"。[②]

咸丰四年（1854 年）初，美国领事馆亦从英租界迁至黄浦路 36 号（今 60 号），建立了一座领事馆，是当时"沿江最大最堂皇的建筑"。于是，黄浦江边出现了"一排宏伟、高大的欧洲房屋"。[③]同年，美国驻沪领事馆开始办理美商租地登记注册手续，也有部分地产商在英国领事馆登记。

根据已刊《上海道契》的美册部分，美册第一号道契是美商广源行在咸丰四年八月从华人业主陶大观以洋 20 元购买的，土地面积 0.05 亩。至咸丰五年，美册道契编号 1—56 号，目前所见的已刊道契，缺失若干，仅存 37

---

① 《洋商史：上海 1843—1956》，第 174 页。

② （清）王韬：《瀛壖杂志》，第 193 页。

③ Bayard, Taylor, *A visit to India, China, and Japan in the year 1853*, New York: G. P. Putnam's Sons 1899, p.296.

份，共计 300.927 亩。马士在《中华帝国对外关系史》指出，1855 年，在美国驻沪领事馆登记取得美册道契者，有 65 块地皮，计 456 亩，大多位于苏州河北岸、虹口港一带。[①]张晓虹和罗婧等曾根据 1855 年美国领事馆的土地登记单，对 19 世纪 50 年代虹口地区美租界洋行租地进行了系统的整理和考订，成为了解虹口租界早期土地状况的重要成果。该文指出，"该租地表所登记的信息是目前所见最早的关于美国领事馆租地实录，对研究美租界早期土地利用有重要意义"。[②]

1856—1859 年间，颁发美册道契仅有 6 份道契，共计 15.312 亩土地。

1854—1859 年间租地者有：广源行等 14 个商人，从租地数量看，以广源行(Messrs King Hv)占地最多，拥有 8 块地产共计 34.74 亩(其中包括米士京 5 块地产 14.62 亩)。该行是最早跟随美国领事来沪的美国商行，是在广州著名的"十三行"之一，也是美国最早的在华商行之一。而从租地面积来看，又以好尔(G. R. Hall)及其合伙人(写作"G. R. Hall & G. G. Gray"或"G. R. Hall & Edward Cunningham")占地最多，10 份道契，共 94.5 亩土地。传教士文惠廉次之，2 块地产计 40.39 亩土地，租地时间"咸丰五年十一月"。其中原业主 27 个，显然是并购了多块华人土地。

表 4-2-1　1854—1859 年美册道契汇总表　　　　　　面积单位：亩

姓　名	道契号	面积	原业主	立契时间	地　价
广源行	1	0.05	陶大观	咸丰四年八月	洋 20 元
广源行	5	1.5	周胜铺、周胜明	咸丰四年十一月	洋 200 元
传教师秦先生	9	4	瞿德宝、瞿荣敬	咸丰五年三月	洋 1100 元
传教师秦先生	10	2	瞿荣敬	咸丰五年三月	洋 140 元

---

① 马士：《中华帝国对外关系史》，第 1 卷，第 393 页。
② 张晓虹、罗婧：《开埠早期上海虹口地区城市化进程研究——兼论英美租界合并的土地经济动力》，《苏州大学学报》(哲学社会学科版)，2021 年第 1 期。

姓　名	道契号	面积	原业主	立契时间	地　价
广源行	12	9.8	胡惺予、胡若舟、胡子启	咸丰五年五月初一	洋 980 元
广源行	13	0.6	周胜镛	咸丰五年五月初一	洋 60 元
贾先生	16	7.7	赵四观、徐福观、孟炳观、孟桂林、张氏	咸丰五年五月十六日	洋 529 元
好尔处	19	1	奚庆良	咸丰五年五月廿八日	洋 12 元
好尔处	22	2.5	瞿德秀	咸丰五年五月廿八日	洋 125 元
好尔处	23	13	朱洽勋、周秀春、奚万千	咸丰五年五月廿八日	洋 650 元
好尔处	24	12	周秀春、朱湘屏	咸丰五年五月廿八日	洋 840 元
广源行美士京	25	3.6	叶圣宝、陆文彬	咸丰五年六月二十七日	洋 380 元
广源行	27	4.95	奚菊山、奚德来、顾德源	咸丰五年六月二十七日	洋 427.7 元
广源行	28	1.5	陈吉漳浦欧容	咸丰五年六月二十七日	洋 210 元
广源行	29	1.72	徐成观	咸丰五年六月二十七日	洋 200 元
教师勃来善	30	1.55	孙鼎臣	咸丰五年六月二十八日	洋 300 元
好尔　克灵恒	31	6	张朝金	咸丰五年六月二十九日	洋 130 元
好尔　克灵恒	32	0.5	张凤成、朱福观	咸丰五年七月初一	洋 300 元
好尔　克灵恒	33	17	朱福观、张朝金、张凤成、张耀	咸丰五年七月初一	400 元
好尔　葛礼	34	12	张明远、张裕成、朱小福、陈敬章	咸丰五年七月十八日	336 元

续　表

姓　名	道契号	面积	原业主	立契时间	地　价
好尔　葛礼	35	12	庄贵芳、朱南观	咸丰五年七月十八日	336 元
度斯纳	36	20	瞿学成、瞿和尚、瞿义观、石齐观、林金观	咸丰五年八月二十一日	484.8 元
旗昌行	37	3.8	高五观、吴怡塘、吕莲塘、朱和尚	咸丰五年八月十七日	钱 2026000 文
金零恒	38	0.8	许昌言、张名扬、张振荣、陆明荣	咸丰五年八月十七日	洋 280 元
士当登	40	1	顾茂春	咸丰五年八月二十三日	洋 610 元
毕有生都师诺	41	2.6	宋日章	咸丰五年九月初二	洋 919 元
巴搭	42	7	陆振芳、盛兆俊、瞿友金	咸丰五年九月十六日	洋 350 元
密四诗	43	18	陆念劬	咸丰五年九月十六日	洋 360 元
咪士京	44	1.28	严德成	咸丰五年九月十六日	洋 115 元
咪士京	45	1.62	顾德源	咸丰五年九月十九日	洋145.58元
咪士京	46	8.12	顾德源、吴引贵、严茂松	咸丰五年九月十九日	洋 900 元
尔奄厄特	48	18.5	王大春、周肇基殷换观	咸丰五年九月廿一日	洋 680 元
巴搭	49	43	瞿南山、瞿茂占、瞿吉夫、方文咏、领茂椿、瞿兆周、瞿学成、方钜、周小狗	咸丰五年九月廿一日	洋 769 元
好尔	50	18.5	瞿松观、范和尚、陆振芳、潘五观	咸丰五年九月廿一日	洋 680 元

续　表

姓　名	道契号	面积	原业主	立契时间	地　价
文惠廉	52	38.01	瞿国栋、瞿永春、瞿耀庭、张雷、张阿南、张荣郎、马先生、宋瑞祥、瞿友郎、瞿润德堂、石弁郎、周二丸、郭坤林、瞿二丸、瞿吉夫、梁胜礼、王大礼、瞿万年、瞿和尚、瞿金华	咸丰五年十一月	3046000 文又洋 50 元
文惠廉	54	2.38	徐菊圃、吴德渊、滕大和、陈香泉、秦怀宗、道魁、金王氏	咸丰五年十一月	洋 1775 元又钱 110000 文
克毕存、怀德	56	1.347	徐杏村	咸丰五年	900 元
教师娄礼安	70	1.3	徐应亨	咸丰八年二月	老板洋 300 元
教师耿	71	0.5	瞿秀华、瞿吉甫、瞿梓园	咸丰八年六月初十	180 元
水手会馆董事	72	6.5	瞿德秀、张阿奎、王小狗	咸丰九年六月初十	洋银 325 元
施答酬世	74	0.6	周胜镛、郭茂千	咸丰九年八月二十	银 150 元
卫八、魏得利	76	3.55	奚庆良、高三宝	咸丰九年九月初一	本洋 177.5 元
可夫	77	2.862	瞿德秀、瞿有金	咸丰九年九月初一	洋 143 元

资料来源：《上海道契》，卷 26，美册道契第 1—77 号。

　　除了美册道契外，还有相当一部分英册道契位于虹口美租界。根据 1869 年虹口土地估价表中的英册道契信息，1854—1859 年间，在这一地区颁发英册道契共计有 27 份，其中有 3 份道契遗失。其余 24 份道契面积总计 103 亩。共涉及 16 个业主，既有英国商人，也有美国、希腊等他国商人。其中年代最早的道契是，英册第 76 号，为英商列敦（即 R. D. Sassoon）于 1851 年从华人吴建勋、庄武成购置，共 8.2 亩。

表 4-2-2　1854—1859 年美租界英册道契汇总表　　　　　面积：亩

永租土地业主	原售地主	道契号	面积	立契时间
列敦	吴建勋、庄武成	76	8.2	1851
皮尔		88		
匿格	陈圣观	95	6.2	1852
皮尔	woo kee ting	98	4.2	1852
		99		
		100		
跌膈格	石建秀等	148	0.6	1854
指望行	谢启秀	157	1.7	1855
阿当逊、天祥行	陆德成	161	7.3	咸丰六年一月二十五日
美查	戴元秀、石四观等	165	1.1	咸丰五年五月十八日
美查	姚合泰、高成名	166	5.2	咸丰五年十月十九日
米国商人　史密	陈陈氏	167	1.2	咸丰五年十月二十一日
米国商人　史密	杨凤山	168	2.2	咸丰五年十月二十一日
米国商人　史密	章在栋	170	2	咸丰五年十月二十一日
米国商人　史密	奚菊山	171	1	咸丰五年十月二十一日
米国商人　赫德、史密	同仁堂、陈德培	172	18.6	咸丰五年十月二十一日
来帖	陶掌林、陶得福	160	2.2	咸丰五年五月初六
查士挖德士	庄瑞林	181	0.3	咸丰六年二月十八日
查士挖德士	庄瑞林	181	0.3	咸丰六年二月十八日
马干突芦	瞿吉天、方钜等	192	14.5	咸丰六年五月二十四日
堆尔那	王锡君等	205	1.2	咸丰七年三月初一
位立士	石姓等	214	14	咸丰七年六月初八
位立士	朱得胜	215	1	咸丰七年六月初八
希腊人曾来顺	瞿秀华等	217	1	咸丰七年八月十九日
希腊人曾来顺	瞿秀华等	218	2	咸丰七年八月十九日
阿多逊	徐玉成	235	4	咸丰八年九月二十二日
堆尔那	巴斗	240	3	咸丰八年十一月十日
堆尔那	巴斗	240	3	咸丰八年十一月十日

资料来源：1.《上海道契》，卷 1，英册道契第 76—240 号；2. *Land Assessment Schedule* (1869) Hongkew。

从空间分布来看,1854—1859 年洋商租地仅限于苏州河与黄浦江交汇处的苏州河北岸、虹口港附近,以及黄浦江北岸。其中传教士文惠廉的土地,位于虹口港西侧。

道契立契时间

■ 1855-1859
■ 1860-1864
■ 1865-1869

0   0.5   1   2 Kilometers

图 4-2-1   1854—1869 年虹口地区洋商租地分布

(二) 1860—1864 年虹口土地开发与筑路状况

1860—1864 年,是虹口区土地交易的一个高峰期。太平天国运动时期,大量难民涌入上海。虹口成为难民聚集的一个地区。到了 1865 年,根据公共租界做过的较为确切的人口调查资料,虹口区人口增为 17455,[1]这个数字不包括战争结束返乡难民的数字。[2]实际难民数肯定超过 2 万。当时英、法租界中国人口分别是 7 万和 4.75 万人[3],说明这一时期在该地区人口增长是显著的。随着人口增多,虹口区"灰姑娘"的形象很快就发生了变化。

---

① 吴圳义:《清末上海租界社会》,文史哲出版社 1979 年版,第 6—8 页。
② 《工部局董事会议录》,第 2 册,1865 年 11 月 10 日,第 524 页。
③ 马士:《中华帝国对外关系史》,第 2 卷,第 133 页。

　　据1862年来沪的日本人记载,虹口沿岸宽约两百米、长约三四百米的一片区域内开始兴建楼房,其北面仍是"田野和农家"。①当大量难民涌入虹口时,"所谓美租界还只有圣公会的房产、上海船坞、几个码头和几家供水手娱乐的酒食处所罢了。"②但是,到了1865年11月10日,虹口区的无人居住房屋数量有1265所。若考虑到有人居住的房屋,说明虹口已变成建筑密集的城区了。

　　这时,在上海的各国地产商看到虹口地区的巨大升值空间,纷纷到这里投资,以英、美商人为主。③英国国家图书馆收藏的《上海虹口或美租界地图,1864—1866》,由公共租界工部局工程师测绘,反映了这一时期美租界土地开发状况。《上海虹口或美租界地图,1864—1866》显示:北起今武进路,

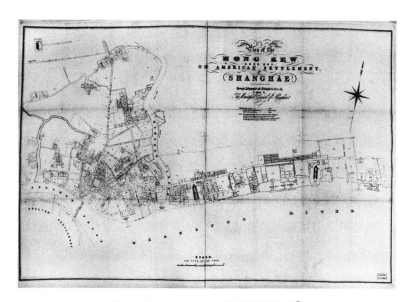

图 4-2-2　1864—1866 年美租界地图④

---

① "千岁丸",《上海公共租界史稿》,第622页。

② 《上海公共租界史稿》,第366页。

③ 1870年公共租界人口普查,《上海社会概况》附表,载《上海故事》,第54—58页。

④ Plan of Hongkew or American Settlement of Shanghai, 1864—1866,原图藏大英图书馆,笔者拍摄。

西至今四川北路,东达虹口港以东地区,南至黄浦江沿岸杨树浦一带,均有洋商地产租地分布。这些地方分布着西式房屋、西式货栈和中式房屋及货栈等不同类型的建筑物。其中以东大名路以南的黄浦江沿岸较为集中。虹口港以西的地区,地图上的编号从第 1 号开始至第 169 号,虹口港以东的地区,地图上的编号从第 170 号开始至第 248 号结束。

最先发展起来的是黄浦江沿岸、苏州河沿岸和虹口浜沿岸,并从虹口浜向黄浦江下游扩展、向黄浦江上游及苏州河延伸。这些滨岸的土地开发,受益于便利的水上交通优势。这些土地最先是用于码头建设,之后又用于建设旅馆等其他用途。1863 年 9 月,在虹口区占地甚多(霍华德洋行码头与琼记洋行码头之间所有的册地)的威尔斯(中文称惠利士)要求工部局修筑江边马路,新江边马路始于礼查饭店下面的旧江边马路,由此处向东急转弯,延伸至与琼记洋行房屋相邻的苏州河。他甚至指出,江边马路延伸至旧船坞,附近的小河须架桥,并继续向前延伸。①1863 年 10 月,工部局着手对虹口堤岸进行修筑,先平整道路,然后用泥土填平,至 11 月基本完工。②原本的大片沿江滩地,因为堤岸的修筑,得到了新的开发。

其次是区内的道路修筑。1863 年 12 月 16 日,美国总领事向工部局来函指出,有必要着手实施延长虹口主要马路的计划,并答应如董事会决定迅速行动,则必将取得该地区产业主的支持。③董事会决定尽快规划新的马路路线。出席会议的汉璧礼指出,在征地上遇到巨大困难,尤其是在所谓的"威尔斯"房产地区。④12 月 28 日,虹口道路委员会(李大卫、G.F.赫特、J.汉璧礼)提议在主要租地人或其代表出席的情况下测量租界内位于吴淞路与虹口港之间的地段,并决定开拓下列马路:

---

① 韦尔斯产业的律师兼代理人致工部局总办函,《工部局董事会会议录》,第 1 册,第 466—467 页。
② 《工部局董事会会议录》,第 1 册,1863 年 11 月 28 日,第 696 页。
③④ 《工部局董事会会议录》,第 1 册,1863 年 12 月 16 日,第 698 页。

第一、虹口路自韦尔斯房产延伸到靠近礼查饭店的外滩。

第二、修筑一条新路,从虹口路现在终端附近向西折入吴淞路。

第三、将德雷克洋行与亨利·依文洋行租赁的房产之间的现马路延伸至吴淞路。

第四、靠近美领事官邸与埃凡先生有游廊平房的现马路,其宽度统一为 25 英尺。

第五、新马路的路线尽量取直,伸入汉璧礼路,R.列得先生与 E.金能亨先生住宅间的外滩地段继续延长。①

12 月 31 日,工部局批准了虹口道路委员会的报告。②1864 年初,工部局董事会要求绘制虹口区标出新的马路路线图。③之后,工部局又规划了几条路线,并对拟建的马路采用石料铺筑。④同年 4 月 23 日会上,天祥洋行来信说,因为所建造的新路须通过虹口威尔斯(Charles Wills)的房产地,因此必须拆除大约 20 幢华民住房,土地承租人已提出赔偿 1000 元,并要求通知他拟用何种方式来偿付这笔赔偿费。拟由总办答复说,董事会完全承认赔偿要求,但认为无权让工部局拨出资金来赔偿。⑤

1864 年 4 月 30 日会议,批准在虹口竖立 12 根灯杆。⑥沿百老汇路,横跨虹口港的桥于 4 月 2 日交付使用。⑦据工部局的统计,虹口地区,共有赌场 38 个,妓院 109 个。⑧1865 年,在督察员的提议下,位于祥兴路后面的一块地方作为公共菜场。⑨虹口已俨然成为租界发展的新城区。

---

① 《工部局董事会会议录》,第 1 册,1863 年 12 月 31 日,第 700 页。
② 《工部局董事会会议录》,第 2 册,1864 年 1 月 13 日,第 464 页。
③ 《工部局董事会会议录》,第 2 册,1864 年 1 月 27 日,第 466 页。
④ 《工部局董事会会议录》,第 1 册,1863 年 12 月 31 日,第 700 页。
⑤ 《工部局董事会会议录》,第 2 册,1864 年 4 月 23 日,第 475 页。
⑥⑦ 《工部局董事会会议录》,第 2 册,1864 年 4 月 30 日,第 476 页。
⑧ 《工部局董事会会议录》,第 2 册,1864 年 7 月 27 日,第 485 页。
⑨ 《工部局董事会会议录》,第 2 册,1865 年 3 月 1 日,第 500 页。

（三）英美租界合并

同治二年（1863年）美国领事熙华德与苏松太道黄芳议定租界四至：自护界河对岸之点（今西藏北路南端）起沿苏州河至黄浦江，沿杨树浦向北，再作一直线至护界河对岸起点为美国租界地，面积为7856亩。同年与上海英租界合并为上海公共租界。

两个租界合并的原因有很多，学界多有讨论，[①]其中一个非常现实的原因就是，虹口人口增多，已发展为一个很大的城区了，当时却没有一个合法的行政机构，而美国领事的权力也相当有限。美国领事乔治 Y.西华在给工部局的一封信件反映了当时的情况：

> 今天的《航务商业日报》刊登了一封信的短评，这封信是准备寄给西班牙领事的，其内容涉及虹口美租界内的一些娱乐场所领取执照事，我想要说的是，这件事已引起我本人关注，并想提出建议供你们参考。按照各国领事和租地人联合行动的建议，在扩大工部局权限未作出安排之前，除了工部局和申领执照当事人的领事共同同意外，不应在本租界内批发执照。

> 作为美国领事，不但不履行虹口区域管辖权，也没有如某些人所想象那样，在所谓的美租界内具有一定权力，我把我在这里的位置完全看作是偶然的机遇，并相信自己在这里，除了因实际地位而变得令人感兴趣外，并不比任何其他国家领事更感兴趣。

> 虹口是缺乏区域性的行政管理的，要说行政管理的唯一迹象，那就是你们机构提供的捕房制度。为了加强你们在执行本地区工作中的帮手，我可以乐于放弃，并相信其他国家领事也会放弃任何小小的发放执照权力。我们为你们的应得权益做这点事是正当的，要使本租界成为

---

① 张晓虹、罗婧：《开埠早期上海虹口地区城市化进程研究——兼论英美租界合并的土地经济动力》，《苏州大学学报》（哲学社会科学版），2021年第1期。

一个可以过得去的居住场所,依靠一支弱小的力量是决不能取得成功的,除非你们掌握某些手段阻止开设无以计数的朗姆酒店,因为这些酒店是如此明显地造成一切混乱的因素。

如果你们的机构同意这样的一种安排,那么,我还将很高兴设法取得其他国家领事的同意。①

而当时正值太平天国运动时期,缺乏管理机构的虹口地区,犯罪率大增。督察员拉姆斯伯顿在 1863 年 3 月 4 日汇报说,4 名巡捕在执勤时遭暴力袭击和刺伤。②而当时的虹口警察也不作为,经常做违法之事。1863 年 3 月 18 日,虹口区的 J.贝利因被指控经常在值班时间酗酒而提交英国副领事处理,并被判处一个月监禁。③还有一个叫"竹镇"的地方,治安问题尤其严重。显然,虹口租界迫切需要一个行政机构。特别是出于防御安全考虑,两个租界合并对双方都有利。

(四) 1860—1869 年虹口租界城市空间与洋商租地状况

《上海英法美租界街道地图(1870)》④是一幅反映 1870 年英美法租界的街道的地图,由图可见,1870 年虹口城市空间与 1864—1866 年相比,明显向西和向北扩展了:西部,沿着苏州河向西扩展至河南北路。其中河南北路的修筑是这一时期城市扩展的重要标志。河南北路的北段,原是之前苏州河连接火车站的一条道路,称老铁路(old railway road)。河南北路筑成后,老铁路就不复存在。这条道路以西仍是村落和农田,这条道路以东至吴淞路之间的区域,建成区主要集中在苏州河北岸,东西向道路延伸了天潼路

---

① 《工部局董事会会议录》,第 1 册,1862 年 11 月 19 日,第 661 页。
② 《工部局董事会会议录》,第 1 册,1863 年 3 月 4 日,第 673 页。
③ 《工部局董事会会议录》,第 1 册,1863 年 3 月 18 日,第 674 页。
④ 该地图图名:Street plan of the English, French and Amercian,图幅 78×39 cm,标注时间为 1870 年,比例尺为 1∶10200,出版:North China Herald and North China Daily New Offices, Shanghaï.引自 https://www.virtualshanghai.net/Asset/Preview/vcMap_ID-179_No-1.jpeg [2022-8-5]。

和北苏州河路,均向西推进到河南北路。南北向道路,修筑了四川北路和江西北路在苏州河至天潼路的路段,由此推动了吴淞路与河南北路之间的区域开发。其中,四川北路,计划沿着一条南北向河浜向北修筑。这条河浜是川虹浜南部的一条东西和南北向河浜,其中东西向河段,东接蓬路(Boone Road),西至河南北路;南北向河段,即后来的四川北路段,南连苏州河。总之,河南北路与吴淞路之间区域,天潼路以北尚未开发。新扩展区增加了一些新的建筑:一是公济医院(General Hospital),由法国天主教会创设于清同治三年(1864 年),清光绪三年(1877 年)迁至今北苏州路 190 号。西班牙领事馆,据《虹口区志》记载,清咸丰二年(1852 年),西班牙领事馆在熙华德路开设。而在 1870 年虹口租界地图(下图)显示,该领事馆位于江西路以东。

图 4-2-3　1870 年虹口租界示意图①

---

① https://www.virtualshanghai.net/Asset/Preview/vcMap_ID-179_No-1.jpeg [2022-8-5].

　　在 1869 年工部局对虹口进行第一次土地评估之前,笔者尚未发现一套关于虹口租界洋商租地的完整数据。1869 年土地评估表中,虹口区共有道契 241 份,计 2083.619 亩土地,但由于华洋土地交易主要发生在战时,即 1860—1864 年,考虑到 1865—1869 年为土地交易低谷期,推算 1864 年虹口区道契册地面积接近 2000 亩。

　　这里主要根据 1869 年虹口的土地估价表中的信息对 1860—1869 年的洋商租地进行复原。在 1869 年中记载了美册道契 55 份,编号自第 36 号—241 号。已刊《上海道契》登载了美册道契 1—1700 号的契约文本。对照美册道契的契约文本可知,总计有 39 份美册道契是 1860—1869 年颁发的,其中美册第 141 号、159 号、179 号、182 号、206 号道契,已遗失,不载入册。去除遗失的,仅有 34 份美册,总计 178.6 亩,平均每份道契 5.25 亩。从立契时间来看,仅有 4 份道契是 1865 年之后颁发的,其余均是 1865 年及以前颁发的,又以 1861 年、1863 年和 1864 年最多,每年均颁发了 8 份道契。从土地业主来看,共计有 23 个地产主,其中购地 10 亩以上的地产主有炳生、费尔门、恩地克、同孚行、阿格司得士宋伦、曾来顺。详见表 4-2-3。

　　英册道契,在 1869 年虹口土地估价表中,共有 181 份,计 1620.861 亩土地,约是美册道契面积的 10 倍,足见当时的虹口地区以英商为主,美商次之。又,根据《上海道契》中的英册道契的信息,可知这 181 份道契中,仅有 28 份道契,计 215.871 亩土地,是在 1860 年之前颁发的,其余共 153 份英册道契,共 1404.99 亩土地,是在 1860—1869 年颁发的。也就是说,仅英美两国领事馆在 1860—1869 年间颁发的虹口地区的道契,不包括遗失的道契,共有 187 份计 1583.59 亩土地。

　　笔者对照《上海道契》的记载,将 153 份道契的立契时的信息予以整理。其中,14 份道契遗失,仅存 139 份道契,详见表 4-2-4。这 139 份英册道契,总计 1387.97 亩,平均每份英册道契的面积为 9.99 亩,接近 10 亩,远大于美册道契的平均面积。这说明 1860—1866 年的洋商购地,主要以"圈地形式"

表4-2-3 1860—1869年美国领事馆颁发的虹口地区的美册道契

面积：亩

道契号	租主姓名	国籍	面积	原业主姓名	立契时间	总价
84	罢得勒	美	1.5	姚秋亭	咸丰十年十一月十七日	银500两又鹰洋100元
90	吧哼嘞	美	1.8	石富四	咸丰十一年二月初九日	英洋250元
93	恩地克	美	21.91	文惠廉监司乃合众国传教会之托事人	咸丰十一年三月初三	
95	马惠廉	美	1.06	文惠廉托事	咸丰十一年四月十五日	479两
101	马惠廉	美	6.566	梁圣宝等	咸丰十一年七月初九	银656.6两
102	皮尔生	美	1.6	张炳铨	咸丰十一年九月二十六日	鹰洋400元
104	同孚行	美	10.2	英人米伦	咸丰十一年十一月初三	银6000两
105	阿格司得士米伦	美	14.736	奚柄南、奚庆良、张圣祥、瞿冯氏、瞿金奎、瞿有金	咸丰十一年十一月初三	洋银727.3元
108	郝经	美	2.5	王龙观	咸丰十一年十二月十九日	银630两
123	乔南	美	2.8	石茂茂	同治元年四月十六日	大钱327600文
135	巴得勒	美	0.32	石福林	同治元年七月二十五日	洋500元
164	费尔门	美	27.5	罗茅两姓	同治二年正月二十三日	4537.5两
172	炳生	美	19.74	沈陈奚曹朱	同治二年二月初九	银3059.7两
176	炳生	美	8.8	陆金榜	同治二年三月初五	银2400两
177	棠源	美	3	谭国良	同治二年三月初七	银3000两
178	苏良泉		2	许黄谷吴源茂	同治二年三月十二日	1200两

续　表

道契号	租主姓名	国籍	面积	原业主姓名	立契时间	总　价
193	曾来顺		0.6	周吴氏	同治二年十月	720 两
194	曾来顺		2.5	张官祥等	同治二年十月	810 两
195	曾来顺		0.6	张裴宝	同治二年十月	价 380 元
201	郝经	美	1	好尔处	同治三年四月二十日	
202	郝经	美	2.5	好尔处	同治三年四月二十日	
203	郝经	美	2.862	可夫	同治三年四月二十日	
204	安德鲁	美	1	土当登	同治三年五月二十四日	
205	安德鲁	美	4	顾兰亭	同治三年五月二十四日	英洋 10020 元
207	汎佰	美	5.82	公平洋行主人双璧礼	同治三年八月二十六日	
210	曾来顺		7.54	曾来顺	同治三年十一月初七	钱 7540 文
211	文惠廉孤之子文啍哩	美	0.308	合众国监督传教会	同治三年十一月十四日	钱 1000 文
218	西华其福	美	1.02	郑来顺	同治四年七月二十四日	钱 1020 文
219	哈尔金享礼爱	美	1.55	广祥合	同治四年八月二十二日	银 8000 两
221	西华	美	1.022	曾来顺	同治四年十二月十三日	银 900 两
229	同孚行	美	8	安都罗白士	同治七年三月初二日	洋 1000 元
233	安德士，巴德生	美	6.968	宝顺行	同治七年十二月二十五日	
234	西华	美	1.982	裨治文娘娘	同治八年正月十五日	银 3500 两
235	裨治文娘娘	美	3.296	骆长发等	同治八年正月十五日	洋 500 元

资料来源:《上海道契》, 卷 26。

并购农田土地。从地产主来看,139份道契中共计有74个业主。其中10亩以上的地产商有43个,多于10亩以下的地产商的数量(31人)。

表4-2-4 1860—1869年在虹口购地的道契册地土地商汇总   面积:亩

租　户	面积	道契数	租　户	面积	道契数
汉必里	193.62	18	马福臣	18.2	3
宝顺行	101.28	17	士特复历	18	1
啊查理	71.02	3	怡和行,刻什刻	16.83	1
福利	46	1	马福臣	15.9	2
葡萄牙商人　罗里路	44.48	5	马安	15.26	1
伯帖	42	1	巴伦时	15.1	1
邓	39.45	1	嘣里	14.35	1
李百里行	37.56	2	雅时顿	13.8	1
曾来顺	34.58	7	大英演武处	13.74	2
高裔	33.57	2	培里士	13.5	1
(国籍不明)俄伯	32	1	仁记	13.2	1
霍格	31.2	3	高洛发、骆吉	13.11	1
虾佛	30	2	高奇山	11.43	1
令节	28.5	1	唾恩	11.25	1
沙逊	26	1	信和	11.04	1
宝芍、于白乃	25	1	文生	10.62	2
(虾佛)宝顺	23.2	1	辛臣	10.5	1
经理上海船澳公司按年司事人	23.07	1	戴对	10.48	1
裴列士、云申	23	1	演武处	10.17	1
吉利麻	22	1	准霍格	10	2
裕泰	20.7	1	壳刻、克珀	9.81	1
堆尔纳	20.3	5	卓恩士	9.8	2
海那	19	1	呅臣	9.62	1

续　表

租　　户	面积	道契数	租　　户	面积	道契数
滑甚	9.43	1	法	3.29	1
依士笠	9.03	1	俄美渣	3	1
元芳	8.5	3	惇裕行	2.6	1
古伯、戈刻	8	1	合伯霍格	2.5	1
淮尔纳	7.06	1	昇宝	2.5	1
得架	6.5	1	罗元祐	2.3	1
金麻	6.2	1	美国女人　斐姑娘	2.3	1
列德	5.78	1	埃凡	2.1	2
阿多逊	5.6	1	渣敦	2	1
罗岱甫	5	1	合金	1.96	1
经理人旗昌火轮公司值年司事	4.87	1	罗元佑	1.73	1
埃哈唎	3.5	1	包尔铁	1.63	1
公司	3.45	1	士到泊士	1.3	1
费士来	3.4	1	颜永金	1	1

资料来源:《上海道契》,卷1—3。

从上表来看,在1860—1869年间在虹口租地的地产商,主要有以下几种身份:

(1) 以汉璧礼、宝顺行为代表的老牌洋商,凭借着其雄厚的资本实力,成为这一时期在虹口租地最多的大地产主。汉璧礼,在道契里,也写作"汉必里""汉必礼""汉伯利"等,以18份道契,190余亩土地高居榜首。宝顺洋行,是最早来沪的英国洋行之一,在虹口购地数量仅次于汉璧礼。从上表来看,除了写作"宝顺行"之外,还有该公司职员,写作"虳佛"或"(虳佛)宝顺",英文为H., Hirbbard租地50余亩。除外,在这里租地的还有沙逊、仁记、李百里行、美国旗昌公司等,均为较早来沪的老牌洋行。

（2）除了以上的大地产商，在虹口购地的，还有不少欧美各国身份各异的普通洋商：霍格兄弟，以从事跑马事业名闻沪上，在英租界拥有大量的土地，这一时期也来虹口租界地有 3 块土地共 31.2 亩土地。"高裔"，实际上就是律师高易，英文，G. J. W. Cowie。裕泰，Barnes，Dallas 为拍卖商，在虹口购地超过 20 亩。V. P.，Jordan 中文名"渣敦"，汇票代理商(bill-broker)，为 1854—1856 年出现的在沪洋商。还有一些文献无考的洋商，"啊查理"，英文"Alabaster"，这一时期在虹口共购地 70 余亩，仅次于汉璧礼和宝顺行。葡萄牙商人罗里路，Loureiro，也是这一时期购地较多的西方商人。总之，这一时期在虹口购地的洋商，国别很多，还有不明国籍者，工作性质各异，说明虹口地区吸引了很多普通的洋商投资。

（3）除了洋商外，这一时期有部分华侨在虹口购地。曾来顺，以 7 份道契 34.58 亩土地，为在虹口购地最多的华侨。曾来顺，为新加坡华侨，或者以英国人身份购地，或者以希腊人的身份租地。

从空间上看，1862 年 8 月 1 日至 1863 年 11 月 30 日，工部局决定对虹口地区进行征税，但遭到了某些房地产商的反对，故董事会决定在年度纳税人大会上，仅对以下地区进行征税：新船坞至百老汇路终点；北运载公司大楼后面的苏州河渡口。[1]实际上，洋商地产的范围是远远超过这个范围的，东至杨树浦，西至虹口浜以西，北至虹口浜北端，如图所示。

二、《1869 年虹口租界土地估价表》及主要内容

（一）土地评估细节

1869 年，公共租界工部局对虹口区做过调查，并由土地估价委员会对土地估价，在此基础上编制了虹口区土地估价数据表。[2]关于这次土地评估

---

① 《工部局董事会会议录》，第 2 册，1864 年 2 月 24 日，第 470 页。

② Land Assessment Schedule(1869)，Schedule and report of the general land assessment committee of 1869(appointed at a general meeting of Shanghai land renters，held on the 27th and 28th May 1869)，English Settlement，Shanghai，North China Office.

的报告,刊登在 1869 年 10 月 7 日的《北华捷报》,该报告是由 Kingsmill 提
供,详细阐述了这次土地评估的细节:

"我不得不说,由我执行的在外国租界的地块的界定(definition)是
有进步的。"

"我已经完成了注册在大英领事馆的各地块以及分地块的比对,还
有一些少量的例外土地,我希望在土地业主或代理人的帮助下,确定他
们地产在地图上的位置和四至边界。"

"为了以一种让工部局和自己满意的方式执行这项任务,建议在任
务开始之前能拥有一本英租界实地调查的未标注颜色的副本。我更倾
向于利用这份资料。这些追踪(tracings)将交由工部局处置,并为其所
用。我已经采用了这一方法(course),因为我发现在交给我的彩色图
纸上,不可能以任何精度来定义几种性质的地块边界。"

"我希望在我完成绘制英国领事馆注册土地的草图之后几天,再调
查上海其他领事馆登记的土地。"

"由于各种原因,搜集这些记录的工作,耗费了大量的时间,远远超
出了我最初的预期。迄今为止所采用的一些系统的简化似乎是可取
的,除非工部局应考虑与我在经常性间隔中所做的类似的工作,否则实
际上有必要想出一种界定位置和边界的简单易懂的方法。"

"有必要提请工部局注意,一些实际存在的地块,并配有相应的道
契,其面积估算是非常不准确的,这导致了在各种地块上的土地估价极
不对等。登记册需要在这种特殊情况下以及其他提及的情况进行
改正。"

"还需要一个系统,用于登记华人业主的地产,因为所有的华人地
产应该登记在该区的土地办公室,用于征收清政府的土地税。进入这
个系统不会有很大困难,工部局应该获取这些必要的信息。在租界范

围内这些不被外国人占有的土地数量甚大。因为这个原因,不仅工部
局的土地税收蒙受巨大损失,而且还会给整个社会造成影响的、糟糕卫
生问题的解决带来诸多不便。"①

以上报告的内容,可以简单概括为以下几点:(1)相比之前,地块的界定
有了进步;(2)工作要点是土地估价委员会收集各领事馆登记土地的信息,
并结合工部局提供的地图,一个地块一个地块地进行比较、核对,确定每个
地块的位置、边界和面积。(3)土地登记系统复杂,土地在各国领事馆登记,
查找不便;(4)领事馆登记的土地信息,错误极多,有些土地只能在业主或代
理人的帮助下才能确认位置、边界和面积;(5)有些道契的数据,比如土地面
积,是非常不准确的。(6)当时缺乏实地调查的数据;(7)工部局只提供了一
张旧的彩色地图,没有一张经过实地测量的最新的详细地块地图。这些困
难的解决,在当时是难以实现的。正如一位工程师所言,土地估价表制作的
目的,并非用于土地纠纷和诉讼,而是用于征税的目的。这些因素使当时土
地估价表的数据精度大打折扣。

(二) 土地估价表的内容

1869 年工部局首次对虹口的土地进行测量和评估,编制了 1869 年虹
口土地估价表。笔者对 1869 年虹口土地估价表进行统计,得出结果如下:

1869 年,虹口区土地评估表中有 240 宗地产,土地总面积 2041.619 亩。
平均每宗地产的面积为 8.51 亩。各领事馆登记情况如下:英国领事馆:180
宗,1578.861 亩;美国领事馆:55 宗,364.033 亩;俄国领事馆:5 例,82.2 亩。

地产业主 111 人。20 亩以上的地产主有 37 个,计有 1477.844 亩,占该
区所有纳税地产的 72.39%。其中百亩以上的地产主有 1 人,即汉璧礼,计
有 211.689 亩。汉璧礼,英国商人。1853 年来沪,在上海与他人合开宝威汉

① Municipal Council of Shanghai, *The North-China Herald and Market Report* (1867—1869),
Oct.16, 1869.

璧礼洋行,经营茶叶与生丝贸易,之后又涉足房地产业,由此发家致富。1865 年当选为公共租界工部局董事。1869 年,成为虹口最大的房地产商。汉璧礼在英租界也占有大量的土地,详见第二章。

50 亩以上的地产主为:汉璧礼、威尔斯[Charles Wills(Estate)];美国旗昌轮船公司(Shanghai Steam Navigation Company);"Augustus Allen,Hayes Jr.";"Thomas Vincent;Albret Farley Heard"。

威尔斯是上海开埠早期比较重要的一个人物,他于清咸丰四年(1854)组建了"威尔斯苏州河桥梁建筑公司"。咸丰六年(1856),该公司在苏州河与黄浦江交汇处,也就是在今外白渡桥处建了一座连接虹口与英租界的木桥。当时称威尔斯桥。该桥修筑后,极大便利了虹口与英租界的联系。威尔斯在虹口购置了大量地产,而威尔斯桥梁的修建,对于提升其在虹口的地产价值,无疑是重要的。

10—20 亩的土地业主人数 20 人,占有 288.937 亩。

10 亩以下的地产主人数 54 人,占有 274.838 亩土地。人均占有土地5.09 亩。

表 4-2-5　1869 年虹口超 20 亩的地产统计表　　　单位:亩

业　　主	面　　积	业　　主	面　　积
Hanbury, Thomas	211.689	Stavely, K. C. E., Major General Sir C. W. D.	43.320
Wills, Charles(Estate)	85.616	Shanghai Dock Company	41.072
Shanghai Steam Navigation Company	71.346	Cowie, George J. Webster	39.770
Hayes, Augustus Allen, Jr.	62.033	Patridge, Hyslop, Forster, Westall and Alabaster	39.450
Vincent, Thomas	59.620	Macpherson, Alexander	39.000
Heard, Albret Farley	51.070	King, Charles John and Forster, John	38.320
Hall and Holtz	46.000	Shaw, Charles	37.563

续　表

业　主	面　积	业　主	面　积
Endicott, William	36.940	Hubener and Bourjau	25.000
McLaughlin, J. F.	32.472	Farnham, S. C.	24.821
Fitz Roy, George Henry	32.100	Wilkinson and Company, Alfred	24.540
Sassoon, R. D., Bickersteth, J. P., Campbell, J., Vacher, W. H., Chapman, F. and Baumback, J. A.	32.000	Rifle Butt Committee	23.907
Cowie and Alabaster	30.900	Keswick, William	23.870
Reid, Robert	30.283	Dixwell, G. B.	23.330
Marston, Cock and Cock	29.460	Protestant Episcopal Mission	23.056
Benson, E. S.	28.540	Cunningham and Warden(trust)	21.500
Lindsay, Hugh Hamilton	28.500	Thorne, Augustus	20.636
Freeman, Albert L.	27.500	Ranlett, C. A.	20.460
Forbes, Frank Blackwell	26.160	Silveira, Albino da	20.000
Sassoon, Reuben David	26.000		

资料来源：*Schedule and Report of the General Land Assessment Committee of 1869*，*Hongkew Settlement*，Shanghai：Printed at "North-China Herald" office。

三、《1876 年虹口租界土地估价表》及主要内容

在 1876 年之前，1873 年公共租界曾对英租界和美租界进行了一次土地评估。其中美租界的土地估价总价值为 1367045 两。[1]1875 年 6 月 28 日，赫得以"极其强烈的口气"提出，董事会应立即采取措施及早重新估价地价，租界业主对于当时的估价普遍感到不满。会议一致同意赫得的看法。[2]在 8 月 30 日的会议上，财务处提议索波恩与弗朗西斯组成地产估价委员

---

① 《工部局董事会会议录》，第 6 册，1874 年 3 月 10 日，第 608 页。
② 《工部局董事会会议录》，第 6 册，1875 年 6 月 28 日，第 685 页。

会。董事会同意在纳税人大会上提出地产再评价的议案。[1]9 月 6 日,会议通过了在即将召开的纳税人特别会议上提出关于对公共租界房地产重新估价的议案。会议认为"现在对租界内所有土地及房产进行一次再估价是极其适时的。"会议认为,此次估价应尽快进行,于 1876 年 1 月 1 日开始实施。一切公用土地不在估价范围之内。大会授权董事会指定三名纳税人组成房地产估价委员会。房地产估价委员会在他们认为必须检查,或认为是检查合适时间,有权要求交出并有权检查房地捐收据或租约。提案还规定:在房地产估价结束之后,应把每一册地及房产的估定房地捐额通知每一租地人、房地产业主或其在沪代理人。任何租地人,或房地产业主,或其代理人对估价表示不同意时,可在通知之日起 14 日内以求书面上诉。一切上诉案件均暂由工部财政、捐税及上诉委员会组成的法庭审理。其判决为终审判决。扭地人,或房地产业主,或其代理人若在规定的 14 日内不进行上诉,则所估定之房地产价值就作为今后一切征税之依据。[2]土地评估和土地测量工作进展顺利,至 11 月,因克拉克患病,不得不聘用了 J. W.金斯米尔,雇佣金为100 两。[3]

目前所见的 1876 年的虹口租界土地估价表,就是这次土地评估的重要成果。主要内容分析如下:

1. 1876 年的虹口土地估价表中共有 279 份地产,土地总面积 2410.505亩(有效数据 273 条),比 1869 年多了 368.886 亩。平均每宗地产的面积为8.83 亩,比 1869 年多了 0.32 亩。各领事馆登记情况如下:英国领事馆:188宗,1847.039 亩;美国领事馆:67 宗,338.15 亩;俄国领事馆:增至 12 宗,共56.223 亩。其他国家,如日本、西班牙领事馆,均无注册的土地。非注册土地 5 份,共 169.093 亩。

---

[1] 《工部局董事会会议录》,第 6 册,1875 年 8 月 30 日,第 695 页。
[2] 《工部局董事会会议录》,第 6 册,1875 年 9 月 6 日,第 697 页。
[3] 《工部局董事会会议录》,第 6 册,1875 年 11 月 22 日,第 712 页。

地产业主共计 113 个,其中 20 亩以上的大地产商有 38 个,共计 1880.881 亩,约占所有土地总面积的 78.03%。10—20 亩的地产商有 20 个,287.112 亩,约占所有土地总面积的 11.9%。10 亩以下的地产商有 60 个,共计 260.512 亩,约占所有土地总面积的 10.81%。

50 亩以上的大地产商,发生了很大的变化:数量增加至 9 个,详见下表。可见,只有汉璧礼、威尔斯、美国旗昌轮船公司为 1869 年 50 亩以上的大地产商。新增的大地产商有:(1)Pee-yang-chang,为华人,共计有 4 宗地产,土地总数仅次于汉璧礼;(2)A. G. Wood(Trustee Shanghai and Hongkew Wharf Co.,公和祥码头公司)。1875 年与怡和洋行的顺泰码头合并,成立公和祥码头公司。该公司成立于 1871 年,为英商经营。最初只拥有虹口码头,委托复昇洋行为代理人。1875 年与怡和洋行的顺泰码头合并,统称为公和祥码头,并由怡和洋行为总代理人。A. G. Wood,即为怡和洋行的代理人;(3)"S. C. Farnham",英国人,1865 年创办了耶松船厂,S. C. Farmham,& Co.,为一家船舶修造厂;(4)H. P. Hanssen,不明身份。另外,1869 年,"Jr. Hayes Augustus Allen"、"Thomas Vincent"、"Albret Farley Heard",已退出了 50 亩大地产商行列。

表 4-2-6　1876 年虹口租界超 20 亩大地产商的地产分布　　面积单位:亩

业主姓名	面　积	业主姓名	面　积
Hanbury，Thomas	260.72	Hall & Holtz	46
Fee-yang-chang	167.443	China Merchants S. N. Company	43.309
Wood，A. G. (trustee Shanghai & Hongkew Wharf Company)	95.956	Stavely, Sir C. W. D. Major-General E. C. B.	43.2
Farnham，S. C.	91.542	Woosung Road Company (Chairman of Executive Committee)	41.657
Wills，Charles	85.616	Camajee, D. N.	40.834
Shanghai Steam Nav. Company	81.829	Shanghai Deck Company	40
Hanssen，H. P.	54.776	W. Thomas	39.168

续　表

业主姓名	面　积	业主姓名	面　积
Macgherson, Alexander	37.2	Seward, Geoge F.	26.012
Keswick, William	32.365	Sassoon, R. D.	26
Sassoon, A. D.	32	Little, Dr. L. S.	25
Fitzroy, G. H.(Estate)	31	Lester, Henry	24.77
Cowie, G. J. W., and Alabaster, C.	30.1	William & Co. Red	24.483
Fitzroy, G. H.(Estate)	31	Council for the Foreign Community of Shanghai	23.907
Cowie, G. J. W., and Alabaster, C.	30.1	Harton, W. H. Cunningham and Warden(trust)	22.85
Shanghai Gas Hospital Trustees	30		21.5
Mars, Cock & Cock	29.46	P. E. Mission	20.947
Endicott, Wm	28.356	Brid, Robert	20.781
Headerson, D. M.	27.3	Forbes, W. H. & Forbes, J. M., Jr	20.67
Blethen C. P.	26.887	Dixwell, G. B.	20.38
Kofod C. E.	26.857	Thorne, Cornelius	20.006

资料来源：*Shanghai Land Assessment*，*Hongkew*，*1876*，Shanghai：Carvalho & Co. printers, stationers & Publishers, 1A Foochow Road。

四、《1880 年虹口租界土地估价表》和《1882 年虹口租界土地估价 表》及主要内容

1880 年和 1882 年虹口土地估价表，反映了这一时期虹口的土地占有情况，具有以下的特征：

1. 1880 年的虹口土地估价表中共有 321 份地产，比 1869 年多了 81 份，土地总面积 2382.101 亩，比 1869 年多了 340.482 亩。平均每宗地产的面积为 7.42 亩，比 1869 年，少了 1.09 亩。各领事馆登记情况如下：英国领事馆：229 宗，1761.313 亩；美国领事馆：64 宗，344.913 亩；俄国领事馆：8 例，42.7

亩。新增日本领事馆：2宗，6.153亩；西班牙领事馆土地1宗，2亩。还有未注册的土地13份，计170.745亩。相比1869年，英国领事馆登记土地增长明显，而美国、俄罗斯领事馆登记土地面积略有减少。

地产业主134人，比1869年增加了23人。20亩以上的地产主有40个，总计有1757.44亩，比1869年多了279.596亩，占该区所有纳税地产的73.77％，比1869年多1.38％。其中百亩以上的地产主增为2人，除了汉璧礼，还有轮船招商局，分别占据第一和第二位置，与1869年相比，其地产分别增加了30.423亩和54.392亩。地产商Charles Wills(Estate)，位列第三，与1869年相比，地产面积不变。50亩以上的地产主，还有A. G. Wood (Trustee Shanghai and Hongkew Wharf Co.)；Cotton Mill Company；S. C. Farmbam；R. F. Thorburn；H. P. Haussen。另外，20—50亩的地产主有31人，占有974.251亩。

10—20亩的地产主有22人，占有330.155亩土地，比1869年多41.218亩。

10亩以下的地产主人数73人，比1869年多了19人，占有294.506亩，比1869年多了19.668亩土地。人均占有土地4.03亩，比1869年少了1亩。说明土地在分化，这是城市化的具体反映。

表4-2-7　1880年虹口超20亩的地产统计表　　　　　单位：亩

地产主姓名	面　积	地产主姓名	面　积
Hanbury, Thomas	242.112	Farmbam, S. C.	66.073
China Merchants Steam Navigation Company	125.738	Thorburn, R. F.	60.425
Wills, Charles(Estate)	85.616	Haussen, H. P.	54.277
Wood, A. G.(Trustee Shanghai and Hongkew Wharf Co.公和祥码头)	77.955	Jardine, Matheson & Co.	46.728
Cotton Mill Company	70.993	Holtz & Cowderoy	46

续　表

地产主姓名	面　积	地产主姓名	面　积
Chinese Government	45.007	Alabaster, C.	30.1
Stavely, Major General Sir C.W.D.	43.2	Little, A. J. and Kzebs, C.	30.034
Shanghai Dock Company	40	Endicott, W.	28.356
Paou-Yuen-Chong	39.45	Lakaca, E. P.	27.901
Macpherson, Alex	37.2	Lang-chuen	27.325
Hsu Yu Chih	36.224	Reding, J. E.	26.02
Cumine, A. G. T.	35.46	Sassoon, R. D.	26
Keswick, Wm.	32.365	Mackenzie, Bobt	25.1
Council for the Foreign Community of Shanghai	32.09	Wilkinson & Co.	24.483
Vincent, Thomas	31.514	Harton, W. H.	22.85
Macartney, H.	31.116	Mackillop, John	22.83
Henderson, D. M.	31.006	Reid, Robert	20.781
Grafton, the Duke of and Chapman, F. B.	31	Forbes, W. H. and Forbes, J. M. Junior	20.67
Beauchef, P.	30.83	Coates, J. E. and Smith, A.	20.611

资料来源：*Shanghai land assessment schedule*, *Hongkew*, *1880*, Shanghai: Printed at the "Celestial Empire" office, No.26, Kiangse Road。

2. 1882 年虹口土地估价表中共有 317 份地产，比 1880 年少 4 份，土地总面积 2422.828 亩①比 1880 年多了 40.727 亩。平均每宗地产的面积为 7.642 亩。各领事馆登记情况如下：英国领事馆：212 宗，1486.641 亩，比 1880 年少 274.672 亩；美国领事馆：67 宗，361.944 亩；俄国领事馆：8 例，26.375 亩。日本领事馆：2 宗，15 亩。还有未注册的土地 45 份，计 463.643 亩。相比 1880 年，英国领事馆登记土地减少，而美国登记土地面积略有增加。

———————————

① 此数据不全，有文献记载 1882 年虹口区的纳税土地为 2714.314 亩，详见《工部局董事会会议录》，第 10 册，1891 年 10 月 20 日，第 772 页。

地产业主 131 人，比 1880 年少了 3 人。20 亩以上的地产主有 32 个，计有 1756.875 亩，占该区所有纳税地产的 73.75%。其中百亩以上的地产主增为 5 人，其中有 3 个为中国业主，轮船招商局超越汉璧礼，排位第一。另外两个是"TsouTsze Fai"和"Chu Yu Chee"两人。Henry Lester 则是百亩巨商的新科成员。汉璧礼的地产分为两部分，一部分地产的业主名为原名，另一部分标注为原名后加 estated(sub)，实际上应是同一个业主。故汉璧礼的地产总面积应为 197.865 亩，仍是该地区最大的地产商，但相比 1880 年，汉璧礼的地产略有减少。50 亩以上的地产主，还有 Charles Wills（estate）、A. G. Weed(trust for Shanghai and Hongkew Wharf Company，公和祥码头)、上海自来水厂（Shanghai Water-Works Company）、"R. M. Brown"、"Alex Myburgh"、"F. P. Latears"。另外，20—50 亩的地产主有 20 人，占有 620.639 亩，比 1880 年少 353.612 亩。

10—20 亩的地产主有 25 人，占有 376.312 亩，比 1880 年略多。

10 亩以下的地产主人数 77 人，占有 289.641 亩，与 1880 年水平相当。人均占有土地 3.76 亩，比 1880 年略少。

表 4-2-8　1882 年虹口超 20 亩的地产统计表　　　　单位：亩

地产主姓名	面　积	地产主姓名	面　积
China Merchant's Steam Navigation Company	154.814	Shanghai Water-Works Company	74.104
Hanbury, Thomas（estataed）（sub）	133.225	Brown, R. M.	70.993
Tsou-Tsze-Fai	117.93	Myburgh, Alex	69.744
Lester, Henry	110.635	Latears, F. P.	66.5
Chu-Yu-Chee	110.079	Hanbury, Thomas	64.64
Wills, Chas(estate)	85.616	Chang-Su-Ho	48.474
Weed, A. G.（trust for Shanghai and Hongkew Wharf Company）	77.956	Jardine Matheson & Co.	46.728

续　表

地产主姓名	面　积	地产主姓名	面　积
Chinese Government	45.008	Endicott，Wm.	28.856
Shanghai Dock Company	40	Sassoon，R. D.	26
Paon Yuen Chong	39.45	Mackenzie，James	25.202
Henderson，D. M.	34.626	Beanchef，P.	23.498
Council for the Foreign Community of Shanghai	32.09	Harton，W. H.	22.85
Sassoon，A. D.	32	Mackillop，John	22.83
Grafton，Duke of，and Chapman，F. B.（trust）	31	Chun-Fai-Ting	22.127
Cursuine，A. G. T.	29.26	Reid，Robert	20.781
Daly，Septimus	29.189	Forbes，W. H. and Forbes，J. M. Junior	20.67

资料来源：*Shanghai Land Assessment Schedule*，*Hongkew*，*1882*，Shanghai：Printed at the "Celestial Empire" office，No.8，Canton Road。

五、1870—1890 年虹口地区的城市空间变迁

首先，这一时期虹口地区的发展受益于苏州河两岸交通的改善。苏州河南岸的英租界土地此时已饱和，迫切需要向外扩展。苏州河两岸交通改善后，虹口成为英租界向外扩展的首选地。1870 年，横跨吴淞江（即苏州河）仅有两条桥梁：东面的那座大桥，名威尔斯桥，西面的那座大桥名头摆渡桥。之后至 1875 年，又在头摆渡桥以西，建造了二摆渡桥和三摆渡桥和新闸桥。这些跨江大桥推动了苏州河北岸的开发。

其次，苏州河北岸地区、大桥附近的地区先发展起来，并呈现由苏州河和黄浦江交汇处向苏州河上游扩展的趋势。北苏州河路，1870 年仅限于河南北路，到了 1884 年扩展到浙江北路。不仅如此，土地利用功能开始由居住区逐步向工业区扩展。从 1884 年虹口地图上看，河南北路以东地区，分

布有大量的里弄住宅，比如乍浦路有挹秀里、清云北里；四川北路有清云里、本源里、本源南里、新源东街、新源西街；江西北路，有仁智里、宝康里、宝泰里。河南北路两侧建有桃源坊、洪源里等里弄住宅。而河南北路以西的新扩展区，仅在老闸桥与新造大桥之间，建有顺兴里。相反，河南北路以西地区的工厂企业开始增加，在新造大桥(即浙江路桥)，清光绪四年(1878)由美商旗昌洋行创办旗昌丝厂。该厂雇佣法国技师卜鲁纳(Paul Brunat)主持督办总理厂务。初有缫机 50 部，到 1881 年丝车增到 200 部。①1881 年丝商黄佐卿在苏州河北岸创立公和永缫丝厂，有缫丝机 100 部，次年开工。但在地图上没有发现这个工厂，这是中国民族资本在上海开设的第一家机器缫丝厂。在河南北路与老闸桥(即福建路桥)，清光绪八年(1882 年)，由英国公平洋行(Iveson & co.)创办公平丝厂，建厂时购置丝车 216 部。

第三节　1890—1900 年虹口地籍图册与城乡变迁

一、《1890—1892 年虹口租界土地估价表》及主要内容

1890 年虹口区进行了土地测量，据从事该项工作的工程师称，虹口境内(熙华德路界限内)的应征税土地为 3177.214 亩，与 1882 年 9 月份的 2714.314 相比，增加了 462.9 亩，或言之，增加了 17%。在旧的估价表中仅有 450 块土地，但现在却有 593 块土地，其中 10 块土地仍需估价。②1891 年 11 月 24 日会议讨论虹口熙华德分界线。会议收到了税务检查员的备忘录，指出靶场北路的西人住房是在分界线以外，可不必缴税，但他了解，如果靶场装了路灯并派巡捕站岗，则这些住户，正如静安寺路上的居民那样，愿

① 《上海丝绸志》(《上海丝绸志》编纂委员会编，上海社会科学院出版社 1998 年版)认为，厂址在上海火车站(北站)。
② 《工部局董事会会议录》，第 10 册，1891 年 10 月 20 日，第 772 页。

意按月付现。会议决议,自明年起,在熙华德边界线内的所有居民,不论是华人或外人,均应支付通常的土地税。①

1890—1892 年虹口土地估价表应是这次土地重测和评估的重要成果,是根据纳税人年会 1890 年 2 月 18 日会议通过的第 10 项决议案制定的。在该卷宗的卷首对该表附有说明:

虹口租界被分成了 10 个区,划分的边界沿着苏州河和黄浦江,向北至租界的边界。

1 区,包括了福建北路以西的地产,地籍号:1-23 号;

2 区,包括了福建北路与河南北路之间的地产,地籍号:50-99 号;

3 区,包括了河南北路与四川北路之间的地产,地籍号:200-286 号;

4 区,包括了四川北路与吴淞路之间的地产,地籍号:350-476 号;

5 区,包括了吴淞路与虹口浜之间的地产,地籍号:550-671 号;

6 区,包括了虹口港与 Yuen-fong 路之间的地产,地籍号:750-823 号;

7 区,包括了 Yuen-fong 路与 Chaou-foong 路之间的地产,地籍号:950-1027 号;

8 区,包括了 Chaou-fong 路与 Seward-foong 路之间的地产,地籍号:1150-1200 号;

9 区,包括了 Seward 路与地籍号 1312 号地产之间的地产,地籍号:1300-1338 号;

10 区,包括了地籍号 1312 号与杨树浦之间的地产,地籍号:1500-1532 号;

其中 1—9 区的界线,向北延伸至租界边界。

所有纳税的地产被赋予一个编号,至于被道路分割的地产,每一部

---

① 《工部局董事会会议录》,第 10 册,1891 年 11 月 24 日,第 778 页。

分均被赋予一个地籍编号。

在地图上，地块的边界采用了红线表示，对于被道路占用了一部分土地的地产，道路两侧用黑线表示。

除了第二区的部分地区，地籍的号码，在地图上是按照排序的。每一个区的开始的号码都是从该区的西南角开始的。[1]

这份土地估价表中分为说明、索引、备忘录、正文和附录等部分，备忘录称，此次测量，虹口区共有纳税土地 3224.85 亩，价值 5110145 银两。而笔者对表格统计发现，正文有 671 份地产，3107.898 亩，附录中有 30 份地产，132.682 亩，共计 3240.58 亩土地，比原文所载数据多 15.73 亩。笔者统一进行统计分析，而不单独分开论述：

1890—1892 年虹口土地估价表中共有 701 份地产，比 1880 增 380 份，总计面积 3240.58 亩，比 1882 年纳税土地总面积多了 817.752 亩。平均每宗地产的面积为 4.62 亩，比 1882 年少了 3.022 亩。各领事馆登记情况如下：英国领事馆：447 宗，为 1882 年的 2.11 倍，占有 2101.387 亩，比 1882 年多 614.746 亩；美国领事馆：217 宗，为 1882 年的 3.24 倍，面积 979.416 亩，为 1882 年的 2.71 倍；俄国领事馆：7 例，25.683 亩。日本领事馆：6 宗，25.562 亩，比 1882 年多 10.562 亩。相比 1882 年，新增葡萄牙领事馆，1.046 亩；意大利领事馆 4 份 22.294 亩，德国领事馆 8 份，53.662 亩，澳大利亚领事馆 2 宗，1.862 亩。未注册的华人地产有 9 宗，为 29.668 亩。

地产业主 218 人，比 1880 年多 84 人。20 亩以上的地产主有 40 个，计有 2213.529 亩土地，比 1882 年增 456.654 亩，占该区所有纳税地产的 68.31％，比 1882 年低 5.44％。其中百亩以上的地产主，由 1882 年的 5 人降为 4 人，分别是业广、怡和洋行、公和祥码头的 A. G. Wood、汉璧礼。

---

[1] *Shanghai Land Assessment Schedule*, *Hongkew Settlement*, *1890—1892*, Shanghai：Relly & Walsh, Limited, Printers, Nanking Road, 1893.

而 1882 年的 3 个华人百亩地产大王:轮船招商局、Tsou Tsze Fai、Chu Yu Chee,在 1890 年的虹口土地估价表上消失不见了。超 50 亩的地产主还有:"Shanghai Waterworks Company, Ltd."(上海自来水厂)、"Sheng-Hsuan-Huan"(盛宣怀)、"Ewen,Cameron"、"Bank of China"、"Japan & the Straits,Ld."(惠通银行)、"F. D. Sassoon"、"E. E. Sassoon"、"H. S. Wilkinson"、"E. P. Lalcaca"、"J. E. Sassoon"可见,本时期,沙逊家族虹口土地大增,有 3 人地产超 50 亩。华人中的盛宣怀,此时跻身于虹口 50 亩以上大地产商之列。1880 年之前的老牌大地产商汉璧礼,在 1890 年地产减少了一半多,仅剩余 122.056 亩土地。"Henry Lester"(雷士德)曾是 1882 年百亩巨商,本时期也销声匿迹了。20—50 亩的大地产商,有 27 人,占有 945.763 亩土地,比 1882 年多了 325.124 亩。

10—20 亩的地产主有 35 人,25 人,占有 514.538 亩,比 1882 年多了 138.226 亩。

10 亩以下的地产主人数 144 人,增长了近 1 倍,占有 512.513 亩,比 1882 年增长了 76.95%。人均占有土地 3.56 亩,比 1882 年略少。

表 4-3-1　1890—1892 年虹口超 20 亩的地产统计表　　　面积单位:亩

地产主姓名	面　积	地产主姓名	面　积
Shanghai Land Investment Company, Limited	295.052	Cameron, Ewen	70.202
Jardine, Matheson & Co.	155.671	Bank of China, Japan & the Straits, Ld.	69.046
Hanbury, Thomas	122.056	Sassoon, F. D.	64.424
Wood,A. G.,Trustee Shanghai and Hongkew Wharf Co.	101.885	Sassoon, E. E.	63.457
Shanghai Waterworks Company, Ltd.	92.261	Wilkinson, H. S.	59.03
Sheng-Hsuan-Huan 盛宣怀	70.993	Lalcaca, E. P.	52.404

续　表

地产主姓名	面　积	地产主姓名	面　积
Sassoon，J. E.	51.285	Schultz，H. M.	35.19
Kingsmill，T. W.	49.201	Keswick，Wm.	33.438
Municipal Council	48.514	Catholic Mission of Kiangnan	31.506
Evans，A. M. A.	48.269	Sassoon，A. D.	31.23
Morrison，G. James	48.15	Endicott，Wm.	29.906
Henderson，D. M.	47.106	St. Aubyn，E.	29.574
Dyer，H. J.，and Clifford，W. W.	43.802	Cumine，A. G. T.	27.813
Shanghai Dock Company	41.988	McQueen，Robert	26.885
Macgregor，John	41.194	Henderson. E.	26.207
Arahold，Karberg & Co.	40.151	Sassoon，R. D.	26
Dowdall，Charles	40.149	Lang，Wm.	22.975
Iveson，Egbert	39.755	Pichon，L.	21.922
Mobsby，George	37.71	Chinese Government	20.904
Methodist Episcopal Mission (South) U.S.A.	35.935	Forbea，W. H. and J. M.，Jr.	20.289

资料来源：*Shanghai Land Assessment Schedule*，*Hongkew Settlement*，*1890—1892*，Shanghai：Kelly & Walsh，Limited，Printers，Nanking Road，1893。

二、1897 年虹口租界土地估价表、地籍图及主要内容

（一）土地估价的过程与细节

1897 年和 1899 年在西方列强大举租界扩张之时，虹口租界进行了两次土地评估和重测，先后编制了这两年的土地估价表。

1897 年虹口租界土地估价表示根据 1896 年 3 月 10 日纳税人年会通过的第 8 项议案制定的。[①]在这份表格的卷首刊登了 1896 年 10 月 31 日《土地

---

① *Shanghai Land Assessment Schedule*，*Hongkew Settlement*，*1897*，Shanghai：Relly & Walsh，Limited，Printers，Nanking Road，1897.

评估委员会报告书》。在这本报告书中讨论了土地测量和土地评估的若干细节内容：

关于土地评估系统：该报告书指出，根据以往估价委员会做出的土地估价情况，并鉴于租界周围地区的快速发展，特别是虹口地区，因兴建了各种磨坊、缫丝厂和其他工厂企业，吸引了大量的人口，推动了土地的大幅升值。根据之前的估价标准进行征税，并不可行。因此，他们决定对英美租界的土地价值重新估计，一块土地一块土地地进行，评估标准简单来说，就是土地用途，土地与水路的位置，商业潜能，以及土地临街所带来的优势。这些标准长期被使用，成为上海租界地区土地评估的重要指标。

1896 年，工部局编绘了一幅虹口的地籍图。这张地图题名"*Cadastral Plan of the Hongkew Settlement，Shanghai，1896*"（即上海虹口租界的地籍图），为目前所见虹口租界最早的一张真正意义的地籍图。该地图标题下的文字说明：这张地图展示了工部局税收的土地信息。在标题的右侧附录了地籍编号的索引表。由此表可见，该地图的地籍编号顺序是，先将整个地图分为 10 个小区（section），从西向东依次排列 1—10 区。地籍编号也是从第 1 区到第 10 区由西向东数字逐步变大。每个区之间用南北向的道路作为分界线。每个区内的地籍编号是从最西南角的地块开始编号。每个区内又分为现存编号和预留编号两部分。现存编号就是最初赋予的号码，预留号码是从 3000 号开始的，每个小区预留 100—400 个号码，最终编号是 5200 号。

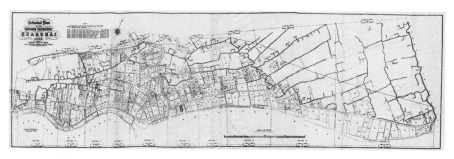

图 4-3-1　1896 年虹口地籍图

(二)土地估价表的内容分析

1. 1897年虹口租界土地估价表中共有851份地产,比1890年增150份,总计面积3769.5525亩,比1890年纳税土地总面积多了528.9725亩。平均每宗地产的面积为4.43亩,比1890年略低。各领事馆登记情况如下:英国领事馆:552宗,比1890年新增105宗,占有2472.942亩,比1890年多371.555亩;美国领事馆:250宗,为1890年的33宗,面积1056.345亩,比1890年多76.929亩;俄国领事馆:8例,26.354亩。日本领事馆:8宗,82.424亩,比1890年增加了56.862亩;葡萄牙领事馆,2宗,1.615亩;意大利领事馆5份20.5295亩。德国领事馆,14份,80.804亩,比1890年增27.142亩;澳大利亚领事馆4宗,2.288亩。相比1890年,新增了瑞士领事馆登记土地1份,0.52亩。未注册的华人地产有7宗,为25.731亩。

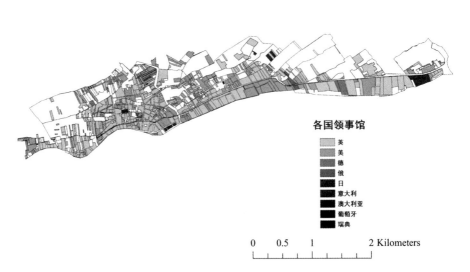

图4-3-2　1896年虹口各国领事馆登记土地分布图

地产业主245人,比1890年新增27人。20亩以上的地产主有44个,计有2641.6535亩,比1890年增428.1245亩,占该区所有纳税地产的

70.08％，比 1890 年略高 1.77％。其中百亩以上的地产主 6 人，分别是业广、玛礼孙、工部局、怡和洋行、汉璧礼、公和祥码头的 A. G. Wood。其中玛礼孙为新增百亩巨商，另外工部局在该地区拥有地产，首次突破百亩。20—50 亩的地产主还有 15 人，详见下表，其中有工厂企业 5 家，教堂 2 家，还有沙逊家族（3 个业主）以及几家房地产商。

10—20 亩的地产主有 38 人，占有 536.492 亩土地，比 1890 年略有增加。

10 亩以下的地产主人数 166 人，占有 612.398 亩，比 1890 年增长 19.49％。人均占有土地 3.69 亩，比 1890 年略高。

表 4-3-2　1897 年虹口租界超 20 亩的地产统计表　　　　单位：亩

业主姓名	面　积	业主姓名	面　积
Shanghai Land Investment Company, Limited 业广	252.306	Ewo Cooton Spinning and Weaving Co. 怡和纱厂	70.993
Morrison, G. J., and Gratton, F. M. 玛礼孙	198.59	Augustinian Corporation 望德堂	67.399
Municipal Council 工部局	125.009	Shanghai Silk Filature, Limited 老闸宝昌缫丝局	66.825
Jardine, Matheson & Co. 怡和洋行	123.096	Sassoon, F. D.	64.394
Hanbury, Thomas 汉璧礼	122.032	Dowdall, W. M. 陶威廉	64.381
Wood, A. G.（In trust for Shanghai and Hongkew Wharf Company 公和祥码头）	101.871	Sassoon, E. E.	59.554
China Merchants S. N. Co. 轮船招商局	97.459	Yamanobe, T., and Kanazawa, N.	56.862
Société des Missions Etrangères 三德堂	93.961	Gilmour, D.	56.058
Shanghai Waterworks Co., Limited 上海自来水厂	89.963	Dowdall, F., and Hanson, J. C.	56.024
Catholic Mission of Kiangnan	71.37	Sassoon, J. E.	51.285

续　表

业主姓名	面　积	业主姓名	面　积
Henderson，Dr. E.	50.255	Soeyechee Cotton Mill Co.，Limited	28.171
Evans，A. M. A.	47.912	Kingsmill，T. W.	26.28
Schultz，H. M.	46.892	Sassoon，R. D.	26
Congregation de la Mission des Lazaristers	45.96	Weir，Thomas	24.429
Iveson，Egbert	39.755	Jackson，W. S.	23.65
Keswick，Wm.	39.545	Arnhold，Ph.	23.438
Lalcaca，E. P.	39.275	Dudgeon，C. J.	23.249
Cushny，Alex.，Jr.	34.14	Dowdall，C.	23.04
Sassoon，A. D.	31.23	Lang，Wm.	22.977
Meth. Ep. Mission，South U.S.A.-（cont.）	30.862	Forbes，W. H.，and J. M.，Junr.	22.289
Endicott，Wm.	29.906	Platt，W. A. C.	22.126
Riva，A.	29.8495	Farnham & Co.，Limited	20.991

资料来源：*Shanghai land assessment schedule*，*Hongkew Settlement*，*1897*，Shanghai：Kelly & Walsh，Limited，Printers，Nanking Road。

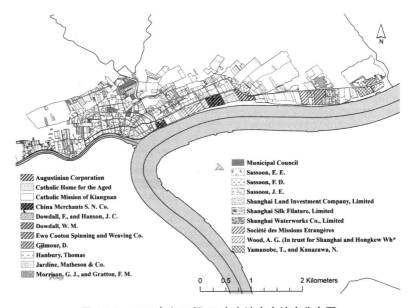

图 4-3-3　1897 年虹口超 50 亩大地产商地产分布图

三、1899 年虹口土地估价表、地籍图及主要内容

在 1899 年租界扩张之前，虹口租界进行最后一次土地估价，并编制了土地估价表，绘制了地籍图。

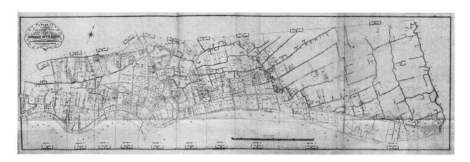

图 4-3-4　1899 年虹口租界地籍图

这幅地籍图的图名为"*Plan to Accompany Land Assessment Schedule，1899 Hongkew Settlement，Portions of Northern & Eastern Districts，Shanghai Foreign Settlement*"（1899 年虹口租界土地估价表配套地图，上海外国租界北区和东区部分）。该地图是在 1896 年地籍图的基础上测绘的，故地图绘制的空间范围、绘制方法和地图形制均十分相似。

据这份地籍册可知，1899 年虹口租界共有 929 份地产，比 1897 年增 78 份，总计面积 4265.261 亩，比 1897 年纳税土地总面积多了 495.7085 亩。平均每宗地产的面积为 4.65 亩，比 1897 年略高。各领事馆登记情况如下：英国领事馆：625 宗，比 1897 年增 105 宗，占有 2858.055 亩，比 1897 年多 385.113 亩；美国领事馆：245 宗，面积 1028.554 亩，比 1897 年略少；俄国领事馆：8 例，26.354 亩。日本领事馆：9 宗，128.063 亩，比 1897 年增 40 余亩；葡萄牙领事馆，2 宗，1.538 亩；意大利领事馆 4 份 10.83，比 1897 年减少。德国领事馆，25 份，120.386 亩，1897 年增长明显；澳大利亚领事馆 3 宗，2.128 亩。相比 1890 年，新增了瑞士领事馆登记土地 1 份，0.52 亩。未注册

的华人地产有 7 宗，为 89.353 亩。

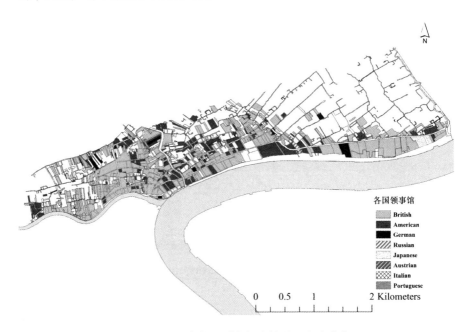

各国领事馆
- British
- American
- German
- Russian
- Japanese
- Austrian
- Italian
- Portuguese

0　0.5　1　2 Kilometers

图 4-3-5　1899 年"虹口"各领事馆登记土地分布图

地产业主 298 人，比 1897 年增 51 人。20 亩以上的地产主有 54 个，计有 3028.459 亩，比 1897 年增 386.8055 亩，占该区所有纳税地产的 71％，比 1897 年略高。其中百亩以上的地产主增至 10 人，分别是上海业广地产公司、玛礼孙、怡和洋行、汉璧礼、上海自来水厂、三德堂。公和祥码头。日商"T. Yamanobe(山野边)and N. Kamazawa(鎌澤)"、美商"G. Galles"为新出现的百亩地产巨商。此外，50 亩以上的地产主还有 14 人，20—50 亩的地产主 30 人，详见下表。

10—20 亩的地产主有 38 人，占有 542.771 亩土地，比 1897 年略有增加。

10 亩以下的地产主人数 207 人，比 1897 年增 41 人，占有 694.031 亩，比 1897 年增长 81.633 亩。人均占有土地 3.35 亩，比 1897 年略低。

表 4-3-3　1899 年虹口租界超 20 亩的地产统计表　　　　单位:亩

业　　主	面　积	业　　主	面　积
Shanghai Land Investment Company	267.5450	Inglis，R.	52.3270
Morrison，G. J. and Gratton，F. M.	145.1080	Sassoon，J. E.	51.2850
Jardine，Matheson and Company	123.0960	Stokes，A. P.	50.1460
Hanbury，T.	122.0760	Mission des Lazaristes	45.9600
Shanghai Waterworks Company	117.6490	Schultz，H. M.	45.0300
Société des missions étrangères	109.4780	Lalcaca，E. P.	44.7230
Yamanobe，T.山野辺 and Kamazawa，N.鎌澤	108.6230	Irving，J. Bell	42.2340
Galles，G.	103.5420	Evans，A. M. A.	40.2820
Shanghai and Hongkew Wharf Company	101.8850	Weir，T.	39.7420
Dowdall，C.，and Hanson，J. C.	84.0490	Keswick，W.	39.5450
Fernandez，M.	81.9810	Iveson，E.	36.4710
China Merchants Steam Navigation Company	76.8240	Methodist Episcopal Church，South，Board of Mission	35.9350
Ewo Cotton Mills	70.9930	Clarke，B. A.	32.6650
Riva，A.	70.7570	Sassoon，A. D.	31.2300
Mission du Kiangnan	68.9920	Liddell，C. O. and J. O.	30.4380
Shanghai Municipal Council	68.2960	Endicott，Wm	29.906
Sassoon，F. D.	64.4310	Algar，A. E.	28.916
Russo-Chinese Bank	61.1960	Soy Chee Cotton Mill Company	28.1710
Sassoon，E. E.	60.5540	Kingsmill，T. W.	28.0680
Dowdall，C.，and Hanson，J. C. and McNeill，D.	55.7390	Lester，H.	27.2300

续　表

业　　　主	面　积	业　　　主	面　积
Sassoon，R. D.	26.0000	Wilson，A.	23.1500
Atkinson，B. and Dallas，A.	25.3660	Lang，W.	22.9770
Solomon，S. J.	25.0410	Shanghai Municipal Council Goal Annex	22.2890
McEwen，A. P.	24.8350	Cushny，A. Jun	21.9220
Jackson，W. S.	24.6070	Farnham，S. C.，Boyd and Company	21.0110
Henderson，E.	24.2500	Hitch，F. D. and Forbes，F. M.	20.2890
Emens，W. S.	23.6040		

资料来源：*Shanghai Land Assessment Schedule*，*Hongkew Settlement*，*1899*，Shanghai：Kelly & Walsh，Limited，Printers，Nanking Road。

综上所述，1900 年之前，虹口租界内的洋商地产逐步增多，并呈现如下特征：

（1）从纳税土地的总额来看，呈现逐年上涨的趋势，1899 年比 1869 年增长了 1.09 倍，1899 年比公共租界西区的纳税土地还多。纳税土地的数量，1899 年比 1869 年增长了 2.87 倍。

（2）在虹口租界拥有土地的业主数量，呈现逐步上升的趋势。1899 年比 1869 年增长了 1.68 倍。特别是以 10 亩以下的小地产主数量增长最快。而百亩以上的大地产主，从无到有，至 1899 年已有 10 人。

（3）从土地占有情况来看，20 亩以上的大地产主，约占了虹口租界 70% 的土地，也就是说，不足 1/6 的地主，占有了虹口租界七成以上的土地。这与其他地区极为类似，土地日益集中在少数地产主的手里。

（4）纳税土地的数量日益增多，一方面反映了纳税土地的空间逐步扩张，另一方面，每宗地产的面积呈逐步下降趋势，也就是说，土地分割和土地重新划分现象比较普遍，这是城市化发展的一种外在表现。

四、城乡变迁：土地开发与筑路

通过对 1896 年和 1899 年两个年份的地籍图的对比，可以发现虹口租界在 1890 年代具有非常明显的城市空间扩展。当时的虹口地区包括了之后的公共租界北区和东区两部分：以虹口浜为界，虹口浜以西地区，为公共租界北区，虹口浜以东为公共租界东区。

（一）虹口浜以西

1. 北苏州河路

1870 年，北苏州河路仅扩展至河南北路。横跨苏州河有两条桥梁：东面的那座大桥，名威尔斯桥，西面的那座大桥名头摆渡桥。之后至 1875 年，又在头摆渡桥以西，建造了二摆渡桥和三摆渡桥，以及新闸桥。这些跨江大桥推动了苏州河北岸的开发。

1891 年 3 月 31 日会议，玛礼孙洋行来信称，他们受新沙逊洋行委托，提议修建一条新的马路，即从北苏州路（在河南北路和北山西路之间）通过第 945 号册地向北延长。为此，他们愿意以每亩 3000 两的价格向工部局出售所需要的那块地皮。他们知道，如要把这条路继续往北到天潼路的延伸路段，则要与毗邻册地的业主商洽。董事们认为，这条马路并不需要，但是如能无偿出让，则工部局可能承担修建该路并铺以碎石的工程。①

1894 年 11 月 6 日，工部局对苏州河北岸实施筑堤工程。该工程由玛礼孙土木工程建筑公司提出申请。该公司在这里拥有大量的土地，土地开发需要相应的基础设施。该公司致函工部局，称愿意免费出让从河南北路到北福建路这一段上延长北苏州路所需的地皮，并要求工部局尽快动工兴筑堤岸。该公司还提出希望此项工程应沿已被中国当局所同意的堤岸线兴建。工部局代理工程师报告指出，1887 年工部局曾计划修筑堤岸，并将北

---

① 《工部局董事会会议录》，第 10 册，1891 年 3 月 31 日，第 732 页。

苏州路由河南北路延长到北山西路。但遭到中国政府的反对。1890 年，工部局又为此拨 7500 两预算，终因堤岸线未定，不得不搁置。1891 年又以相同条件将此路延至北福建路，同样因当地官方反对在河岸筑槌，该工程也未施行。直到 1894 年，堤岸线才获中国官方同意，工部局董事会建议在 1895 年预算中应为此项工程拨出一笔 13000 两的款项，并应及早动工。①实际上，北苏州路的延长并不顺利。1899 年 12 月 21 日，沿路有一个叫里瓦的洋商，在购买这块土地时曾有过协议，要求工部局把用于筑路的那一部分土地，在筑路以时价购买。工务委员会认为，该路筑成之后，里瓦先生的地产得到改善，不应支付这笔费用。为此双方进行了争论。②之后的会议录并未对此事进行再跟踪记录。如此类似的扯皮事件较为常见，这类事件往往会延长筑路的时间，但最终结果是好的，道路也都被修筑完成。在 1896 年虹口租界地籍图上，北苏州河路已延伸至北福建路。

2. 浙江北路及其周边道路的辟筑

浙江北路位于北福建路以西，在 1896 年虹口租界地籍图上，该道路仅修筑了沿岸很小一段。该路以北是一段曲折的河浜，在地图上标为 Foo Yuen Dong Nee Tsoon Ken。1896 年，道路两侧的道契册地并不多。之后，随着道契册地不断增加，土地开发较快，早在 1898 年工部局董事会批准了工务委员会关于延长浙江北路的建议，但将所需地皮价款的预算，放在 1899 年。③1899 年 2 月 15 日，工务委员会向工部局董事会提交了工程师拟延长这条马路的备忘录。延长修筑这条道路，面临主要的问题是征地。而道路以北的河浜，可以利用。1899 年 11 月 15 日会议收到了工程师的报告，并附有一张平面图，其中他提出要购买此次延长筑路所需的一切其余土地。由哈同洋行免费转让的大块地皮使这块土地的用费低于 4000 两，于是经过

① 《工部局董事会会议录》，第 11 册，1894 年 11 月 6 日，第 664—665 页。
② 《工部局董事会会议录》，第 14 册，1899 年 12 月 21 日，第 517 页。
③ 《工部局董事会会议录》，第 13 册，1898 年 7 月 27 日，第 590 页。

充分的讨论之后,会议通过了这项计划并指示工程师立即动工修筑该路的第一段。①从 1899 年虹口地籍图来看,延长的道路,北至川虹浜,其中有一段是填浜筑路。其西侧的 Foo Yuen Dong Nee Tsoon Ken 河浜,被填埋修路,路名为 Sih King Soo Road。河浜被填埋筑路之后,改善了这一地区的自然环境,吸引了更多的洋商在这里租地,推动了这里的农田用地转变为城市用地。

图 4-3-6　1896—1899 年浙江北路延长

3. 四川北路

　1896 年之前,四川北路的范围,自苏州河至川虹浜。1898 年 7 月 27 日,会议决定将四川北路越过川虹浜向北延伸。但此项公共工程所需购买地皮的费用超过当年财政预算,因此会议决定同意按工程师报告中所列条款购买该地皮,但只支付购地价款一半,而该路的修造也要等到资金允许的时候方可进行。②从 1899 年地籍图上看,四川北路的延伸路段,自川虹浜至打靶路之间的路段已完工。该道路修筑后,周边的小河浜均被填埋,改善了这一地区的环境,促使道契册地日渐增多。

① 《工部局董事会会议录》,第 14 册,1899 年 11 月 15 日,第 513 页。
② 《工部局董事会会议录》,第 13 册,1898 年 7 月 27 日,第 590 页。

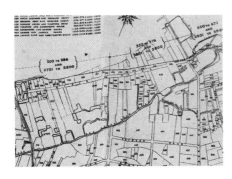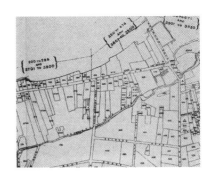

图 4-3-7　1896—1899 年四川北路的延伸

4. 河南北路的延伸

1896 年之前,河南北路通路范围仅限于苏州河与川虹浜以南,川虹浜以北地区当时还是大片的农田。工部局已计划在这里延伸道路。到了1899 年,在原计划路线上修筑了河南北路的北部延伸路段。这条道路修筑对于该地区的土地开发影响甚大,主要是自河南北路至还没有修筑的浙江北路之间的区域,这里的农田在筑路之后很快被洋商租去,特别是北部边界的河浜沿岸的土地,狭长形整齐排列在界浜以南,均变成了有编号的道契。这些土地还没有来得及开发,基本保持了原来的形态,河浜和水潭等仍存在,但有利于开发的土地几乎被洋商抢购一空。

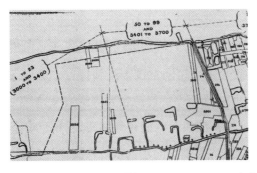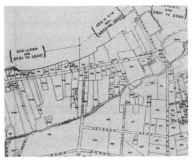

图 4-3-8　1896—1899 年河南北路的延伸

5. 吴淞路延伸

玛礼孙土木工程建筑公司来函,提出无偿转让靶子场以北 20 英尺宽、

230 码长的地皮以供延长吴淞路。如果工部局负责其整齐有序,或者工部局付给他们 1000 两,他们就使这段路面宽度达到 30 英尺。会议认为由于此路在租界以外,决定拒绝接受这一出让。①1896—1899 年,这条延伸路段最终筑成。

6. 新打靶路

川虹浜北有一条打靶路,英文名:Rifle Range Road。早在 1862 年,英美当局在虹口浜、川虹浜以北购买土地,用于习武打靶之场地。英册道契第 541 号 548 分地,租地人为"演武处"(Rifle Bull Proprietor),从当地华人"徐瑞祥等"购买了 10.17 亩土地。立契时间为同治元年(1862 年)七月十二日。另外,英册道契第 759 号和 760 号,也是以同样的手段购买的华人土地,共计 13.74 亩土地。之后,工部局在购买的土地上建造了打靶场地。出于交通的需要,在打靶场地附近修建了一条马路,称"打靶路"。到了 1890 年之后,随着虹口租界城市空间拓展,打靶路附近的大部分土地被洋商租去,变为道契册地。于是,工部局干脆将这些土地卖掉,然后在界外另寻他地重新建打靶场,位于今鲁迅公园附近,又称新打靶场。为了交通方便,修

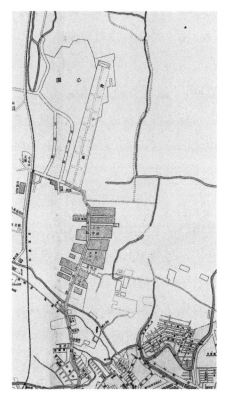

图 4-3-9 《1910 年实测上海城乡租界图》上的新打靶场②

---

① 《工部局董事会会议录》,第 12 册,1895 年 5 月 21 日,第 475 页。
② https://www.virtualshanghai.net/Asset/Preview/vcMap_ID-260_No-1.jpeg[2022-8-5].

筑了一条连接租界与新打靶场的道路，称新打靶路，在《1910 年实测上海城乡租界图》，标注为"北四川路"，即今四川北路的一段。

(二) 虹口浜以东

虹口浜以东地区，又以杨树浦为界，分为东西两部分，其中杨树浦以西，主要集中虹口浜以东的部分。杨树浦以东，仅限于黄浦江滨岸一带。

1. 延续熙华德路(Seward Road，今东长治路)

熙华德路，位于虹口浜以西，原是连接天潼路(Tien Dong Road)与南浔路(Nanzing road)之间的一条西南-东北向的道路，以美国外交官命名。在 1864—1866 年虹口租界的地图上，这条道路已经存在，但范围仅限于天潼路与南浔路，还没有延伸至虹口浜。到了 1870 年，工部局将这条马向东延伸，并越过虹口浜，继续向东延伸至一条小河浜(后来被填埋成茂海路)，成为虹口浜以东地区百老汇路以北的第二条东西向道路。熙华德路以北的地区，还是大片的农田和河浜。这条道路的修筑改变了这一地区的土地利用。

至 1890 年，熙华德路已延伸至茂海路了，这一时期已经有不少洋商在茂海路以东的地区购地。这部分购地的洋商也迫切希望熙华德路向东延伸。1894 年 6 月 26 日，会议宣读了韦托克先生来函，他询问能否沿南朱家浜延续熙华德路。该地原有一条当地小路，易于扩建成一条工部局道路，并称打算在 1336 与 1387 号册地及其相接地产立即兴建该路，这些地产的业主们准备出让筑路所需地产，而与该地相邻的地产主亦愿为该路出让其土地。董事们认为如能无偿转让则应接受这一建议，将此事交工务委员会进行研究。①朱家浜是一条南北向的河浜。同年 7 月 10 日，工务委员会研究了菲托克提议，认为目前并非紧迫需要。若如此做，邻近的地产主除出让所需土地外，还须支付完成道路的部分费用。同时指示代理工程师准备一张标

---

① 《工部局董事会会议录》，第 11 册，1894 年 6 月 26 日，第 635 页。

明将在虹口筹建各道路的路线平面图。会议随后决定通知菲托克先生，道
路平面图现正绘制，一俟完成，即通知他工部局能否安排他在 6 月 23 日信
中所提沿南薛家浜延长熙华德路的建议。①1899 年 11 月 22 日会议，决定把
整段与汇山路附近的百老汇相连的熙华德路以及其延长路段，叫做茂海路
（今海门路）。②茂海，并非中国人，而是任"大英圣书公会"副会长英国传教
士慕维廉（William Muirhead，1822—1900），英文路名 Muirhead Road，当
地人将其音译为"茂海路"。

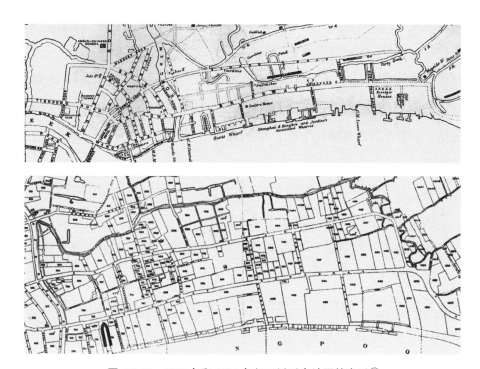

图 4-3-10　1870 年和 1896 年虹口浜以东地区的变迁③

① 《工部局董事会会议录》，第 11 册，1894 年 7 月 10 日，第 651 页。
② 《工部局董事会会议录》，第 14 册，1899 年 11 月 22 日，第 513 页。
③ 1870 年，系 *Street plan of the English，French and American settlement，1870*，截图 https://
　 www.virtualshanghai.net/Asset/Preview/vcMap_ID-179_No-1.jpeg［2022-8-5］。

2. 汉璧礼路延伸

汉璧礼路，原位于虹口浜以东，连接吴淞路与虹口浜，是虹口地区较早修筑的马路之一。在《1864—1866年上海虹口或美租界地图》上，该道路即已存在。但仅限于虹口浜以西的地区。汉璧礼先后在这里购置了大量的土地，故这条马路被命名为汉璧礼路。

1890年以后，这条马路越过虹口浜向东扩展。1891年3月24日，会上宣读了汉璧礼路沿路的一小块地皮和几座房屋的业主的来信，来信对工部局为迫使他们出售地产而采取的强暴措施提出控诉。总董解释说，目前这条路线上只有一幢房屋需拆迁，而该房屋的业主们已同意出售。会审公廨虽曾对他们施加压力，要求他们接受与其毗邻产业同一价格。但不幸的是，房屋的业主不久去世。房东妻子拒绝接受这些条件。会审公廨对她进行了传讯。董事会认为如果解决不了，则梅恩先生可绕过这幢房子，另行安排一条路线，付些迁坟费，而所花费用将大大少于根据协议支付这幢房子的价格。①

同年6月23日，会议收到了玛礼孙洋行的另一封信，提出修改为延伸汉璧礼路而拟议建筑的一条路线，将这条路线与新记浜路连接，然后将这两条路线沿着虹口港堤岸的一条马路延伸下去。来信称，所需筑路土地以2250两购得，会议决定将此信亦交工务委员会研究并提出报告。②8月18日，经工务委员会建议，会议决定致信格拉顿先生，请他送上拟议将汉璧礼路和新记浜路进行连接的一张完整的平面图，并标出所需要购买的几块土地，以及可以买进的价格。同时，在信中指出，他是否能设法以上述价格买进这两块土地，然后董事会将告诉他是否要

---

① 《工部局董事会会议录》，第10册，1891年3月24日，第731—732页。
② 《工部局董事会会议录》，第10册，1891年8月11日，第756—757页。

建造这条马路。①新记浜是虹口浜以东最长的一条东西向河浜,在 1870 年虹口租界地图②上,这条河浜的宽度为 20 英尺,也是虹口浜与杨树浦之间最宽的一条河浜。其中位于熙华德路以北,靠近华记路(Hwakee Road,今永定路)的新记浜的一条南北向支流被填埋筑路,被称为新记浜路。在 1896 年虹口租界地籍图上,汉璧礼路向东延伸至新记浜路。

汉璧礼路延伸之后,最直接的影响是吸引了大量洋商在这里购地,1890 年之前,熙华德路以北基本上还是农田,但是到了 1896 年,在熙华德路与汉璧礼路延伸段之间的土地几乎全部被洋商租去。而汉璧礼路以北地区,大部分土地仍为农业用地,筑路后道路两旁已经开始有了不少洋商购地。到了 1899 年,道契册地的数量明显增多。

3. 元芳路

城市发展,最先是沿着东西向道路发展。但随着土地开发的推进,迫切需要南北向道路,以形成比较完整的街区。而南北向的道路,是从码头开始辟筑的。因为货物运输的需要,洋商最先修筑来了连接码头与百老汇路的道路。在《上海虹口租界或美租界地图(1864—1866)》地图上,自西向东依次分布着 Kee Cheong Road、元芳路(Yuen Fong Road,今商丘路)、Kung ping road(计划路线)三条连接码头与百老汇的南北向道路。随着百老汇路北面地产的增多,这些道路开始向北延伸。

元芳路是该区最早开辟的南北向道路之一,修筑于 1864 年之前。之后在很长一段时间内,没有进行扩展。元芳,英文名 J. Thorne,为英商洋行。据统计,该洋行最早在咸丰十一年十二月初十开始租地。至光绪三十二年,元芳行先后租地 93.742 亩。

---

① 《工部局董事会会议录》,第 10 册,1891 年 8 月 18 日,第 758 页。
② 系 *Street plan of the English*,*French and American settlement*,1870,引自 https://www.vir-tualshanghai.net/Asset/Preview/vcMap_ID-179_No-1.jpeg [2022-8-5]。

表 4-3-4 英册道契所载"元芳"洋行及其职员租地信息汇总表

单位:面积:亩;价格:洋元

中国业主	租户	立契时间	道契号	分地号	面积	总价	位置	出处
奚寿康	元芳	咸丰十一年十二月初十	448	455	1.6	500000*		2
陆坤全等	元芳	咸丰十一年十二月初十	449	456	4.3	1300000*		2
奚瑞春等	元芳	同治一年一月十六	465	472	2.6	800000*		2
姚俞心、唐怀远、景大盛	元芳行	同治五年十月十四日	821	828	7.704	474.38	二十七保四图羊字圩并二十八保五六图端字圩	3
徐静荣、唐天锡	元芳行	同治五年十月十四日	822	829	6.467	398.04	二十七保四图羊字圩并二十八保五六图端字圩	3
美特伦即金	元芳行海格	光绪五年六月初六日	1216	1223	12.5			4卷
戴如奎、戴益昌、吴财桂、顾氏	元芳行海克	光绪五年七月二十四日	1224	1231	3.24	400	二十八保四图博字圩土名新渡北	20
讨恩美德伦	元芳行	光绪六年十月初八日	1261	1268	2.307	65	二十八保四图博字圩土名新渡	20

续 表

中国业主	租户	立契时间	道契号	分地号	面积	总价	位置	出处
顺发行	元芳行妥恩公和行吉尔茂	光绪六年三月二十二日	1244	1251	25.094		二十七保十一图西库	4
徐顺全等	元芳行海格	光绪七年十二月初六日	1371	1378	6.785	900	二十七保十一图西库	5
朱桂祥等	元芳行海格	光绪七年十二月初六日	1372	1379	6.6	932.5	二十七保十一图西库	5
郭长根等	元芳行海格	光绪七年十二月初六日	1373	1380	6.624	870	二十七保十一图西库	5
吴存善堂	元芳美德伦	光绪三十一年十二月初九日	2193		2.046	388.8#	二十七保南十二图东圣字圩	4
徐姓	元芳行	光绪三十二年三月二十四日	5602		5.216		二十七保八图	4
赵姓	元芳行	光绪三十二年闰四月初一日	5656		0.659	1000	二十五保头图知字圩土名川虹浜	7

资料来源：《上海道契》，英册部分。图注：出处一栏的数字表示《上海道契》第几卷；价格带＊的表示货币单位为"文"；带＃的表示货币单位为"银两"。

第四节　1900—1910 年北区地籍图册与城市变迁

一、1900 年公共租界北区土地评估、地籍图册及主要内容

1899 年公共租界实现了扩界之后,对公共租界北区进行了土地勘测和土地评估,并编制了 1900 年公共租界北区地籍图册,即地籍图和土地估价表。

(一) 土地估价委员会报告

卷首附录了土地估价委员会的报告。土地估价委员会由"Fredk M. Gratton"(任主席),"J. Cooper","John Prentice","Chas. H. Godfrey"(总办)组成。1900 年 8 月,该委员会致函工部局,汇报此次土地估价的若干细节。

该委员会指出,1899 年 10 月英美租界被分成了四个区:中区、西区、北区、东区,其中北区,也就是之前所谓"Hongkew"的地方,包括一部分扩展区,大约面积为 3009 亩,并显示了租界扩张实现后,增加了 177 亩。北区的边界是:北:上海-宝山县界;南:苏州河-黄浦江;东至虹口浜;西:从泥城浜(Defence Creek)向西 70 码的一点向北画一条线至宝山县界。

土地评估,原虹口部分,之前评估的价值没有变动:那是根据工部局与靶子路(Rifle Range Road,今武进路)的土地业主之间达成的协议,该路沿着老靶子的一边至河南北路之间的土地,土地估价显著增长,这些新的估价都体现在新的土地估价表中。自上一届土地估价委员会以来所有新注册的土地,还有新扩展区内的所有注册土地,都添加在土地估价表,并予以估价。

土地估价系统,推广到新扩界区。

地籍的编号。鉴于原来虹口和新扩展区,被重新划分为两个区:东区和北区,另外考虑到这一地区的地籍编码系统令人不满,委员会决定对所有的地块重新编码,尽管这样会对土地业主 造成诸多不便。委员会指出,现在是修改编码的最佳时期,并在地籍册中做了认真的校对,相信将不便减至最少。

工部局总办谨慎处理了土地新编码问题,并预留了大量备用号码,作为将来使用,希望在相当长的几年时间里,不需要对该地区的土地重编号码。

（二）主要内容

1900 年公共租界北区土地估价表中共有 546 份地产,总共 1881.854 亩土地。从统计数据来看,北区土地仅占 1899 年虹口租界总地产的 44.12％。从地产分布来看,除了川虹浜及一些小河浜附近地区外,土地估价表登记的土地几乎遍布了北区的各个角落。受河流、圩田以及道路等因素影响,地产的空间形态呈现明显的地区差异,其中河南北路以东、川虹浜以南的早期开发地区,地产面积普遍较大,而川虹浜附近地区,以及河南北路以西地区,也就是发展较晚的地区,地产形态呈现沿河浜垂直排列的特征,以狭长的小面积土地为主。从其与河道的空间关系来看,这种土地划分形态应是原圩田的空间形态,沿河密集分布的狭长形的土地,是出于农业灌溉的需要。这种形态也影响了整个区域的土地面积,平均每份地产 3.453 亩,总体偏小。

该估价表中各领事馆登记情况如下:英国领事馆:400 宗,1496.96 亩,其分布几乎遍布整个区域;美国领事馆:112 宗,304.787 亩,主要集中在乍浦路和吴淞路地区;俄国领事馆:5 宗,5.64 亩。日本领事馆:6 宗,19.44 亩,仅分布在苏州河北岸与黄浦江交汇处;葡萄牙领事馆,1 宗,0.879 亩;意大利领事馆:5 宗,5.053 亩。德国领事馆,11 份,45.831 亩,法国领事馆 1 宗,0.276 亩;澳大利亚领事馆 3 宗,2.128 亩。

图 4-4-1　1900 年北区各国领事馆登记土地分布图

　　该估价表中计有地产主 180 人。其中 20 亩以上的地产主有 18 个，计有 1045.783 亩，占该区所有纳税地产的 55.57%。其中百亩以上的地产主有 3 个，分别是上海业广地产公司、玛礼孙（逊）、工部局，其中上海业广地产公司以 215.294 亩土地，高居榜首。汉璧礼、"E. E. Sassoon"和"A. Riva"和"J. E. Sassoon"为该区地产超过 50 亩的大地产商。另外，20—50 亩的地产主还有 11 人，占有 345.621 亩，既有爱尔德、F. D. Sassoon 等地产商，也有江南教会等外国传教会的地产，还有部分华商和中国政府的地产等。详见表 4-4-1。

　　10—20 亩的地产主有 24 人，占有 346.944 亩土地。仅占该地区总纳税土地的 18.44%。

表 4-4-1　1900 年公共租界北区超 20 亩的地产统计表　　面积单位:亩

地产主姓名	面　积	地产主姓名	面　积
Shanghai Land Investment Company	215.294	Sassoon, F. D.	40.598
Morrison, G. J. and Gratton, F. M.	117.446	Galles, J. G.	38.226
Shanghai Municipal Council	116.367	Methodist Episcopal Church, South, Board of Mission	35.935
Hanbury, T.	79.765	Mission du Kiangnan	31.501
Sassoon, E. E.	60.554	Stokes, A. P.	30.228
Riva, A.	59.451	Lang, W.	23.039
Sassoon, J. E.	51.285	Bell-Irving, J.	21.004
Dowdall, C. Hanson, J. C. and McNeill, D.	44.101	Platt, W. A. C.	20.189
Algar, A. E.	40.691	Wilson, A.	20.109

资料来源:*Shanghai Land Assessment Schedule*, *Northern District*, *1900*。

　　10 亩以下的地产主人数 138 人,占总人数的 76.67%,但总计占有 489.127 亩,仅及该地区总纳税土地的 25.99%。人均占有土地 3.544 亩,远低于整个区域的人均占有土地水平(10.45 亩/人)。

　　笔者又运用 GIS 的方法,将 20 亩以上大地产主的地产绘之于图,得出其空间分布图(图 4-4-2)。1900 年北区超 20 亩的大地产主,其地产几乎覆盖了北区全部,无论是建成条件较为成熟的吴淞路附近,还是城市化尚待开始的租界边缘地区,均有大地产商的地产分布。同时,这些大地产商的地产呈现较为明显的集聚现象。比如,上海业广地产公司的地产,主要分布在川虹浜以南、塘沽路以北;汉璧礼的地产,主要分布在吴淞路附近;沙逊行的地产,主要分布在乍浦路附近,以及苏州河北岸;爱尔德的地产,主要位于川虹浜以北的区域等等。之所以出现这种现象,跟地产开发有密切的关系。较小面积的土地，很难规划成为一个有规模的居住小区，或者商业区。洋商地产集聚后，容易形成一个较大面积的土地，更易于规划和开发。

Algar, A.E.
Bell-Irving, J.
Dowdall, C. Hanson, J.C. and McNeill, D.
Galles, J.G.
Hanbury, T.
Lang, W.
Methodist Episcopal Church, South, Board of Missi*
Mission du Kiangnan
Morrison, G.J. and Gratton, F.M.
Platt, W.A.C.
Riva, A.
Sassoon, E.E.
Sassoon, F.D.
Sassoon, J.E.
Shanghai Land Investment Company
Shanghai Municipal Council
Stokes, A.P.
Wilson, A.

0   0.25   0.5   1 Kilometers

图 4-4-2　1900 年公共租界北区面积超 20 亩的大地产商分布图

二、1903 年公共租界北区土地评估、地籍图册及主要内容

1903 年，工部局组织土地估价委员会对公共租界北区又进行了一次土地评估，并编制了 1903 年公共租界北区地籍图册，即地籍图与土地估价表。

1903 年公共租界北区土地估价表中共有 618 份地产，总计 2253.922 亩土地，比 1900 年多出 372.068 亩，增长 19.77％。可见，扩界后的北区是洋商土地交易特别火爆地区。值得注意的是，平均每份地产 3.65 亩，比 1900 年略高，这或许是每次土地交易额更大的缘故。

　　该土地估价表中的土地以英美领事馆登记为主。各国领事馆登记情况如下：英国领事馆：453 宗，1790.131 亩，比 1900 年多 335.03 亩；美国领事馆：122 宗，307.844 亩；俄国领事馆：5 宗，5.64 亩。日本领事馆：6 宗，19.357 亩；葡萄牙领事馆，3 宗，5.895 亩；意大利领事馆：5 宗，5.053 亩。德国领事馆，17 份，57.358 亩，法国领事馆 1 宗，0.276 亩；澳大利亚领事馆 3 宗，2.128 亩。其中，英、美、德等国家领事馆登记土地均有增长，以英国领事馆登记土地增长最多。此外，还有 2 宗地产未注册，计有 17.797 亩土地，还有一份地产，登记机构标注为"S ＆ N"，另有三份地产，登记机构标注"British/American"或"British/French"，既登记在英国领事馆，也登记在其他领事馆。

图 4-4-3　1903 年公共租界北区各国注册道契册地分布图

　　笔者又对估价表中的地产主进行统计，得出 1903 年公共租界北区登记的地产主共计 196 人,比 1900 年多 16 人。其中 20 亩以上的地产主有 23 个,占有 1416.05 亩土地,比 1900 年增加 35.4%,占该区所有登记地产的 62.83%,比 1900 年上升 7.06%。其中百亩以上的地产主仅有业广,比 1900 年地产略有增长。此外,玛礼孙、"J. C. Hanson & D. McNeil"、汉璧礼、工部局、英商通和行、沙逊(E. E. Sassoon 和 J. E. Sassoon)为该区地产超过 50 亩的大地产商。另外,20—50 亩的地产主,有 14 人,占有 437.968 亩,比 1900 年增长 26.72%。值得注意的是有哈同、哈华托等地产商,将触角深入到该地区。详见下表 4-4-2。

表 4-4-2　1903 年北区超 20 亩的地产主统计表　　　面积单位:亩

业主姓名	面　积	业主姓名	面　积
Shanghai Land Investment Company 上海业广地产公司	236.703	Algar, A. E. and Beesley, P. M. 爱尔德	37.665
Shanghai Municipal Council 工部局	155.688	Dowdall, C., Hanson, J. C. and McNeill. D. 高易	35.306
Atkinson, B. and Dallas, A. 通和行	89.702	Platt, W. A. C.哈华托	34.251
Morrison, G. J. and Gratton, F. M. 玛礼逊(孙)洋行	85.920	Methodist Episcopal Church, South, U.S.A. 美监理会	33.519
Hanson, J. C. and McNeill, D. 高易	81.621	Cowie, E.(Mrs.)	30.322
Hanbury, Thomas(Sir)(estate) 汉璧礼	79.421	Macleod, R. N.	29.411
Sassoon, E. E.沙逊	61.200	Mission des Lazaristes 遣使会	26.223
Sassoon, J. E.	54.386	Shanghai General Hospital	25.952
Teesdale, J. H.	52.799	Protestant Episcopal Mission 新教主教	23.655
Lang, W.	46.078	Wilson, A. 源茂	22.429
Sassoon, F. D.	40.598	Drummond, W. V.担文	21.478
Mission du Kiangnan	38.613		

资料来源:*Shanghai Land Assessment Schedule*, *Northern District*, 1903。

10—20 亩的地产主有 28 人，占有 374.01 亩，比 1900 年增 27.066 亩土地。

10 亩以下的地产主人数 145 人，占有 463.862 亩，比 1900 年少 25.265 亩。人均占有土地 3.2 亩，比 1900 年略低。

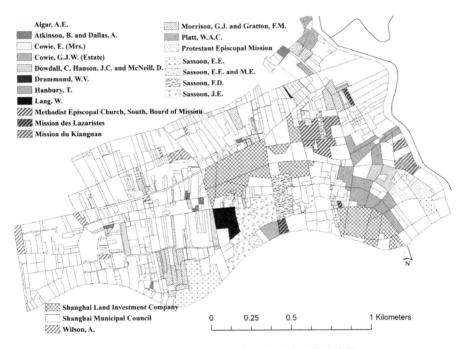

图 4-4-4　1903 年超 20 亩的大地产主地产分布图

下文再分析以下各主要大地产商的地产分布状况：

地产总数排首位的上海业广地产公司，自成立初期就把目光投向了虹口，即北区。至 1903 年，在该地区的地产已超过 200 亩。其地产分布非常集中：一处位于苏州河与黄浦江交汇的北岸；另一处位于川虹浜以南，蓬路（Boone Road，今塘沽路）中段（河南北路至乍浦路之前）。在当时，川虹浜东段已筑成海宁路（Haining Road）东段（四川北路以东路段），而中段和西段的河流仍然存在，土地尚未开发。上海业广地产公司看中了这一地区，并对其进行了开发，建造了大量的里弄住宅。

汉璧礼，在北区具有相当大的影响力，是该地区最早的房地产商之一。他的地产主要位于以他命名的汉璧礼路（今汉阳路）、吴淞路、武昌路东段一带。在 1903 年，这一地区早已发展为成熟城区。

沙逊家族，在北区也占有相当多的土地。包括洋行在内，1903 年沙逊家族共占有 43 块土地，土地面积达 177.506 亩，其中有三个人的地产超过 40 亩。其地产分布较为集中：主要位于北苏州河路（North Soochow road）中段（北山西路至四川北路之间）、四川北路（North Szechuen Road）南段一带。这一地区在当时还没有完全开发，特别是西段还有大片空地。地价也不高，但由于靠近苏州河，具有极大的发展潜力，反映了沙逊家族非常有眼光。

玛礼逊（也写作玛礼孙）洋行，上海著名的建筑设计公司，1903 年在北区占有 80 余亩土地，其地产主要分布在两个区域：一处位于沙逊家族以西，江西北路、北福建路一带，这里的土地已被分割成很小的地块，土地得到了很快的发展。其地产北界原是一条小浜，1903 年已填筑成 Tong Dong Ka Long。另一处位于海宁路东段一带。

以上各大地产商购地之后，大部分并未直接通过售地盈利，而是租赁出租，或建造房屋，由此推动了该地区的土地开发。

除了洋商外，还有相当一部分的华人地产商加入购地行列，其中高易律师行，主要以"J. C. Hanson and D. McNeill""C. Dowdall, J. C. Hanson and D. McNeill"名义购地，其中有一部分土地是挂号道契，也就是实为华人土地。还有律师哈华托，1903 年在北区的土地也超过 30 亩，他的一部分土地也是挂号道契册地。他们的土地分布较为分散，相比大地产商的土地，他们的土地更为偏远，比如北福建路、北山西路，海宁路以北虹口浜一带。值得注意的是，在 1903 年土地估价表上，还有一个华人业主，名 W Lang，在北区拥有道契册地 7 份，共 23.039 亩土地，位于天潼路和四川北路的交会处，占用了接近一个街区的土地。

三、1907 年公共租界北区土地评估、地籍图册及主要内容

仅过了四年，1907 年工部局组织土地估价委员会对公共租界北区又进行了一次土地评估，并编制了 1907 年公共租界北区土地估价表。

1907 年，公共租界北区土地估价表中共有 627 份计 2185.661 亩土地。但与 1903 年相比，土地总面积少了 68.261 亩，平均每份地产 3.486 亩，比1903 年略少。地产减少的原因，是因为该地区的土地已基本纳入土地估价的范围，在没有新增土地的情况下，筑路等基础设施用地的增加，自然会减少总土地的面积。

这一年，各领事馆登记的格局并未发生大的变化，情况如下：英国领事馆：481 宗，1754.857 亩；美国领事馆：111 宗，305.993 亩；俄国领事馆：5 宗，5.64 亩。日本领事馆：5 宗，19.357 亩；葡萄牙领事馆，3 宗，5.895 亩；意大

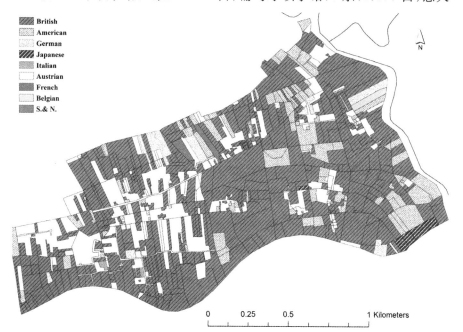

图 4-4-5　1907 年北区各国领事馆登记土地分布图

利领事馆:5 宗,5.053 亩。德国领事馆,17 份,71.347 亩,法国领事馆 5 宗,4.18 亩;澳大利亚领事馆 2 宗,2.128 亩。比利时领事馆 1 份 10.404 亩。从数据上看,除了德国领事馆登记土地略有增长外,英美等其他领事馆登记的土地,与 1903 年相比,均有减少。此外,还有 2 份地产,登记机构标注为"S & N",可能是工部局,待考。

该估价表中,计有地产主 197 人,比 1903 年仅多 1 人。其中 20 亩以上的地产主有 23 个,计有 1342.94 亩,比 1903 年土地面积增 73.11 亩,占该区所有登记地产的 61.44%,比 1903 年少。其中百亩以上的地产主有 2 个,分别是业广和工部局。业广的地产,比 1900 年地产略有增长,仍牢牢占据着第一的位置。此外,玛礼孙(逊)、高易(J. C. Hanson & D. McNeil)、汉璧礼、英商通和行、沙逊(E. E. Sassoon、J. E.Sassoon)为该区地产超过 50 亩的大地产商。另外,20—50 亩的地产主,有 14 人,占有 445.5 亩。详见表 4-4-3。

表 4-4-3　1907 年北区超 20 亩的地产统计表　　　面积单位:亩

姓　名	面　积	姓　名	面　积
Shanghai Land Investment Company 上海业广地产公司	236.703	Teesdale, J. H.	52.799
Shanghai Municipal Council	155.688	Lang, W.	46.078
Atkinson, B. and Dallas, A. 通和行	89.702	Sassoon, F. D.	40.598
Morrison, G. J. and Gratton, F. M. 玛礼逊	85.920	Mission du Kiangnan	38.613
Hanson, J. C. and McNeill, D. 高易	81.621	Algar, A. E. and Beesley, P. M. 爱尔德	37.665
Hanbury, Thomas (Sir) (estate) 汉璧礼	79.421	Dowdall, C., Hanson, J. C. and McNeill. D.	35.306
Sassoon, E. E.	61.200	Platt, W. A. C. 哈华托	34.251
Sassoon, J. E.	54.386	Methodist Episcopal Church, South, U.S.A.	33.519

续　表

姓　名	面　积	姓　名	面　积
Cowie，E.（Mrs.）	30.322	Protestant Episcopal Mission	23.655
Macleod，R. N.	29.411	Wilson，A.	22.429
Mission des Lazaristes	26.223	Drummond，W. V.	21.478
Shanghai General Hospital	25.952		

资料来源：Shanghai Municipal Council，*Shanghai Land Assessment Schedule*，*Northern District*，*1907*。

10—20 亩的地产主有 25 人，占有 346.135 亩，比 1903 年少 27.875 亩土地。

10 亩以下的地产主人数 149 人，占有 496.586 亩，比 1900 年多 32.724 亩。人均占有土地 3.33 亩，比 1903 年略高。

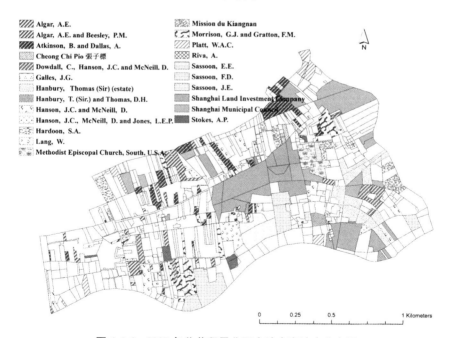

图 4-4-6　1907 年公共租界北区大地产商地产分布图

从地产分布来看，高居榜首并遥遥领先于其他业主的上海业广地产公司，地产数量进一步增加，在空间分布上并未发生改变：新增的土地主要是在原土地的基础上在附近增购新的土地，进而扩大了规模。

英商通和行，在该区占有的土地数量逐步增加，1900 年通和行仅有 14 份道契，16.947 亩土地。1903 年，保持不变。到了 1907 年，土地骤增，共拥有 54 份道契册地，近 90 亩土地。其土地主要分布在川虹浜、海宁路以北至靶子路、北界路之间的区域，这里土地还有待开发，地价较为低廉。但通和行看中的是该地区的巨大发展潜力。

英国房地产商爱尔德，在该地区占有较多的土地。早在 1900 年，该公司在北区就拥有 12 块土地 40.691 亩。1907 年，该地产商及其合伙人（"A. E. Algar and P. M. Beesley"）拥有 29 份土地 56.987 亩。其地产主要位于川虹浜以北、北山西路以西的地区，也是相对偏远的郊区。

综上所述，1900—1910 年期间，为公共租界北区最初被划分时期，具有如下的特征：

（1）纳税土地的总额，在初期有过小幅上涨之后，总体上趋于稳定，甚至出现了小幅下降的趋势。这是因为在 1900 年之前，该地区的绝大部分土地已被洋商占去，可发掘的新的空地所剩不多。而随着城市化进程加快，特别是基础设施的加快，相应的公用设施用地逐步增多，以工部局名义购买的土地超 200 亩。纳税土地总额，因土地被征用而呈减少的趋势。

（2）土地业主的人数，呈逐步上升的趋势。1911 年 249 人，比 1900 年 180 人，增长了 38.33％，其中增长最明显的中小型地产主的人数，10 亩以下的地产主人数，约占总人数的比重超 75％，而 1911 年达 77.91％。

（3）土地占有情况，呈现明显的垄断特征，少数人占有租界的大部分土地。20 亩以上的地产主的数量仅有 18—23 人，约占土地业主总人数的 10％左右，但拥有土地的比例超过 50％以上。随着城市化进程加快，这一现象有所缓和，1911 年该类业主占有土地的比重下降了 10％多。

（4）从国别看，以英国商人最多，美商次之，另外还有日本、俄罗斯、葡萄牙、法国、德国的其他国家的侨民，其中德国领事馆登记的土地数量，呈明显的增长趋势。

四、城乡变迁:筑路计划与城市空间生产

截至 1900 年 12 月 31 日,公共租界北区共有面积 3009 亩,在四个区中仅比中区大,但人口则仅次于中区,排第二,共有人口 95017 人,其中外国人 3727 人,在四个区中最多,华人 91290 人,人口密度仅次于中区,为 189.27 人/公顷,为公共租界西区的 7.22 倍。[1]西式建筑用地 78 公顷,华式建筑用地 205 公顷,农业用地 80 公顷,公园用地 1.63 公顷。[2]1900—1910 年也是该区发展最快的时期,经过 10 年的发展,虹口区的农业用地基本转变为永租地。但城市建成区的范围,主要位于四川北路以东的地区,以及蓬路以南、河南北路以东,南至苏州河的区域,也就是该区域的西北部和西南部,并未完全开发。

图 4-4-7 1900 年城市道路与土地形态

资料来源:1900 年公共租界北区地籍图。

① Municipal Council Shanghai, *Report for the Year Ended 31ˢᵗ December 1900 and Budget for the Year Ending 31ˢᵗ December 1901.* Shanghai: Printed by Kelly & Walsh, Limited, Nanking Road, p.198.
② Ibid., p.199.

(一) 川虹浜以北、河南北路以西地区

该地区北部修筑了靶子场路,靶子场以南至川虹浜之间的地区在1896年之前为圩田农业用地。1896—1899年间,这里的土地大部分被洋商租去。1898年8月,淞沪铁路建成通车,起点火车站,就建在北区北部边界附近,火车站的建成,推动了这一地区的开发。1899—1903年,工部局在租界边界北界修筑了一条道路,连接火车站与河南北路。在地籍图上,这条马路为"Railway Road"(铁路)。1900年,工部局计划在这个区的中间修筑一条东西向的道路,以英国外交官名命名爱而近路(Elgin Road),今安庆路。在1903年地籍图上,这条道路只有部分路段开筑。之后在1903—1907年间,这条道路筑成。同时,工部局还修筑了一条南北向的道路,以美国驻沪副领事名命名克能海路(Cumniham Road,今康乐路)。加上1903—1907年填埋川虹浜修筑完成的海宁路,这一地区,划分为4个街区。

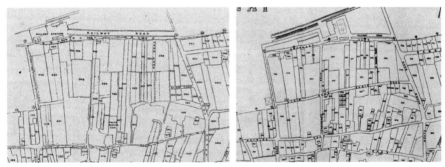

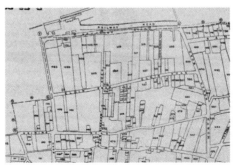

图 4-4-8　1903 年、1907 和 1911 年川虹浜以北地区

川虹浜,被填埋筑路,对于公共租界北区的土地开发而言,非常重要。1900 年 5 月 23 日,关于北川虹浜岸堤筑路,宣读了上海业广地产公司来信,请求工部局为建造一条 40 英尺道路恢复谈判,这项谈判去年曾因当地业主对于把这条浜的一部分变成一个涵洞进行阻挠而告终止。此事已提交工务委员会处理。①道路筑成后,1902 年 4 月 17 日,董事会核准,北川虹浜路改名为海宁路。②1902 年 10 月 30 日会议,工务委员会主席经过重新考虑后,建议目前海宁路延长工程仅限于连接那些为筑路出钱的业主修路,包括上海业广公司地产的前方空地,该工程的所剩部分将纳入下年度的预算,同时尽力设法取得毗邻土地所有人通常的摊派款。③实际上,在 1903 年公共租界北区的地籍图上,海宁路仅限于四川路与吴淞路一段。而西段,自四川北路至北区西界,是在 1903—1907 年完成的。

(二) 川虹浜南岸、河南路以西地区

川虹浜以南、河南路以西地区,是这一时期城市化发展较快的另一地区。在 1899 年,这一地区只有北浙江路(仅修筑苏州河至川虹浜)、北福建路(仅修筑苏州河路至东唐家巷写作 Dong Ka Long)、北江西路(仅修筑苏州河路至东唐家巷)。在北浙江路以西还有两条河浜:杨家浜(Yang Ka Pang)和 Doo Duo Pang。

1899—1903 年间,这两条河浜被填埋后,修筑了南北向的文极司脱路(Winchester Road,今文安路)和东西向的阿拉伯司脱路(Alabaster Road,今曲阜路),在其东,还修筑了一条南北向的甘肃路(Kansuh Road)以及与其相连的七浦路(Tsepo Road),这里的街区逐步形成。靠近浙江北路,有一个同乡义冢,名同仁辅元堂义冢,英文名 Foo Yuen Dong Cemetery。

① 《工部局董事会会议录》,第 14 册,1900 年 5 月 23 日,第 544 页。
② 《工部局董事会会议录》,第 15 册,1902 年 4 月 17 日,第 545 页。
③ 《工部局董事会会议录》,第 15 册,1902 年 10 月 30 日,第 571 页。

**图 4-4-9　1899 年、1903 年、1907 年和 1911 年公共租界北区
川虹浜以南、河南路以西地区**

1903—1907 年,在阿拉伯司脱路以北,又修筑了一条开封路(Kai Feng Road),浙江北路以西,至少形成了五个街区。另外,七浦路向东延伸,与东段的七浦路连在一起,成为连接北江西路与甘肃路之间的一条东西向干道。与七浦路同时修筑的,还有蓬路(Boone Road)的西部延伸路段,以及填埋川虹浜筑成的海宁路。这三条道路的修筑促进了七浦路与川虹浜之间区域的开发。

1907—1911 年,南川虹路(在海宁路西)与开封路之间的区域内的土地开发迅速。工部局在开封路以北修筑 Jehol Road。工部局在这里修筑了南北向的北西藏路(North Thibet Road,今西藏北路),不仅促进了租界内的发展,甚至带动了界外闸北一带的发展。

第五节　1912—1920 年北区
地籍图册与城市变迁

一、1911 年公共租界北区土地评估、地籍图册及主要内容

1911 年,工部局对公共租界北区又进行了一次土地评估,并编制了 1907 年公共租界北区地籍图册,包括地籍图和土地估价表。

1911 年公共租界北区土地估价表中共有 696 份地产,总共面积 2159.241 亩,比 1907 年略少。平均每份地产 3.111 亩,比 1907 年少 0.375 亩。各领事馆登记情况如下:英国领事馆:535 宗,1622.64 亩;美国领事馆: 109 宗,280.878 亩;俄国领事馆:5 宗,5.64 亩。日本领事馆:8 宗,28.568 亩;葡萄牙领事馆:1 宗,1.23 亩;意大利领事馆:4 宗,3.904 亩。德国领事

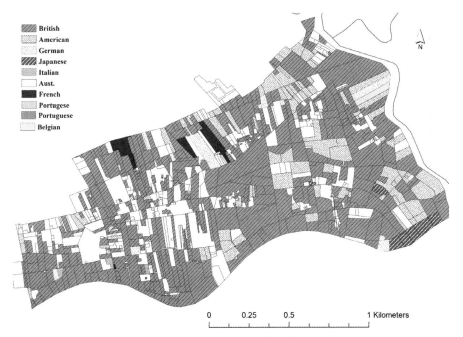

图 4-5-1　1911 年北区各国领事馆土地登记分布图

馆,15份,53.044亩,法国领事馆4宗,16.689亩;澳大利亚领事馆2宗,
2.128亩。比利时领事馆1份10.404亩。相比1907年,各国领事馆登记土
地均有减少。此外,还有16份地产,登记机构标注为多个领事馆,比如
"British/Italian"或"British/American"等,计139.78亩。

计有地产主249个,比1907年多52人。其中20亩以上的地产主有22
个,计有1093.31亩,比1907年土地面积少249.63亩,占该区所有纳税地产
的50.63%,比1903年少13.81%。其中百亩以上的地产主有1个,即上海
业广地产公司,但其总地产面积比1907年减少了。唯一可与业广相抗衡的
是沙逊家族,其中有四人的地产超过40亩,总计约247.147亩。此外,通和
洋行、汉璧礼、"J. C. Hanson & D. McNeil"为该区地产超过50亩的大地产
商。另外,20—50亩的地产主,有15人,占有458.678亩。详见表4-5-1。

表4-5-1 1911年公共租界北区面积超20亩的地产统计表 面积单位:亩

地产主	面积	地产主	面积
Shanghai Land Investment Company 上海业广地产公司	207.736	Crédit Foncier d'Extrême-Orient 义品放款银行	33.846
Sassoon, J. E., E. E., M. E. and E. V.	87.763	Methodist Episcopal Church, South, U.S.A.	33.086
Atkinson, B. and Dallas, A. 通和行	86.843	Shanghai Municipal Council, Isolation Hospital	31.362
Hanbury, D.	68.712	Mission des Lazaristes	30.469
Sassoon, E. E.	67.501	Cowie, Mrs. E.	30.145
Hanson, J. C. and McNeill, D.	64.783	Dallas, A.	28.143
Sassoon, J. E.	51.285	Algar, A. E. and Beesley, P. M.	27.664
Teesdale, J. H.	44.54	Lang, W.	22.931
Sassoon, F. D.	40.598	Banque Sino-Belge	21.685
Mission du Kiangnan 江南遣使会	37.715	Drummond, W. V.	21.478
Macleod, R. N.	34.535	Mission du Paris du Kiangnan	20.490

资料来源:Shanghai Municipal Council, *Shanghai Land Assessment Schedule*, *Northern District*, 1911。

　　10—20 亩的地产主有 33 人,占有 467.721 亩,比 1907 年多 121.586 亩
土地。

　　10 亩以下的地产主人数 194 人,比 1907 年多 45 人。占地 598.21 亩,
比 1907 年多 101.624 亩。人均占有土地 3.08 亩,比 1907 年略低。

图 4-5-2　1911 年公共租界北区超 20 亩大地产商分布图

二、1916 年公共租界北区土地评估、地籍图册及主要内容

　　1916 年,工部局对公共租界北区又进行了一次土地评估,并编制了
1916 年公共租界北区地籍图册,包括一幅地籍图和一册土地估价表。

　　1916 年公共租界北区土地估价表中共有 794 份地产,总共面积
2217.7376 亩,比 1911 年多 58.4966 亩。平均每份地产 2.79 亩,比 1911 年
少 0.321 亩。各领事馆登记情况如下:英国领事馆:665 宗,1832.7366 亩

(1911:535 宗,1622.64 亩);美国领事馆:87 宗,232.112 亩(1911 年:109 宗, 280.878 亩);俄国领事馆:1 宗,6.831 亩。日本领事馆:9 宗,30.661 亩 (1911:8 宗,28.568 亩);西班牙领事馆,1 宗,1.465 亩;意大利领事馆:4 宗, 3.904 亩。德国领事馆:16 份,62.305 亩,法国领事馆 1 宗,0.49 亩;澳大利 亚领事馆(Aust 或 Aust-Hung.)2 宗,1.319 亩。比利时领事馆 2 份 17.569 亩。此外,还有 6 份未注册的地产,计 28.345 亩。

图 4-5-3　1916 年公共租界北区各国领事馆道契册地分布图

计有地产主 225 个,比 1911 年少 24 人。人均占有土地 9.86 亩。其中 20 亩以上的地产主有 27 个,计有 1412.4486 亩,比 1911 年土地面积增加 29.19%,占该区所有纳税地产的 63.69%,比 1911 年上升 13.06%。其中百 亩以上的地产主有 2 个,即上海业广地产公司和工部局。上海业广地产公 司总地产面积相比 1911 年减少了。此外,通和洋行、"D. McNeill and L. E. P. Jones"、沙逊(E. E. Sassoon 和 J. E. Sassoon)、爱尔德洋行、高易行

（J. C. Hanson & D. McNeil）、汉璧礼和哈华托的地产超过 50 亩。另外，20—50 亩的地产主，有 17 人，占有 486.9556 亩。名单详见下表。

表 4-5-2　**1916 年公共租界北区面积超 20 亩的地产统计表**　面积单位：亩

地产主	面　积	地产主	面　积
Shanghai Land Investment Company	187.733	Methodist Episcopal Church, South, U.S.A.	35.398
Shanghai Municipal Council	172.502	Lester, H.	30.99
Atkinson, B. and Dallas, A.	95.986	Cowie, E.(Mrs.)	30.145
McNeill, D. and Jones, L. E. P.	95.92	Brandt, W.	29.397
Sassoon, E. E.	67.07	Burkill, A. W.	28.326
Sassoon, J. E.(Sir)	66.387	Ezra, E. I.	28.183
Algar and Company.	66.032	Mission des Lazaristes	24.041
Hanson, J. C. and McNeill, D.	61.732	Abraham, D. E. J.	23.546
Hanbury, D.	56.404	McNeill, D. and Wright, G. H.	22.062
Platt, W. A. C., Macleod, R. N. and Wilson, A. S.	55.727	Nippon Yusen Kaisha	20.146
Crédit Foncier d'Extrême-Orient 义品放款银行	41.772	Mission de Paris du Kiangnan	20.127
Sassoon, F. D.	39.344	Algar, A. E.	20.0576
Mission du Kiangnan	37.552	Macleod, R. N.	20.047

资料来源：Shanghai Municipal Council, *Shanghai Land Assessment Schedule*, *Northern District*, 1916。

10—20 亩的地产主有 24 人，344.337 亩土地，相比 1911 年减少了 9 人，123.384 亩，与 1907 年水平接近。

10 亩以下的地产主人数 174 人，比 1911 年少 20 人。占地 460.952 亩，比 1911 年少 137.258 亩。人均占有土地 2.65 亩，比 1911 年少 0.43 亩。

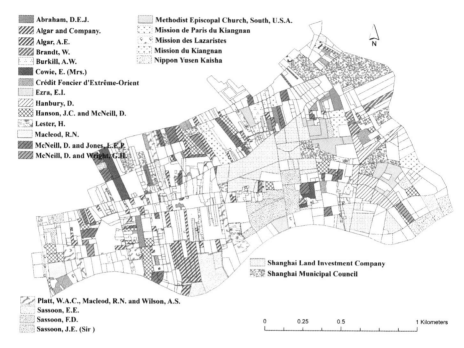

图 4-5-4　1916 年公共租界北区超 20 亩大地产商分布图

三、1920 年公共租界北区土地评估、地籍图册及主要内容

　　1920 年，工部局对公共租界北区又进行了一次土地评估，并编制了 1920 年公共租界北区地籍图册，即地籍图和土地估价表。

　　1920 年公共租界北区土地估价表中共有 784 份地产，总共面积 2252.932 亩，比 1916 年多 35.1944 亩。平均每份地产 2.88 亩。各领事馆登记情况如下：英国领事馆：669 宗，1865.482 亩（1916：665 宗，1832.7366 亩）；美国领事馆：76 宗，233.351 亩（1916：87 宗，232.112 亩）；俄国领事馆：1 宗，2.491 亩。日本领事馆：10 宗，38.539 亩（1916：9 宗，30.661 亩）；西班牙领事馆，1 宗，1.465 亩；意大利领事馆：4 宗，3.904 亩。德国领事馆：10 宗，38.056 亩（1916：16 份，62.305 亩），法国领事馆 3 宗，8.69 亩（1916：1 宗，0.49 亩）；澳大利亚领事馆（Aust 或 Aust-Hung.）2 宗，1.319 亩。比利时领事馆 1 宗，

7.165 亩(1916:2 份 17.569 亩)。此外,还有 3 份登记于多个领事馆,意大利/英国或美国/英国,计 3.998 亩,另有 2 份未注册地产,计 17.575 亩。附录中是华人地产主的信息,共有 8 份 97.5 亩土地,分别是张子标 47.5 亩,赵灼臣 6.5 亩,陈辉庭 21.5 亩,元济善堂 22 亩。

图 4-5-5 1920 年各国领事馆道契册地分布图

计有地产主 228 个,比 1916 年多 3 人。人均占有土地 9.88 亩。其中 20 亩以上的地产主有 27 个,计有 1375.594 亩,比 1911 年土地面积减少 36.8546 亩,占该区所有纳税地产的 61.06%,比 1916 年下降 2.63%。其中百亩以上的地产主有 3 个,即业广、雷梦及其合伙人、通和洋行。此外,爱尔德公司、"D. McNeill and L. E. P. Jones"、"J. C. Hanson & D. McNeil"、汉璧礼的地产超过 50 亩。沙逊(E. E. Sassoon 和 J. E. Sassoon)家族的地产在 1920 年骤然减少。估价表中仅剩下 F. D. Sassoon 37.622 亩,J. E. Sassoon 15.701 亩和"Sassoon Davis and Company"(老沙逊洋行)8.980 亩。总

计 62.303 亩,而 1916 年沙逊家族在该地区的地产为 172.801 亩。另外,20—50 亩的地产主,有 20 人,计有 660.231 亩,比 1916 年多 173.2754 亩。名单详见下表。

表 4-5-3　1920 年公共租界北区面积超 20 亩的地产统计表　面积单位:亩

姓　名	面　积	姓　名	面　积
Shanghai Land Investment Company	189.137	Methodist Episcopal Church, South, Board of Mission	36.080
Raymond, A. J., Nissim, E. and Moses, M. J.	134.797	Lester, H.	35.823
Atkinson, B. and Dallas, A	121.098	Crédit Foncier d'Extrême-Orient 义品放款银行	34.390
Algar and Company	80.322	Fleming, W. S.	32.663
McNeill, D. and Jones, L. E. P.	71.873	Teesdale, J. H.	31.682
Hanson, J. C. and McNeill, D.	61.732	Burkill, A. W.	30.754
Hanbury, D.	56.404	Cowie, E. Mrs.	30.136
Brand, W.	47.386	Shanghai Municipal Council, Victoria Nursing Home	24.904
Shanghai Municipal Council, Cattle Sheds; Isolation Hospital; Isolation Hospital for Chinese	47.382	Abraham, D. E. J	24.527
McNeill, D. and Wright, G. H.	45.101	Platt, W. A. C. and Macleod, R. N.	22.900
Platte, W. A. C. and Macleod R. N. and Wilson, A. S.	41.910	Ezra, E. I.	20.765
Davies, C. G. and Brooks, J. T. W.	38.259	Nippon Yusen Kaisha	20.268
Sassoon, F. D.	37.622	Mission de Paris du Kiangnan	20.127
Mission du Kiangnan	37.552		

资料来源:Shanghai Municipal Council, *Shanghai Land Assessment Schedule*, *International Settlement*, *Northern District*, 1920。

10—20 亩的地产主有 29 人，398.281 亩，比 1916 年增 53.944 亩。

10 亩以下的地产主人数 172 人，占地 479.057 亩，比 1916 年多 18.105 亩。人均占有土地 2.785 亩，比 1916 年略高。

图 4-5-6　公共租界北区超 50 亩大地产商分布图

综上所述，1912—1920 年期间，尽管受到一战影响，为公共租界北区稳定发展时期，具有如下的特征：

（1）纳税土地的总额，总体上呈现小幅上升的趋势。1920 年比 1911 年，增 93.691 亩。

（2）土地业主的人数，不增反减。1920 年比 1911 年少 21 人。10 亩以下的地产主人数，占总人数的比重超 75％。但总人数，1920 年比 1911 年少 22 人。

（3）土地占有情况，与其他时期类似，垄断特征显著，呈日益严重的趋向。20 亩以上人数的增至 27 人，约占土地业主总人数的 11.84％左右，但

拥有土地的比例,1920 年为 61.06％,比 1911 年增 10.43％,

（4）从国别看,土地业主以英商最多,美商次之,另外还有日本、俄罗斯、葡萄牙、法国、德国的其他国家的侨民,其中德国因一战失败,在该区的地产骤减。

四、城市变迁

如果说 1900—1911 年是道路网络形成时期,那么 1911—1920 年这十年是街区日益成熟时期。公共租界北区街区内部变化较为剧烈的时期,主要表现为:(1)街区细分为更小的街区;(2)街区内部的空地被占用和开发;(3)街区内部较大的地块又进行了细分。从区域来看,这两种情况,主要发生在四川北路以西和海宁路以北的地区。

图 4-5-7 1911—1916 年今四川北路、塘沽路、武昌路和乍浦路围合的街区内部地产变化

（1）街区细分为更小的街区。今四川北路、塘沽路、武昌路和乍浦路围合的街区,在 1910 年已建成了新昌里、仁智里、新昌里等多个里弄。1911—1916 年,这里的土地又进行了细分,主要为地块 Cad.893。该业主将地产分为 Cad.894,Cad.872,Cad.873 等三块地产,并在其地产上修筑了两条小的巷道:Albury Lane 和 Peitaiho Lane。其中东面的那条道路叫新兴东路。

（2）街区内部的空地，因开发需要重新分割，部分土地变为地籍册地。今西藏北路、开封路和甘肃路围合的街区内部地产变化较为显著。这个街区内部因 Jehol Road 这条路的修筑（1907 年修筑，1916 年贯通），将原来的街区一分为二。特别是原来的没有被赋予地籍编号的土地，在 1911—1916年间进行了重新分割，割出来的土地被赋予地籍编号。比如 Cad.80，cad.97，Cad.87，Cad.55，Cad.64，Cad.65，Cad.69 等地产，均系原土地分割出来后，被洋商租去，被赋予了新的地籍编号。

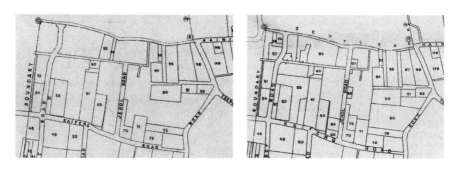

图 4-5-8　1911 年和 1916 年今西藏北路、开封路和甘肃路围合的街区内部地产变化

（3）街区内部地块分割。这一时期最大的变化是大的地产被分割为小的地产。今嘉兴路、吴淞路、九龙路和哈尔滨路围合的街区，在 1911—1916

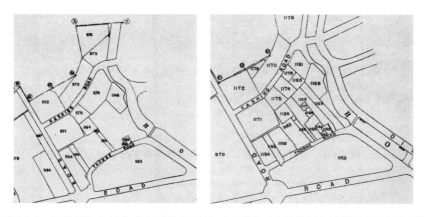

图 4-5-9　1911 年和 1916 年今嘉兴路、吴淞路、九龙路和哈尔滨路围合的街区内部土地变化

年间发生过了剧烈的土地细分。比如 Cad.1174，划分为 Cad.1174，Cad.1179，Cad.1180，Cad.1181 四块地产。在其南的一块很大地产为无地籍编号的华人土地，到 1916 年，这块地产被分割为 Cad.1160，Cad.1182 等 9 块地产。另外，Cad.1156，也是从原华人地产分割出来，并被新赋予地籍编号的册地。

第六节　1921—1933 年北区地籍图册与城市变迁

一、1924 年公共租界北区土地评估、地籍图册及主要内容

图 4-6-1　公共租界北区 1924 年各国领事道契册地分布图

1924 年，工部局对公共租界北区又进行了一次土地评估，由"M. H. Logan"、"H. G. F. Robinson"和"W. E. Sauer"组成的土地估价委员会，编

制了 1924 年公共租界北区土地估价表。

　　1924 年公共租界北区土地估价表中共有 806 份地产,总共 2194.125 亩
(包括免税土地),土地估值 50763388 银两。

　　各领事馆登记情况如下:英国领事馆:667 宗,1800.068 亩;美国领事
馆:87 宗,246.93 亩;苏联领事馆:1 宗,2.491 亩。日本领事馆:20 宗,76.634
亩;西班牙领事馆:2 宗,2.035 亩;意大利领事馆:6 宗,5.002 亩。德国领事
馆:9 宗,34.098 亩,法国领事馆 5 宗,14.674 亩;比利时领事馆 1 宗,10.404
亩。附录中是华人地产主的信息,共有 11 份 30.168 亩土地,分别是陈兆煊
0.387 亩,张子标 6.309 亩,陈辉庭 2.325 亩,元济善堂 4.148 亩,先施公司 6
亩,永安公司 10.99 亩。

　　计有地产主 185 个,人均占有土地 11.86 亩。其中 20 亩以上的地产主
有 27 个,计有 1528.87 亩,占该区所有纳税地产的 69.68％。其中百亩以上
的地产主有 4 个,即上海业广地产公司、工部局、爱尔德公司、通和洋行。此
外,超过 50 亩,有 7 个。沙逊,新沙逊洋行的地产增长较快。另外,20—50
亩的地产主,有 16 人,计有 457.396 亩。

　　10—20 亩的地产主有 21 人,289.679 亩。

　　10 亩以下的地产主人数 136 人,占地 375.576 亩。人均占有土地
2.762 亩。

表 4-6-1　1924 年公共租界北区面积超 20 亩的地产统计表　面积单位:亩

姓　名	面　积	姓　名	面　积
Shanghai Land Investment Co., Ltd.	195.764	Raymond, A. J., Gubbay, C. S. and Moses, M. J.	72.581
Municipal Council,	184.935	McNeill, D. and Jones, L. E. P.	69.687
Atkinson & Dallas, Ltd.	130.478	Davies, C. G. and Brooke, J. T. W.	65.632
Algar & Co., Ltd.	115.365	McNeill, D. and Wright, G. H.	55.331
Sassoon & Co., Ltd., E. D.	77.807	Hanbury, D.	53.568

续　表

姓　名	面　积	姓　名	面　积
Brandt，W.	50.326	Cowie，Mrs. E.	30.025
Hanson，J. C. and McNeill，D.	41.462	Gregson，R. E. S. and Ward，H. L.	26.69
Gubbay，D. A. and Sassoon，R. E. D.	37.622	Platt，W. A. C.，Macleod，R. N. and Wilson，A. S.	23.77
Mission of Kiangnan，Catholic	36	Netherlands Trading Society	23.315
Mission，Mehodist Episcopal South，U.S.A.	32.798	Ho Ting，Sir Robert	20.765
Teesdale，J. H.	31.682	East Asia Industrial Co.，Ltd.	20.572
Lester，H.	31.347	Mission du Paris du Kiangnan	20.127
Burkill，A. W.	30.754	Johnson，G. A. and Morriss，G.	20.05
Credit Foncier d'Extreme Orient	30.417		

资料来源：Shanghai Municipal Council，*Land Assessment Schedule*，*North District*，*1924*。

图 4-6-2　1924 年公共租界北区超 50 亩大地产商分布图

二、1930 年公共租界北区土地评估、地籍图册及主要内容

据《1930 年北区土地估价表》卷首的备忘录,本年度记载在土地估价表中的土地,包括免税土地,共计 2175.984 亩,土地估值总计 234741148 银两。

各国领事馆登记情况如下:英国领事馆 684 份道契 1837.245 亩土地;美国领事馆,64 份道契,142.617 亩土地;日本领事馆:32 份道契,87.371 亩土地;德国领事馆 6 份道契,36.129 亩土地;法国领事馆有 7 份道契,16.989亩土地;意大利领事馆有 6 份道契 7.708 亩土地;苏联领事馆 1 份道契,2.491亩土地,瑞士领事馆 1 份道契 1.784 亩土地;西班牙领事馆 1 份道契1.465 亩土地。

图 4-6-3 1930 年公共租界北区各国领事馆道契册地分布图

共有业主 224 个,其中 20 亩以上的大地产主共有 26 个,占有 1348.34

亩土地,占总数的 61.96％,其中百亩以上的地产主有 3 个,分别是上海业广地产公司、新瑞和和通和行,均为当时实力雄厚的大地产。

10—20 亩的中等地产主,有 28 个,占有 389.378 亩土地,占总数的 17.89％。

10 亩以下的地产主,有 170 个,占有 498.601 亩土地,人均占有 2.9329 亩土地。

表 4-6-2　1930 年公共租界北区超 20 亩大地产主汇总表　面积单位:亩

地产主姓名	面　积	地产主姓名	面　积
Shanghai Land Investment Company	180.3000	Municipal Council Isolation Hospital	36.4570
Atkinson, B. and Dallas, A.	133.5530	Mission, Methodist Episcopal, South, U.S.A.	32.7980
Algar and Company	124.1090	Teesdale, J. H.	31.5410
Davies, C. G. and Brooke, J. T. W.	79.2960	Burkill, A. W.	29.8040
Raymond, A. J., Gubbay, C. S. and Moses, M. J.	70.1030	Municipal Council Old Victoria Nursing Home	24.9040
Sassoon E. D. and Company	70.0720	Hanbury, D.	24.4740
Brandt and Rodgers, Ltd.	66.8770	Gregson, R. E. S. and Ward, H. L.	23.9630
Johnson, G. A. and Morriss, G.	55.3540	Cowie, E.	22.2070
McNeill, D. and Wright, G. H.	52.6190	To Tung, Robert	20.7650
Mission du Kiangnan	47.4060	Wing On Company 永安公司	20.6220
Brandt, W.	42.4310	Mission de Paris du Kiangnan	20.3630
McNeill, D. and Jones, L. E. P.	41.3600	Nippon Yusen Kaisha	20.2650
Hanson, J. C. and McNeil D.	39.0750	Fleming, W. S.	18.8250
Ezra, A. Ezra, M. H., Longeroft, R. G. and Raphael, C. E.	37.6220	Rollo, B. F. and Rowlatt, J. F.	18.2750

续　表

地产主姓名	面　积	地产主姓名	面　积
Platt，W. A. C.，Macleod，R. N. and Wilson，A. S.	18.1730	Credit Foncier d'Extreme-Orient	12.3920
Wright，G. H. and Holborow，A. C.	17.8170	Mission，China Inland	12.0370
Chinese Government	17.7970	Platt，W. A. C. and Macleod，R. N.	12.0290
Hospital，Shanghai General	17.7340	East Asia Industrial Company	12.0030
Mission，Protestant Episcopal Mission	17.4520	China Realty Company，Fed Inc.，U.S.A.	11.9460
Macleod，R. N.	17.1370	Midland Investment Company	11.8940
Shanghai Power Company	16.2450	Teesdale，J. H. and Godfrey，E. W.	11.3750
Abraham，D. E. J.	15.6450	Jardine Matheson and Company	11.1390
Hogg，M. E.，Aird，M. R.，Walters，R. P.，Hogg，D. A. M. E. L. and Wallace，E. G.	14.6180	Wright，G. H.	11.0180
Algar，A. E.	14.5290	Moorhead，R. B. and Halse，S. J.	10.6320
Levy，S. A.	12.7510	Municipal Council Public School for Girls	10.4460
Municipal Council Primary School for Chinese，Cunningham Road	12.5460	Macleod，R. N. and Gregson，R. E. S.	10.4400
Hanson，J. C.，MeNeill，D. and Jones，L. E. P.	12.4430	HongKong and Shanghai Banking Hotels	10.0400

资料来源：1930 年公共租界北区土地估价表。

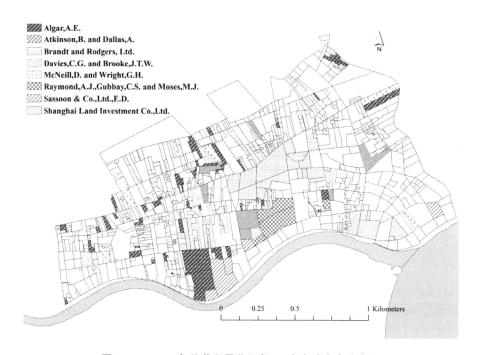

图4-6-4　1930年公共租界北区超50亩大地产商分布图

三、1933年公共租界北区土地评估、地籍图册及主要内容

　　1933年，工部局对公共租界北区又进行了一次土地评估，并编制了1933年公共租界北区土地估价表。

　　1933年公共租界北区土地估价表中共有843份地产，总共面积2214.796亩。平均每份地产2.63亩。各领事馆登记情况如下：英国领事馆：535宗，1622.64亩；美国领事馆：109宗，280.878亩；苏联领事馆：5宗，5.64亩。日本领事馆：8宗，28.568亩；葡萄牙领事馆，1宗，1.23亩；意大利领事馆：4宗，3.904亩。德国领事馆，15份，53.044亩，法国领事馆4宗，16.689亩；澳大利亚领事馆2宗，2.128亩。比利时领事馆1份10.404亩。相比1907年，各国领事馆登记土地均有减少。此外，还有16份地产，登记机构标注为多个领事馆，比如"英国/意大利"或"英国/美国"等，计139.78亩。

英国领事馆
美国领事馆
德国领事馆
日本领事馆
意大利领事馆
澳大利亚领事馆
比时领事馆
法国领事馆
俄国领事馆
西班牙领事馆
瑞士

0   0.25   0.5   1 Kilometers

图 4-6-5　各国领事馆道契册地分布图

　　计有地产主 219 个，其中 20 亩以上的地产主有 25 个，计有 1355.225 亩，占该区所有登记地产的 61.19%。其中百亩以上的地产主有 4 个，分别是通和洋行、上海业广地产公司、新沙逊洋行和爱尔德洋行。50—100 亩的地产商有 4 人。20—50 亩的地产主，有 15 人，占有 481.216 亩。

　　10—20 亩的地产主有 30 人，占有 403.323 亩。

　　10 亩以下的地产主人数 165 人。占地 456.248 亩人均占有土地 2.77 亩。

表 4-6-3　1933 年公共租界北区超 20 亩大地产商地产汇总表　　面积单位:亩

姓　名	面　积	姓　名	面　积
Atkinson, B. and Dallas, A.	158.148	Davies, C. G. and Brooke, J. T. W.	78.396
Shanghai Land Investment Company	137.708	Wright, G. H. & Holborow, A. C.	73.930
Sassoon, E. D. & Company	136.404	Brandt & Rodgers	70.124
Algar & Company	113.331	Johnson, G. A. & Morriss, G.	53.681

续　表

姓　名	面　积	姓　名	面　积
McNeill，D. & Wright，G. H.	52.287	Cannan，A. M.	35.091
Mission du Kiangnan	47.406	Teesdale，J. H.	31.240
Brandt，W.	41.906	Burkill，A. W.	30.234
McNeill，D. & Jones，L. E. P.	40.833	Gregson，R. E. S. and Ward，H. I.	24.029
Hanson，J. C. & McNeil，D.	39.018	To Tung，Sir Robert	20.765
Ezra，A. Ezra，Mrs. M. H.，Longeroft，R. G. and Raphael，C. E.	37.622	Wing On Company 永安公司	20.622
Shanghai Municipal Council Isolation Hospital	36.457	Mission de Paris du Kiangnan	20.363
Methodist Episcopal Church，South，Board of Mission	35.365	Nippon Yusen Kaisha	20.265

资料来源:Shanghai Municipal Council，*Land Assessment Schedule*，*North District*，*1933*。

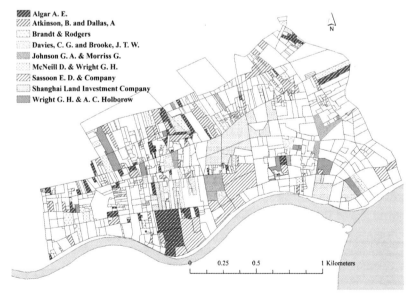

图 4-6-6　1933 年公共租界北区超 50 亩大地产商分布图

四、城市变迁：新的电车路线与筑路计划

（一）电车路线

1920 年 3 月 17 日会上公布了致上海制造电气有限公司的一封论述，延伸电车路线的问题的一件函稿，工务处代处长对此函稿逐段作了研究并提出了一份报告。在讨论过程中各董事均发表意见，并对该函稿修改如下：

> 延伸有轨电车路线从电车终点站起沿四川路延伸至虹口公园大门。代处长指出，此路线如能延伸至黄罗路，似更为方便。此事将提请即将召开的纳税人大会批准。董事们对此无异议。
>
> 无轨电车路线——从北西藏路沿海宁路克能海路延伸至篷路以及从克能海路沿篷路延伸至百老汇路从北西藏路至甘肃路，路中间一段海宁路系属闸北当局管辖，此路线的延伸必须相应征得该地区同意，并相应地通知上海制造电气公司。①

1920 年 3 月 24 日，会上提出并批准发出董事会致上海制造电气有限公司关于延伸全部电车路线问题的一份经过修改的函稿，但需删去从北京路起沿四川路到四川北路行驶无轨电车的一段话。董事们表示：四川路交通十分拥挤，无法行驶无轨电车，尽管延伸这一路线实质上将缩短卡德路至靶子场之间的路程。②

1921 年 4 月 22 日会议，讨论了增辟一条南北向路线问题，董事会同意一项建议，即已批准的延伸路线应沿苏州路继续向东延伸，以便使所规划的在四川北路与中心商业区之间的无轨电车通过已重建的四川北路桥。③

---

① 《工部局董事会会议录》，第 21 册，1920 年 3 月 17 日，第 558 页。
② 《工部局董事会会议录》，第 21 册，1920 年 3 月 24 日，第 560 页。
③ 《工部局董事会会议录》，第 21 册，1921 年 4 月 22 日，第 651 页。

（二）筑路计划

1921年1月24日,讨论了1921年度的筑路计划,关于北区:

1. 从界路至爱尔近路(今安庆路)的新建道路:在董事们看来,此路以稍向西移为宜,因目前它实际上侵占了第501号册地的全部土地。为此将听取工务处长的意见。从1922年的地籍图上看,这条马路并未修筑。

2. 七浦路:在董事们看来,是否有可能使此路继续朝东北方向斜行与武昌路相接,而不是按照工务委员会所建议的路线。但董事们又注意到,这样作会割裂几处册地,造成难以处理的情况,而且费用可能很大。但董事们仍指示由工务处长对此项建议加以研究。①

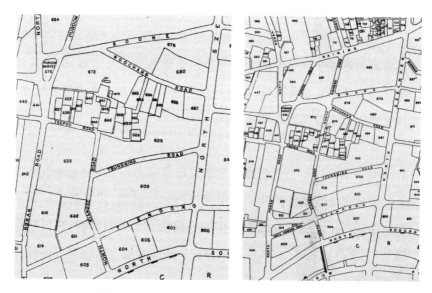

图4-6-7　1922年和1933年地籍图上的七浦路

从1922年地籍图上看,七浦路东段,并未与四川北路连接,中间隔了一个地产Cad.625,若七浦路与四川路以东的武昌路连接,则将对其地产一分为二,造成很大的破坏。在1933年的地籍图上,这条马路仍未实现延伸,说

① 《工部局董事会会议录》,第21册,1921年1月24日,第627页。

明未实现对 Cad.625 的征地。

3. 浙江北路：鉴于浙江北路的重要性且其非常拥挤和堵塞的情况，董事们同意 1922 年实施拓宽到 60 英尺的计划，这不仅限于在北苏州路到东董家弄之间的一段，而应沿整条浙江北路进行，但苏州河和南京路之间的浙江路应计划在明年拓宽到与此相似宽度为妥。①

除了以上三条道路，还有以下几条道路的修筑：

1. 四川北路的取直和拓宽

总董召开会议，讨论工部局在取直和拓宽四川北路问题上，对越界筑路所拥有的权力至今悬而未决。工务处处长在会上提交了一份规划，提及了为取直和拓宽这条马路所进行的谈判，特别是从靶子场到虹江路的一段，原定的路线涉及中国业主的地产。当时估计，要取得土地的转让是没有困难的。但是最近由于该业主害怕中国当局，暗示他无法让出所需的土地，因此工务处相应修改了路线，以避免与这个土地业主发生纠纷。但是这个问题甚为紧急，因为上海业广地产公司打算开发这条道路两旁的地产，如果需要的话，他们同意在必要时让出所需的土地，而修改过的路线可能不如原来制定的路线那样理想，可它消除了这条马路上的两个危险弯道，总的来说这是一个果断的改进。正如董事们所知道的那样，这条马路的交通量很大，它通向一些重要的中心，如工部局西童公学、虹口公园、靶子场、江湾跑马场和抛球总会等等，如果不抓住现在这个机会，在今后 30 年内就不会有改进的可能了。

总董认为改善这条道路极为重要，虽然这条马路受工部局对控制越界筑路最终决定的影响，他认为如不抓住目前有利时机去实现亟为需要的改进计划，那将令人十分遗憾，经讨论后董事们一致赞同总董的意见，并相应地决定采纳修改过的路线，工务处处长将把此事通知业广地产公司。②拓宽

① 《工部局董事会会议录》，第 22 册，1922 年 4 月 5 日，第 553 页。
② 《工部局董事会会议录》，第 23 册，1926 年 6 月 26 日，第 643 页。

四川北路 P. B. C 册地 98 号以北未注册的地段 按照董事会有关着手改建这条路的决议。董事们一致同意委员会的提议，应继续进行协商以获得上述未经注册的地段。①

2. 延长施高塔路（今山阴路）

副总董详细讲述了中国当局提出的把这条路同一条华界道路接通的建议，其中涉及无偿征用部分靶子场房产地的问题。这一房产地本来是买来用作建造一所新的汉璧礼学校（女童）的地基。工务处解释说，他准备提出其他建议以满足中国当局的要求。董事们一致同意：鉴于一旦发生暴乱，很难为此提供足够的保护，所以在这儿建造一所新校舍是很不合适的。董事们都同意总董的意见，因为中国当局目前提出的请求，似乎确实想改善这个地区的道路设施，如果董事会在这件事上拒绝与中国合作是很不高明的。同时，董事会认为，为同意作出让步，应获得相当的赔偿。董事会一致同意副总董的提议，授权工务处长通知上海闸北区的工务处长，如果中国当局同意不再阻碍北四川路的改建，则董事会愿意积极地考虑他们所提出的要求。②

3. 狄思威路和四川北路延伸线

上海业广地产公司的两份来函请董事会注意，如果闸北当局继续在狄思威路和四川北路延伸线上拆除他们地产的界墙，可能会出现严重后果。来函还就董事会对已撤去了捕房保护的地产，缴纳各项工部局捐税，而且对中国当局对此征税一事所持的政策发出了质询。董事会对此作了研究。总董在谈这个问题时附带提到，警务处长曾通知他，闸北警方已拆掉四川北路上房屋的门牌。鉴于领事团与中国当局已达成谅解，在整个问题经过磋商并达成协议之前，界外的道路将维持现状，董事会认为应坚决抵制中国当局在这些街道上的举动。与此同时，董事会还认识到，如果董事会被迫使用武力抵制中国当局的这种"觊觎"，可能将导致极为严重的后果。为此，董事们

---

① ② 《工部局董事会会议录》，第 23 册，1927 年 6 月 22 日，第 704 页。

认为,在华人代表权问题作出令人满意的解决之前,董事会应避免采取任何可能影响这个问题解决的措施。至于上海业广地产有限公司提到的那块地产,董事会注意到,它的位置不在四川北路上,而完全是处在中国的地界上,沿街只有窄窄的一块在工部局马路上。既然已经撤去了巡捕,董事会认为在当下恢复捕房控制是不可取的。经过长时间的讨论后,董事会要求总裁前去与领袖领事和英国总领事会晤,以确定领事团是否已采取明确的步骤争取与中国当局举行会议,对越界筑路的整个问题作出考虑;还要求到警务处长那里去了解工部局就中国警察试图在四川北路的房屋上拆除工部局门牌一事向中国当局提出的抗议有何结果。在对这个问题作进一步的讨论之前,总董要求董事们慎重考虑此事,目前对上海业广地产有限公司的来函将不采取任何行动。①

除了以上道路之外,还有以下几条道路的修筑:

1. 山西北路的延伸。这条道路,工部局早有规划,但因征地未实现,在今宝庆路与海宁路的一段,迟迟未修筑。从 1922 年地籍图上看,这段道路的修筑,主要会对 Cad.590 和 Cad.567 两块地产造成严重破坏。其中 Cad.567 的业主为新瑞和洋行,Cad.590 的业主为通和洋行。二者均为当时较为有名的大房地产商。这两个大房地产商在北区拥有很多的土地,并意识到新路段开通后对土地升值的好处。最终,这两家公司同意让出必要的土地,实现筑路。

2. 鸭绿路的延伸,为乍浦路与吴淞路之间路段。1920 年,鸭绿路位于吴淞路以东,这一段尚未实现延伸。1930 年地籍图上,鸭绿路向西延伸,与海宁路连接。这条道路修筑后,对计划路线上的一些地产造成了一定的破坏。海宁路可以直达吴淞路和虹口港,无须和原来路线一样向北曲折,绕道吴淞路和靶子路后,再达虹口浜。

---

① 《工部局董事会会议录》,第 24 册,1928 年 2 月 29 日,第 494 页。

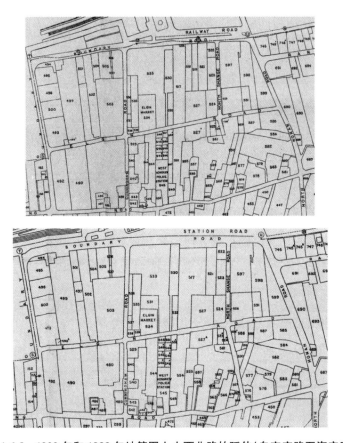

图 4-6-8　1922 年和 1933 年地籍图上山西北路的延伸(自宝庆路至海宁路)

图 4-6-9　1922 年和 1930 年鸭绿路(今鸭绿江路)延伸

第七节　土地空间形态与地价演变规律

一、公共租界北区土地价值时空演进

　　这是公共租界第二个最早开发的区域,早在美租界建立之初就开始有外国人在这里租地了。开埠后不少美国人来这里租地,之后受太平天国战争的影响,大量难民涌入,虹口租界人口增加,至 1869 年虹口区外国人拥有242 块道契册地,面积达 2083 亩,这其中还包括了虹口浜以东沿黄浦江的土地。之后该区的道契册地从苏州河沿岸不断向北延伸,至 1910 年,区域内的土地基本全转变为道契册地,也就是由中国农民所有转变为外国人所有。下文将分阶段详述该地区地价变动情况:

　　1. 第一阶段为 1848—1899 年,开埠前五十年,为虹口地区城市化的重要时期。开埠后,随着外国人入住,并加快了城市建设,该区逐步从圩田区向城市区转变,而且随着新道路的辟筑,城市空间从苏州河滨岸迅速向内陆扩展。至 1899 年,城市空间的范围已向东扩展至杨树浦。

　　在城市化发展的推动下,虹口区的地价上升较为明显。本阶段主要根据 1869 年、1876 年、1880 年、1882 年、1890 年、1897 年、1899 年的虹口土地估价数据,以及 1866 年、1890 年、1896 年和 1899 年的虹口地籍图等资料。根据这些资料,运用 GIS 等方法,对这一时期该地区的地价时空演变过程进行复原,并分析其基本特征,如下:

　　从时间上看,整体上该地区的地价呈增长趋势,但并非直线式上升,而是曲折性增长。总体上以 1890 年为界分为两个阶段,前一阶段地价增长较为缓慢,但是特殊年份,比如 1869—1876 年和 1880—1882 年出现过短期的地价增长较快;而后一阶段地价增幅明显加快,尤其是 1895—1899 年,为这一时期地价上涨最快的几年。

　　从空间上看,这一地区因南邻苏州河和黄浦江,东至虹口浜,该地区最初的发展就是沿河开始的，最早的外国人也是先在河边建码头、仓栈，发展港口贸易才促成该地区开发的。之后随着滨岸土地全部被开发，不得不向内地寻求空间，也促进了滨岸内地的开发。该地区的地价的空间特征，与城市化发展的次序密切相关，开发越早，地价越高，总体上呈现由苏州河和黄浦江为起点，由滨岸向内地，地价逐步降低的趋势。其中，位于滨岸的百老汇路，其地价水平，可作为这一时期该地区地价最高轴。

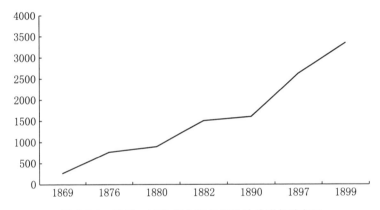

图 4-7-1　1869—1899 年虹口年平均地价增长趋向图

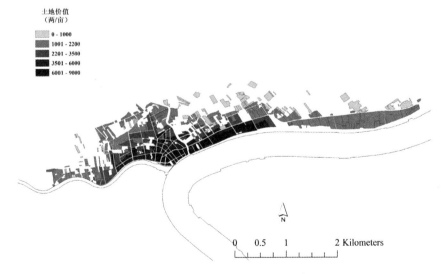

图 4-7-2　1896 年虹口地价空间分布图

2. 第二阶段为 1900—1910 年,这是该地区地价变化的平稳期,1899年,公共租界又实现了新的扩界,面积大增。到 1900 年,公共租界北区已成为仅次于中区的重要城区,除了川虹浜地区外,其他地区土地利用以商业和居住用地为主。

从时间序列来看,地价增长呈明显的阶段性,以 1907 年为界,前一阶段地价增幅大于后一阶段,特别是 1904—1907 年的三年间,地价涨幅最大,而1907—1910 年地价涨幅变慢。

从空间分布来看,从高到低分为四个水平:其中苏州河滨岸最高,川虹浜南岸至滨岸带之间的区域次之,川虹浜地区最低。川虹浜,1902 年开始填浜筑路,先筑成乍浦路以东的路段,成为今海宁路的前身。乍浦路以西河段,在 1904 年填浜筑路,成为今北海宁路的前身。该浜填筑后极大改善了当地的居住环境,吸引了大量的房地产商来此开发,推动了地价的迅速上涨。从最初的每亩 1000 两,增至每亩 4000 两,增长了四倍有余。但总体而言,仍属于北区地价最低的区域。

3. 第三阶段为 1911—1920 年,这是该地区地价增长的低谷期,受一战影响,地价增长的比率明显低于其他时段。1910—1920 年的 10 年间,地价上涨了 1.3 倍,低于 1900—1910 年的 2.2 倍。1910—1916 年,即战前和战中期间,地价增幅较为缓慢,1916—1920 年,即战争后期,地价增长又开始变快。

从空间上看,并未发生大的变化,从苏州河滨岸向内地,由东南向西北,地价逐步降低。该地区的西南地区,因这一时期通过筑路等方式,环境得到改善,地价水平开始提高,并逐步缩小了与中心区的地价水平。另一个显著的变化是四川北路,凭借着交通中心的区位优势,地价水平明显高于周边其他地块,四川北路开始作为北区地价的中轴线初现端倪。

图 4-7-3 1900 年和 1907 年北区地价空间分布图

图 4-7-4(a) 1911 年和 1916 年北区地价空间分布图

土地价值
（银两/亩）

	4500 - 9000
	9001 - 14500
	14501 - 24000
	24001 - 42000
	42001 - 60000

0   0.25   0.5   1 Kilometers

图 4-7-4(b)　1920 年北区地价空间分布图

4. 第四阶段为 1921—1933 年，这是该地区地价快速增长期，走出一战雾霾，上海又进入快速发展时期，并迎来了发展的"黄金时代"，地价增长的比率明显高于其他时段。1921—1930 年的 10 年间，地价上涨 2.78 倍，明显高于前几个时期。空间结构也发生了变化，从苏州河滨岸向内地逐步递减的同心圆结构，向以苏州河滨岸和四川北路为轴线的丁字形结构转变，四川北路的中轴线地位更加巩固和突出。

1900—1933 年公共租界北区的发展接近中区，可视为近代上海除了中区之外另一高级阶段的地价增长模式的典型，研究发现：

（1）在 1903—1910 年第一个时期，空间地价增长较为均匀，而城市化水平较低的西部地区，地价增长幅度高于苏州河滨岸地区，故逐步缩小了与苏州河滨岸地价的差距。

图 4-7-5　1933 年公共租界北区地价空间分布图

（2）在 1911—1920 年第二个时期，空间地价增长的区域，为城市化较高的地区，其地价增长比例，明显高于城市化较低的西北部。这一时期却是发展的缓慢期。

（3）在 1921—1933 年第三个时期，空间地价快速增长的地区又转变为城市化水平较低的边缘地区，明显高于原城市化水平较高的苏州河滨岸地区。

综上所述，可得出这样的认识：地价上涨的周期，与经济周期规律密切相关。一般在经济快速发展期，城市郊区的地价上涨较快，而在经济发展的低谷期，城市中心的地价上涨较快。

表 4-7-1　1903—1933 年公共租界北区地价增长统计表

土地面积：亩；土地价格：银两

年份	地块数	总面积	宗地平均面积	土地总价	亩　价	增长率
1903	618	2255	3，65	11266934	4996	100
1911	691	2163	3，13	23718601	10966	220
1920	784	2258	2，88	33178060	14695	294
1933	838	2215	2，64	90537926	40879	818

资料来源：公共租界北区 1903 年、1911 年、1920 年和 1933 年土地估价表。

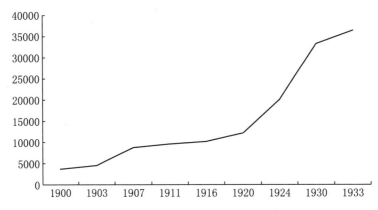

图 4-7-6　1900—1933 年公共租界北区地价变化趋向图

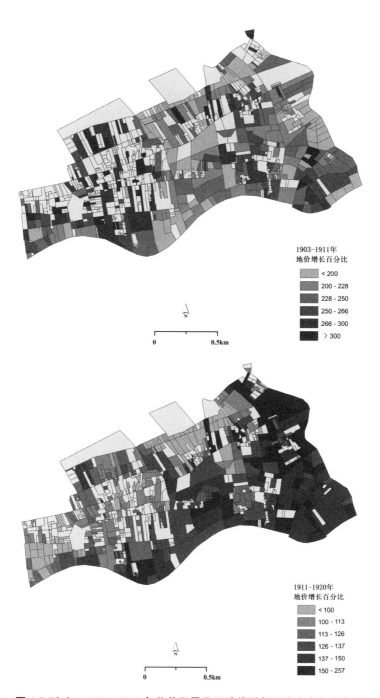

图 4-7-7(a) 1900—1920 年公共租界北区地价增长百分比空间分布图

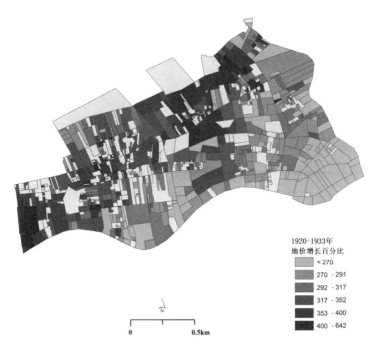

1920-1933年
地价增长百分比

	< 270
	270 - 291
	292 - 317
	317 - 352
	353 - 400
	400 - 642

0   0.5km

图 4-7-7(b)　1920—1933 年公共租界北区地价增长百分比空间分布图

　　北区可视为城市化高级阶段地价增长的典型，从北区的发展来看，近代上海城市化发展高级阶段的地价增长模式，具有如下特征：

　　（1）由于地价基数变大，增幅放缓，故城市化高级阶段的地价增长速度远低于城市化早期。当地价上涨到一定阶段，就表现为郊区的地价逐渐缩小与市区的差距最终越来越接近市区的价格。

　　（2）空间上，表现为中轴线的出现，中轴线并非一开始就出现了，而是逐步形成并确立的，这是区域内地价博弈的结果，是由区位和城市用地功能最终决定的。

　　（3）地价高低受城市土地利用强度影响较大，商业用地地价大于居住用地，居住用地地价大于工业用地。但城市用地功能的改变，往往是造成地价上涨的重要原因。

二、日本聚居区的形成与社会变迁

这一时期,日本人聚集这一地区。根据 1924 年出版的以日本人为对象的导游指南《上海案内》,虹口,"在百老汇路及四川北路,中国零售商店多,但是在市场附近的文路、汉璧礼路(今汉阳路)、吴淞路、闵行路、密勒路(今峨眉路)、昆山路几乎可称为日本街。那里满是本邦(指日本)商店,出售各种日本商品,说其实日本小都会都不过分"。[①]

四川北路的北段,"住宅多,上海邦人公司职员有八成实际居住在那里"。日商大康纱厂、裕丰纱厂、公大纱厂、上海纱厂株式会社等在虹口均设有工房,用于工人居住。[②]1922 年在四川北路的电车终点站建造了 5 排 45 幢被称为"新日本街"的日本人住宅地千爱里。30 年代又在今海伦路西段建造日式楼房 33 幢,两头路口以竹篱笆隔离,各留小门进出,形成所谓的"东洋街"。[③]1924 年,日本在今四川北路 2131 号建造日本海军特别陆战队司令部,成为日本侵略军在上海的大本营,1932 年和 1937 年两次战事均由此发动挑起。[④]

在"八一三"淞沪会战之前,虹口的商业主要为华人所经营。淞沪会战时,"全操之于日人之手"。据调查,全区商业,共约一千余家,其中洋行的五六十家,株式会社约三四十家,各种组合,如消费合作社等,约十余家,杂货糖果店百余家,服装公司约三四十家,汽车修理场约二三十家,其他如书店、银行、钱庄、餐馆、戏院等,均为日本人经营。[⑤]

①③　陈昌福:《近代上海日侨社会的形成及其异化》,载徐静波等主编:《中日文化与政治经济论——依田憙家先生古稀纪念论文集》,复旦大学出版社 2003 年版,第 315 页。

②　《上海产业与上海职工》,第 89 页。

④　陈昌福:《近代上海日侨社会的形成及其异化》,载徐静波等主编:《中日文化与政治经济论——依田憙家先生古稀纪念论文集》,第 318 页。

⑤　上海报业集团编:《申报馆剪报资料·上海卷·淞沪抗战专辑 10》,上海书店出版社 2017 年版,第 178 页。

第五章
公共租界东区地籍图册与城市形态演变

　　公共租界东区是 1899 年通过租界扩张并入到租界范围的。该地区属上海县高昌乡,下辖二十三保二图、西十三图、一图、十二图、十三图、五十一图等保图。1843 年上海开埠后,随着欧美等国侨民入住,该地区开始进入城市化进程。据工部局的土地测量机构勘测和人口调查,截至 1900 年 12 月 31 日,公共租界东区面积增至 16400 亩(2733 公顷),为公共租界四个区最大的,其中外国人 783 人,华人 70789 人,人口密度为 26.19 人/公顷,低于同期被并入公共租界的西区 28.39 人/公顷。[1]从土地利用来看,西式建筑用地 235 公顷,华式建筑用地 272 公顷,农业用地 1640 公顷(四个区最多)[2]本章主要考察 1900—1933 年间该地区不同年份的地籍图册,并进一步统计分析地籍图册的数据。在此基础上,结合其他文献探讨不同时期该地区的城市变迁。

---

① Municipal Council Shanghai, *Report for the Year Ended 31st December 1900 and Budget for the Year Ending 31st December 1901*, Shanghai: Printed by Kelly & Walsh, Limited Nanking Road, p.198.

② Ibid., p.199.

第一节　原行政区域与乡村景观要素复原

一、图、圩范围复原

　　该地区属上海县高昌乡，下辖二十三保二图、西十三图、一图、十二图、十三图、五十一图等保图。据同治《上海县志》记载："二十三保区二图十五：一二图虹口东，三五图引翔港……十二图周家牌楼，十三图下海浦"，又"二十二保……五十一图，东沟口浦北。"民国《上海县续志》记载："引翔港区，辖图十有五。隶二十二保者一，曰五十一图。隶二十三保者十四，曰一二图、三五图、六图、四七图、八图、九图、十图、十一图、十二图、十三图、十五图、十六图、正十九图、分十九图。"另外，这两部《上海县志》的卷首，均附了图保的

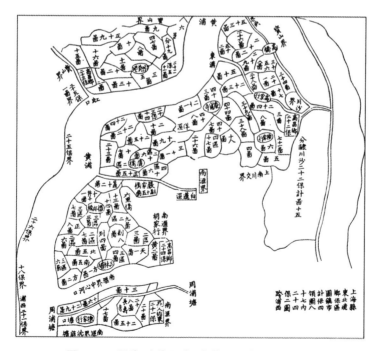

图 5-1-1　同治《上海县志》卷首"保图"区划示意图

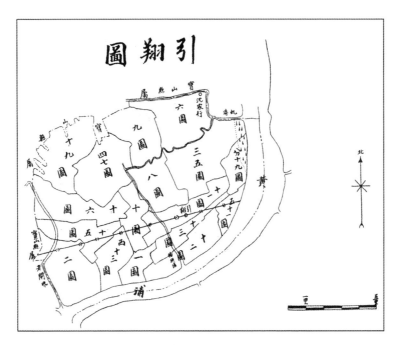

图 5-1-2　民国《上海县续志》引翔乡"图保"分布图

分布图,由此可见,公共租界东区的图保,主要是二十三保一二图、十二图、十三图,西十三图和十图南部,二十二保五十一图。

　　根据 1911 年公共租界东区地籍册中的道契信息,对公共租界东区的保图位置进行复原。这里主要根据英册道契和美册道契的信息进行复原,其中,可以定位的道契数量为 884 份。从这些道契的土名的信息,即"坐落于二十二保五十一图殷字圩土名杨家码头,即杨树浦之沈家滩",可以复原当时保图的基本位置,可以发现与以上两本上海县志书的范围大致相同。

　　(一) 二十三保一二图

　　二十三保一图和二图,在上海道契中写作"二十三保一图"(有时写作"二十三保头图")、"二十三保二图"或"二十三保一二图""二十三保头二图"。可定位的道契有 222 份,分为两部分:一部分主要位于虹口浜以东、朱

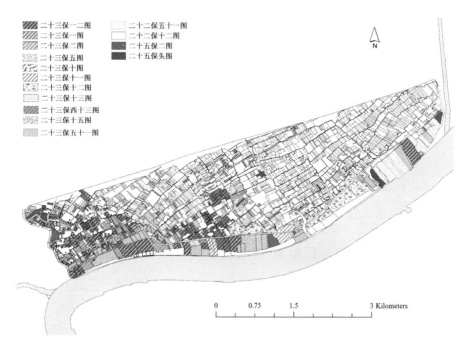

图 5-1-3　《上海道契》记载的公共租界东区保图分布图

家浜以西(今海门路);另一部分位于今海门路以东,东抵杨家浜(今许昌路),北至倍开尔(Baikal Road,今惠民路),南达黄浦江。

(二) 二十三保十二图

位于黄浦江以北,西临二十三保一二图杨家浜,东靠二十三保五十一图。北与二十三保十一图为界。根据可定位的上海道契,该保图主要包括臣字圩、白字圩、率字圩,以臣字圩数量最多。

(三) 二十三保十一图

位于二十三保十二图以北,二十三保十图以东。包括二十三保十一图口字圩和二十三保十一图一字圩。

(四) 二十三保十图

位于二十三保十三图以东,二十三保一二图以北,在杨家浜附近,包括"二十三保十图迓字圩"和"二十三保十图通字圩"两个圩。

（五）二十三保十三图

位于二十三保一二图以北，在朱家浜与杨家浜之间区域，大致在今公平路与通北路之间。该保图包括率字圩和体字圩。

（六）二十三保十五图

位于二十三保一二图以北，在朱家浜以东，大致在今公平路以西。该保图包括宝字圩和宾字圩。

（七）二十三保五十一图

位于二十三保十二图以东至复兴岛的黄浦江滨岸。

二、聚落和原业主姓氏复原

（一）二十三保一二图

在这个保图范围内，以"宅"为通名的村落主要有盘家宅、陆家宅、高家宅、东王家宅、戴家宅、曹家宅、包家宅、左家宅、杨家宅、吴家宅；以"浜""渡""湾"为通名的村落主要有罗家浜、金家浜、蒋家浜、陈家浜、曹家渡、新记浜、张家湾；以"里""巷"为通名的村落主要有"坍湾里""梅家巷""秦家衖"等。各村落分布如图所示。

该地区的姓氏有：左(11个地产)、严(11个)、吴(10)、朱(8个)、王(8个)、宋(6个)、周(6个)、鲁(6个)、张(5个)、姚(5个)、陈(5个)、胡(4个)、石(4个)、杨(4个)、黄(4个)、刘(1个)、钱(3个)、李(3个)、顾(3个)、高(3个)、费(2个)、范(2个)、瞿(2个)、秦(2个)、沈(2个)、孙(2个)、陈(2个)、钟(1个)、赵(1个)、殷(1个)、许(1个)、徐(1个)、奚(1个)、万(1个)、汤(1个)、施(1个)、彭(1个)、潘(1个)、牛(1个)、倪(1个)、陆(1个)、雷(1个)、金(1个)、贾(1个)、何(1个)、蔡(1个)、苄(1个)等，此外还有宝源祥、郭记、利记、洽记、徐锦记等商行。

（二）二十三保十三图

该保图可定位的上海道契有201份，以河浜命名的村落有：祝家浜、引翔港、奚家浜、石灰浜、杨家桥湾、毛家荡、丁家浜、李家浜、薛家浜（东薛家浜）、晏湾、蔡家浜（东蔡家浜）、柿子湾、沈家浜、陆家浜、娄浦、曹家浜、茅家塘等；以姓氏命名的村落有：郑家宅、杨家宅、辛家宅、夏家宅、吴家宅、沈家宅、陆家宅、高家宅、蔡家宅等；以桥为名的有：戚家桥、徐来桥、提篮桥等；以巷为名的村落有：沈家巷，还有下海庙（或写作夏海庙）、张方庙、王婆庵、王母庵等庙宇，以及铜匠公所等。

根据上海道契中的原业主信息，可知当地的华人姓氏主要有：徐（15条数据）、朱（12）、吴（12）、张（10）、沈（9）、陈（8）、瞿（7）、王（6）、辛（4）、凌（4）、曹（4）、周（3）、杨（3）、潘（3）、李（3）、韩（3）、茅（2）、赵（2）、叶（2）、姚（2）、孙（2）、蔡（2）、宋（2）、胡（2）、广（2）、顾（2）、冯（2）、范（1）、葛（1）、俞（1）、许（1）、夏（1）、唐（1）、谈（1）、邵（1）、任（1）、钱（1）、倪（1）、吕（1）、罗（1）、黄（1）、何（1）、高（1）、杜（1）、邓（1）、曾（1）等，还有宝源祥、保福堂等。

（三）二十三保十图

可定位的道契有51份，以姓氏为名的村落有：谢家宅、杨家宅、许家宅，以巷为名村落有：秦家衖、徐家巷等，以河浜命名的村落有：张家浜等，还有仙师庵等庙宇。

根据这些道契的原业主信息，可知该地区的姓氏主要有：沈（9）、徐（7）、张（6）许（3）、董（3）、曹（3）、陈（2）、严（2）、赵（2）、王（2）、邓（1）、孙（1）、奚（1）、叶（1）、周（1）等。

（四）二十三保十一图

可定位的道契有21份，主要有许家宅、蔡家宅、东王家宅、沈家宅、蒋家浜、祝家浜、周塘浜宅、高朗桥、秦家衖等村落。姓氏主要有蒋（5条数据）、蔡（4）、王（3）、陈（1）、吕（1）、许（1）、周（1）等。

（五）二十三保十二图

该保图可定位的上海道契有118份，聚落颇多，以河浜为名的村落有：曹家渡、杨树浦、著家湾、尤家浜、毛家湾、毛家荡、石灰浜（也写作石头浜）、祝家浜、辛家湾、芊家荡、南航船浜、茅家塘、何家浜等;以姓氏为名的村落有:周家宅、杨家宅、高家宅、邹家宅、辛家宅、奚家宅、陆家宅等,还有以桥梁为名的村落:杨树浦桥、姚铁桥,此外还有太平寺、引翔码头、杨家码头等其他地名。

根据上海道契中原业主的信息,可知当地的姓氏主要有:杨(18 条数据)、高(7)、陆(6)、徐(5)、周(5)、鲁(2)、沈(2)、邹(2)、奚(2)、张(2)、郑(2)、裘(2)、茅(2)、朱(1)、邢(1)、辛(1)、王(1)、邵(1)、卢(1)、刘(1)、李(1)、陈(1)、邓(1)等,还有宝源祥、周馀记、郑公记、杨石记、恒记号、忠裕典、尚德堂、三余堂、厚仁堂、公记、德盛昌、承志堂等商号,以及肇兴厂、华盛厂、大纯厂等工厂。

(六) 二十三保十五图

有该保图可定位的上海道契有 35 份,村落有:凌家宅、陆家宅、马峰浜、吴家浜、陶家湾、张家湾、赵家浜、吴家浜等,有老庵、王姥庵、圆通寺(或写作元通寺)等庙宇。

根据上海道契的原业主信息,可知这里的姓氏主要有凌(6 条数据)、陆(5)、张(3)朱(2)、胡(2)、吴(2)、秦(1)、刘(1)、何(1)、范(1),还有四寿堂(或写作四寿唐)、秦记、公记、华记等商行。

(七) 二十三保五十一图

上海道契写作"二十三保五十一图"或"二十二保五十一图",可定位的上海道契有 38 份。其中记载的村镇聚落有:沈家滩、周家嘴、陆家宅、张家宅、毛家荡等。

姓氏主要有:周(5 条数据)、张(4)、沈(4)、陈(3)、胡(1)、魏(1)、徐(1)等。另有邵闰记、公记等商行。

三、河浜、道路、桥梁复原

(一) 河流

下海浦,据同治《上海县志》:"在陶林浦东,对岸为上海浦。"

杨树浦,据同治《上海县志》:"杨树浦,通江浦,北流通引翔港,西流通下海浦。会三洪之水。"

沙洪,即虹口浜。[①]据同治《上海县志》:"沙洪,在杨树浦西,通江浦,北流至分水庙,东为南洪、中为中洪,西为北洪。"此三洪从虹口桥而进,其中流亦曰穿洪。又,民国《上海县续志》,虹口浜,"即前志沙洪。纳浦潮西北流,过北新虹桥,又西北折而东,过何家桥,又西北至分水庙分为三。一东出过陶家湾、虹镇,又东北入宝山县境"。

新记浜:连接虹口浜与杨树浦之间的一条东西向河浜,在《1910 年实测上海城乡租界图》(商务印书馆)上标记为"新记浜"。英文地图上标注为Sing KEI PANG。1907 年,工部局沿河浜修筑塘山路(今唐山路)。1916—1920 年间,完成全路段施工。

朱家浜:连接黄浦江与租界北界的一条南北向河道。据民国《上海县续志》卷四记载:"西溪浦。自昆明路西北流至姚家桥,西出为朱家浜。又,西北通虹口港。"这里提到了朱家浜,应该就是这条河浜。这条河流后来被填埋后,湮没在当时的街区中,并没有修筑成路。

桥浜:东连朱家浜,西至虹口浜,在《1910 年实测上海城乡租界图》(商务印书馆)上标记为"桥浜"。后来这条河浜,被填埋筑路,修成了周家嘴路,在所见的英文地图上一般标注为 Point road,因为这条马路原计划是连接当时的 Point,即周家嘴,而得名。

长浜,位于桥浜与新记浜之间,连接虹口浜与朱家浜,在《1910 年实测上海城乡租界图》(商务印书馆)上标记为"长浜"。这条河流最后被填筑成路,即有恒路,英文 Yu Hang Road,今东余杭路西段。

周家浜,位于杨树浦以西,是一条南北向的河流,在《1910 年实测上海城乡租界图》(商务印书馆)上标记为"周家浜"。这条河流后来被填埋筑路,

---

① 　郑祖安:《虹口考略》,唐振常、沈恒春主编:《上海史研究》二编,第 422—424 页。

称齐物浦路，英文 Chemulpo Road，今江浦路。

杨家浜：位于周家浜以西，是一条南北向的河流，在《1910 年实测上海城乡租界图》(商务印书馆)上标记为"杨家浜"。另外，该河流还有东西向的支流，也标注为杨家浜。南北向的干河，被填埋筑路，修成了华盛路，英文 Wha Shing Road，今许昌路。

蔡家浜：位于杨树浦路以北、海门路以东，为一条东西向河流。在《1910 年实测上海城乡租界图》(商务印书馆)上标记为"蔡家浜"。后来这条河流也被填埋，修成了华德路，英文 Ward Road，今霍山路西段。

以上河流主要位于杨树浦以西。杨树浦以东，在 1900 年之前，仍是河网密集的圩田形态。这些河流大部分为东西向，在河流之间为沿河排列整体的圩田。这些小河浜大部分文献没有记其名，只有北面的一条河流，在 1903 年的公共租界东区，标注为"Ying Chang Kong Creek"。其中被填埋筑路的有：华德路东段(今长阳路)；河间路(宁武路以东路段)；宁武路；平凉路东段和西段部分；胡伦路(Ho Lung Road，今杭州路)；杨树浦路东段(今杨树浦以东)等。

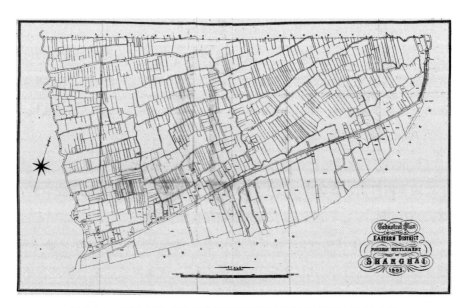

图 5-1-4　1903 年公共租界东区杨树浦以东部分的河流与圩田分布

（二）道路

便民石路，同治《上海县志》记载，"引翔港镇至虹口桥，长九里，咸丰初年里人周锡璜等捐资筑"。

四、1900 年之前洋商租地

根据公共租界东区地籍册上的道契信息，在 1900 年之前立契的并可以在地图上定位的英册道契和美册道契，计有 305 份，共 2317.9796 亩土地。当然这份数据是不完整的，据工部局调查，1900 年公共租界东区的在册土地有 522 宗，共计 4165.501 亩。

1. 从时间分布来看，1847—1899 年间，以 1890—1899 年的最后十年立契最多，达 261 份，占总数的 78.13%。1870—1889 年的 20 年次之，立契 54 份。1847—1865 年最少，仅见 20 份道契。

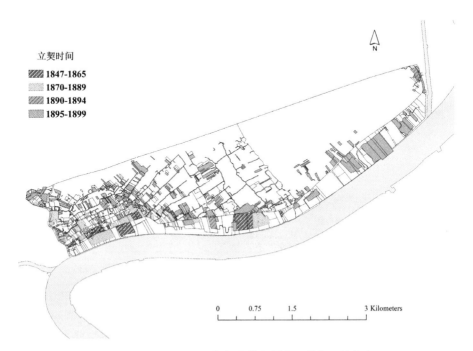

图 5-1-5　1847—1899 年间公共租界东区道契册地分布

2. 从空间分布来看，1847—1865 年间所颁发的道契，主要分布仅限于黄浦江滨岸一带，最东不超过杨树浦。1870—1889 年间颁发的道契，其空间范围开始向黄浦江滨岸以北的内地扩展，但主要集中在百老汇路、熙华德路、虹口浜一带。1890—1899 年颁发的道契，其空间范围明显向黄浦江下游和黄浦江岸以北的内地扩展：黄浦江滨岸，越过杨树浦一直到公共租界东段，均有了道契分布；另外，朱家浜以东、杨树浦以西的地区，这一时期在河浜两侧新增了大量的道契分布。

3. 从租地人信息来看，以英美商人为主。按照租地人的信息，将其地产面积进行汇总，可知共计有 142 个业主：(1)房地产商仍占主体，百亩以上的业主中，占据首位的通和行和位列第四的玛礼逊均系大牌英国房地产商，此外，还有爱尔德、雷士德、汉璧礼，均在这个区域占有一定的土地。(2)律师行，在这个区的土地数量也非常惊人。主要有高易行、担文、道达等律师行，

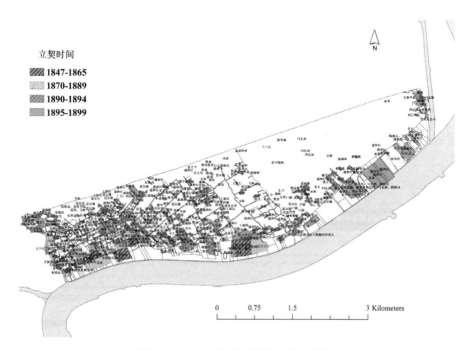

图 5-1-6　1900 年洋商地产分布示意图

表 5-1-1　1900 年之前公共租界东区租地洋商汇总　　　单位:亩

租　户	面积	租　户	面积	租　户	面积
通和行	262.997	利记行	21.244	哈喊	7.151
陶德尔,亨生	233.658	丰泰行	20.251	广昌,利记	6.764
高易行	135.219	有恒行金世美	19.965	麦惇梯屋司	6.579
玛礼孙,葛来敦	101.198	宝昌丝厂雷	19.963	端第门	6.491
德臣	82.259	艾福第沙逊	19.866	源和行	6.473
开昔克	82.158	道达	18.875	克拉克	6.346
法德立法	80.000	公平行卜洛司特	18.640	搭拉士	6.110
连那士,哈士	68.713	麦格里俄,史乃司乐格	18.612	大英演武处	6.090
承辩各国义塜司年董事	50.984	沙尔门	18.474	纳益枢	6.037
施笃克	49.880	麦格连	16.600	有恒行金士美	5.899
三德堂	42.755	担文	14.762	阿金生	5.830
爱尔德	42.745	亨特生	14.713	博格	5.761
米杜登	41.178	美国清心堂教会在上海随时经理人	14.600	安卜洛司	5.583
古柏	39.583	啊喳哩	11.450	上海马路公司	5.500
裴来德	39.240	高易行,梅博阁	11.000	梅博阁	5.339
公茂行德臣	38.178	谭华行	10.474	普伦	5.157
西生	37.203	密伦氏	10.082	代登	5.083
汉璧礼	38.700	达臣	9.793	柯士尼	5.030
德和行雷四德	34.588	梅爱尼	9.450	会得尔	4.966
俄伯	32.000	倍利	9.418	施托克司	4.891
马士皮	31.827	威以铁	8.741	哈昧	4.821
贾立士	29.103	哈吞	8.477	业广公司	4.813
代司,麦娃司	23.993	大胜行	8.399	梅恩	4.807
北华记	23.200	医士培芝	8.259	柏监能	4.471
达大	23.001	岱利	8.000	戛客生	4.436
威金生	22.979	麦边	7.959	福兰突	4.310

续　表

租　户	面积	租　户	面积	租　户	面积
劳士汤	4.204	玛礼逊行司格脱	2.657	霍格	1.175
海里司	4.186	威巴士	2.510	机地士	1.115
高福利	4.180	曾来顺	2.400	韩得善	1.100
吉浦	4.102	罗元祐	2.300	奥言生	1.066
西华	4.091	博洛克	2.243	威釐臣	1.059
公平行艾依夫生	4.042	哈哩司	2.203	法白立士	1.020
韬朋	4.000	米国商人史密	2.200	增裕公司	1.003
博易	3.997	铅甯	2.078	丁医生	1.000
密伦敦	3.845	天主堂	2.000	位禄	1.000
工部局	3.622	罗林	1.825	希腊人曾来顺	1.000
费德格	3.578	李佛乐	1.794	爱汾司	0.977
公平行阿丁特尔	3.569	牛庚博	1.715	戛石龙	0.925
美渣	3.500	麦麻来	1.650	讨本	0.695
亨壳客	3.452	爱物立	1.643	胎勒	0.637
赖门	3.400	汤恩,邹元芳	1.581	麦茂来	0.599
康卜尔	3.347	平福	1.577	王娘娘	0.546
矮以夫生	3.066	好荷司	1.542	司考特	0.530
伯来福	3.000	博克能	1.409	麦机云,霍吉士, 唾恩	0.521
可列	3.000	德罗	1.388	玛士培	0.444
熙尔	2.894	王娘	1.219	多马士	0.417

资料来源:《上海道契》,卷1—30。注:仅统计英册部分和美册部分。

另外,资料中还出现"高易行陶德而"(包括陶德而亨生),"高易行梅博阁",杜恂诚先生认为,陶德而和梅博阁是高易行的经理人或合伙人,故将二人视为高易行,则高易行的总地产高达 379.877 亩,远超过通和行的占地数量。律师行与普通的房地产商不同,主要以为华人做挂号道契的方式盈利。因此这些土地可以变相地视为华人购地。说明当时有不少华人在这里购置土地。(3)身份各异,国别甚多。在这个区域内参与购地的人身份各异,除了上述两种职业外,还有教会、医生、洋行职员、工厂职员等各种,他们来自英美法俄等国,还有一些人不知国籍。这反映了在东区购地的人的多样化特征。

第二节　1900—1911 年东区地籍图册与城乡变迁

一、1900 年东区土地评估、地籍图册及主要内容

1900 年,工部局首次对扩界实现的公共租界东区的土地进行全面的测量和土地评估,并编制了 1900 年公共租界东区土地估价表。据 1902 年工程师报告,1900 年没有完成的东区扩展区和杨树浦路以北地区的地籍测绘,在 1901 年底完成了①,剩下的工作是将这些测量结果绘制成 200 英尺比例的地籍图,以及一张上海及周边地区地图。笔者对 1900 年公共租界东区土地估价表进行统计分析,得出以下几点认识:

1900 年公共租界东区土地评估表中有 522 宗地产,土地总面积 4165.501 亩。平均每宗地产的面积为 7.98 亩。各领事馆登记情况如下:英国领事馆:350 宗,2692.843 亩;美国领事馆:149 宗,1264.312 亩;日本领事馆:3 宗,108.623 亩;德国领事馆:11 宗,63.956 亩;意大利领事馆:2 宗,8.217 亩;俄国领事馆:3 例,20.714 亩。另 2 份地产注册机构为"S. & N."。

地产业主 196 人。20 亩以上的地产主有 52 个,计有 3369.483 亩,占该

---

① *Annual report of the Shanghai Municipal Council*, *1901*, Shanghai: printed by Kelly & Walsh, Limited, Nanking Road, 1902, p.256.

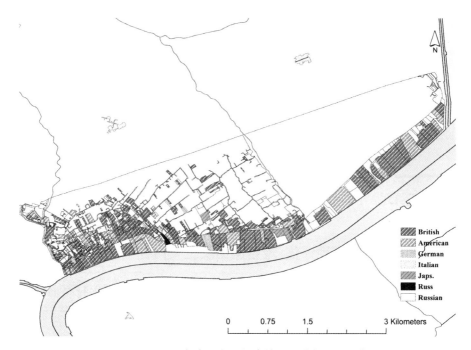

图 5-2-1　1900 年东区各国领事馆登记道契土地分布

区所有纳税地产的 80.89％。其中百亩以上的地产主有 10 人，分别是上海业广地产公司、Tsao Shun Kee、丹福(A. W. Danforth)①、道达(C. Dowdall and J. C. Hanson)、A. P. Stokes、怡和洋行、上海自来水厂公司、通和洋行、日商"Yamanobe，T. and Kanazawa，N."和公和祥码头的 A. G. Wood。

50—100 亩以上的地产主，有 10 家，20—50 亩的地产主有 32 人，名单详见表 5-2-1。

10—20 亩的土地业主人数 27 人，占有 390.481 亩。

10 亩以下的地产主人数 117 人，占有 405.537 亩土地。人均占有土地 3.466 亩。

---

① 丹福(Danforth，A. W.)，英国人，1893 年曾担任《新闻报》的总董，后独立经营该报刊，1899 年丹福破产。

表 5-2-1　1900 年公共租界东区总面积超 20 亩的地产统计表　　单位：亩

业　　主	面积	业　　主	面积
Shanghai Land Investment Company	305.024	Hanbury，T.	42.267
Tsao Shun Kee	221.798	Landale，D.	39.937
Danforth，A. W.	215.883	Mission des Lazaristes	38.314
Dowdall，C. and Hanson，J. C.	194.455	Rocher，L.	38.289
Stokes，A. P.	136.933	McLeod，A. and Snethlage，H.	37.680
Jardine，Matheson and Company	123.096	Mission du Kiangnan	37.491
Shanghai Waterworks Company	117.525	Burgoyne，J. W. H.	37.292
Atkinson，B. and Dallas，A.	108.627	Iveson，E.	36.471
Yamanobe，T. and Kanazawa，N.	108.623	Weir，T.	36.422
Wood，A. G.（in trust for Shanghai and Hongkew Wharf Company）	101.885	Russo-Chinese Bank	36.151
China Merchants' Steam Navigation Company	97.459	Liddell，C. O. and J. O.	32.972
Missions Etrangeres	92.305	MacEwen，A. P.	31.951
Platt，W. A. C.	87.732	Sassoon，A. D.	31.230
Fernandez，M.	81.981	Shanghai Municipal Council	30.556
Dowdall，C. Hanson，J. C. and McNeill，D.	76.869	Clarke，B. A.	29.139
Ewo Cotton Spinning and Weaving Company	70.993	Soy Chee Cotton Mill Company, Ltd.	28.171
Tata，R. D.	62.732	Keswick，W.	28.149
Galles，J. G.	57.116	Henderson，Dr. E.	27.370
Morrison，G. J. and Gratton，F. M.	52.042	Emens，W. S.	26.604
Cooper，J.	50.884	Sassoon，R. D.	26.000
Evans，A. M. A.	48.889	Lalcaca，S. E.	25.913
Schultz，H. M.	45.030	Morriss，U.（Mrs）	25.125

续　表

业　　主	面积	业　　主	面积
Sassoon, F. D.	23.833	Farnham，S. C. and Company	20.991
May, A. A.(Mrs.)	21.935	Hitch, F. D. and Forbes, F. M.	20.289
Cushny, A. Jnr.	21.922	Siddons，S. M.(Mrs.)	20.055

资料来源：Shanghai Municipal Council，*Shanghai Land Assessment Schedule*，*International Settlement*，*Eastern*，*1900*。

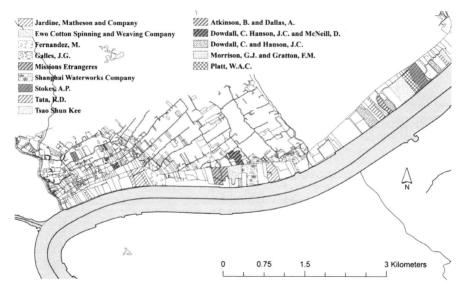

图 5-2-2　1900 年公共租界东区超 50 亩地产商的地产分布

二、1903 年东区土地评估、地籍图册及主要内容

1903 年，该地区在纳入租界范围后，经过三年的发展，该地区有了很大的变化。为此工部局对公共租界东区的地产进行了测量和评估，并编制了 1903 年公共租界东区土地估价表。笔者对 1903 年公共租界东区土地估价表进行统计分析，得出以下几点认识：

1903 年公共租界东区土地评估表中有 732 宗地产，4974.2372 亩土地。比 1900 年地产数量增 40.23％，土地面积增 19.42％。平均每宗地产的面积

为 6.82 亩,比 1900 年少 1.16 亩。各领事馆登记情况如下:英国领事馆:
515 宗,3251.3892(1900:350 宗,2692.843 亩);美国领事馆:173 宗,
1235.542亩;日本领事馆:2 宗,47.65 亩(1900:3 宗,108.623 亩);德国领事
馆:15 宗,116.091 亩(1900:11 宗,63.956 亩);意大利领事馆:2 宗,6.844
亩;俄国领事馆:4 宗,15.053(1900:3 宗,20.714 亩)。另 2 份地产注册机构
为"S. & N.",面积1.284 亩。未注册用地 14 宗,计 154.063 亩。

图 5-2-3　1903 年东区各国领事馆登记道契土地分布

地产业主 239 人,比 1900 年多 43 人。人均占有土地 20.8127 亩。其中
20 亩以上的地产主有 55 个,计有 4035.5492 亩,比 1900 年增 19.77%,占该
区所有纳税地产的 81.13%,比 1900 年上升 0.24%。其中百亩以上的地产
主有 10 人,通和洋行的地产,在短短的 3 年时间内,增长了 3.57 倍,总地产
面积超越业广,登上第一的宝座。业广和公和祥码头紧随其后,在 3 年时间

内增购超 100 亩,另外,A. W. Danforth 和 A. P. Stokes 也是这一时期购地较多的百亩大地产主。而 1900 年的 Tsao Shun Kee、怡和洋行和日商 "T. Yamanobe and N. Kanazawa"退出百亩大地产商之列。新出现的百亩大房地产商是"A. M. A. Evans"。50—100 亩以上的地产主有 11 个,20—50 亩的地产主有 34 人,名单详见表 5-2-2。

表 5-2-2　1903 年公共租界东区总面积超 20 亩的地产统计表　　单位:亩

业　主	面积	业　主	面积
Atkinson, B. and Dallas, A	496.5590	Mission du Kiangnan	51.3270
Shanghai Land Investment Company	417.0030	Cooper, J.	50.8840
Danforth, A. W.	259.2540	Morrison, G. J. and Gratton, F. M.	50.5500
Shanghai and Hongkew Wharf Company.	212.9480	Yamanobe, T. and Kamazawa, N.	47.6500
Stokes, A. P.	181.4920	Seisson, A.	45.7170
Dowdall, C., and Hanson, J. C.	169.8620	Algar A. E.	44.9690
Shanghai Waterworks Company	117.6270	Tam Wa	44.2940
Hanson, J. C. and McNeil, D.	116.4050	Algar, A. E. and Beesley, P. M.	43.1620
Dowdall, C., and Hanson, J. C. and McNeill, D.	111.7350	Hanbury, Sir T.	42.2670
Evans, A. M. A.	103.7472	Soy Chee Cotton Mill Company	40.2460
China Merchants Steam Navigation Company	97.4590	Jardine Matheson and Company	39.6070
Société des missions étrangères	92.3050	Lalcaca, E. P.	38.7220
Russo-Chinese Bank	91.5220	Mission des Lazaristes	38.3140
Fernandez, M.	82.5860	McLeod, A. and Snethlage, H.	37.6800
Platt, W. A. C.	82.1420	Weir, T.	36.4220
Ewo Cotton Mills	70.9930	Iveson, E, Artindale, R. H. and Ward, W. C.	34.1100
Tata, R. D.	62.7320	Liddell, C. O. and J. O.	33.9870
Wattie, J. A.	60.5050	Sassoon, A. D.	31.2300

续　表

业　　主	面积	业　　主	面积
Schultz and company	28.6410	Sassoon，F. D.	23.8330
McLeod，S. M.	26.9110	Ambrose，J.(estate)	23.7760
Emens，W. S.	26.6040	Robert，Rev. L.	22.9940
Sassoon，R. D.	26.0000	Fobes，A. S.	22.7390
Lalcaca，S. E.	25.9130	Kingsmill，T. W.(estate)	21.9260
China Flour Mill Company	25.8890	Cushny，A. Jun	21.5550
Morriss，Una	25.1250	Shanghai Municipal Council Goal Annex	21.3650
Maitland，A. W.	24.8180	Dowdall，W. M. and Moorhead，R. B.	20.8560
Henderson，E.	24.2500	Hitch，F. D. and Forbes，F. M.	20.2890
Middleton，O.	24.0510		

　　资料来源：Shanghai Municipal Council，*Shanghai Land Assessment Schedule*，*International Settlement*，*Eastern*，*1903*。

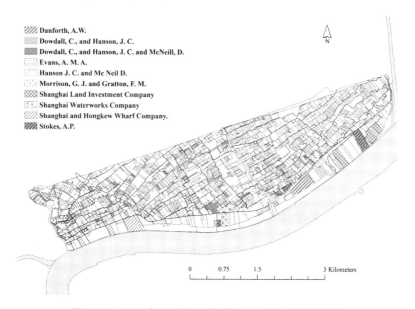

图 5-2-4　1903 年公共租界东区超 100 亩地产商分布图

10—20 亩的土地业主人数 30 人，占有 450.741，比 1900 年多 60.259 亩。

10 亩以下的地产主人数 154 人，新增 37 人，占有 487.947 亩土地，人均占有土地 3.1685 亩，比 1900 年少 0.2975 亩。

三、1907 年东区土地评估、地籍图册及主要内容

1907 年，工部局对公共租界东区的地产进行了测量和评估，并编制了 1903 年公共租界东区土地估价表。笔者对 1907 年公共租界东区土地估价表进行统计分析，得出以下几点认识：

1907 年公共租界东区土地评估表中有 912 宗地产，比 1903 年增加 180 宗，计 5826.952 亩土地，比 1903 年增加 17.14％。平均每宗地产的面积为 6.389 亩，比 1903 年少 0.431 亩。各领事馆登记情况如下：英国领事馆：707 宗，4412.119 亩（1903：515 宗，3251.3892 亩）；美国领事馆：155 宗，1125.822

图 5-2-5　1907 年东区各领事馆登记道契土地分布

亩;日本领事馆:2宗,42.28亩;德国领事馆:33宗208.726亩(1903:15宗,116.091亩);意大利领事馆:5宗,21.047亩;俄国领事馆:1宗,0.595(1900:3宗,20.714亩)。新增:丹麦领事馆2宗,7.425亩,挪威领事馆1宗4.7亩,葡萄牙领事馆4宗,1.886亩。西班牙领事馆1宗,1.238亩。另1份地产注册机构为"S. & N.",面积0.739亩。

地产业主267人,比1903年多28人。人均占有土地21.824亩。其中20亩以上的地产主有68人,比1903年增11人,计有4835.657亩土地,比1903年增19.82%,占该区所有纳税地产的82.99%,比1903年上升1.86%。其中百亩以上的地产主,增至13人。通和洋行、业广地产公司和公和祥码头,位列排行榜的前三甲,这也是该区的老牌大地产商。位列第四的是日商横滨正金银行,地产超200亩,为本年度新增的大地产商。还有德和洋行、爱尔德、置业揭银公司、G.(Rev.) Castrillo,同样系该地区新出现的百亩以上大地产商。而1903年的百亩地产大商Danforth,退出了百亩地产大商之列。另外,50—100亩以上的地产主有15个,20—50亩的地产主有40人,名单详见表5-2-3。

10—20亩的土地业主人数31人,占有440.695亩,比1903年略少。

10亩以下的地产主人数168人,新增14人,占有550.6亩土地,人均占有土地3.277亩,比1903年略高。

表5-2-3 1907年公共租界东区总面积超20亩的地产统计表　　单位:亩

业　主	面积	业　主	面积
Atkinson, B. and Dallas, A.	462.576	Yokohama Specie Bank	215.883
Shanghai Land Investment Company	366.734	Shanghai Waterworks Company	198.337
Shanghai and Hongkew Wharf Company	255.294	Stokes, A. P.	151.978

续　表

业　主	面积	业　主	面积
Lester，H.	142.964	Algar，A. E. and Beesley，P. M.	49.634
Algar，A. E.	130.485	Seisson，A.	45.582
China Land and Finance Company	123.370	McLeod，Mrs. S. M.	45.281
Hanson，J. C. and McNeill，D.	118.556	Mission du Kiangnan，Catholic	45.014
Dowdall，C.；Hanson，J. C. and McNeill，D.	108.754	Ferguson，J. C.	43.371
Castrillo，G.(Rev.)	107.269	Soy Chee Cotton Spinning Company	42.730
China Merchants' Steam Navigation Company	100.403	Hanbury，T.(Sir)(estate)	42.267
Teesdale，J. H.	95.700	Dowdall，C.，and Hanson，J. C.	41.625
Mitsui Bussan Kaisha	90.256	Dunning，E. H. and Algar，A. E.	41.620
China Import and Export Lumber Company	82.158	Evans，A. M. A.	39.972
Platt，W. A. C.	80.705	Jardine，Matheson and Company	39.607
Tam Wa	76.495	Lalcaca，E. P.	39.337
Ewo Cotton Spinning and Weaving Company	70.876	Mission des Lazaristes	38.314
Santai Cotton Spinning Company	64.583	Evans，M. A.(Mrs.)	38.076
Shanghai Municipal Council	63.371	Liddell，C. O. and J. O.	37.905
Tata，R. D.	62.732	Bell，E.	37.292
Hanson，J. C.；McNeill，D. and Jones，L. E. P.	59.078	Vulcan Iron Works	35.931
Societe des Missions Etrangeres	56.280	Main，D.	35.455
Carlowitzand Company	55.280	Nippon Yusen Kaisha	34.970
Morrison，G. J. and Gratton F. M.	50.550	Moothead，R. B.	33.460
McBain，G.(estate)	50.392	Drummond，W. V.；White-Cooper A. S. P. and Phillips，T. M.	32.876
Russo-Chinese Bank	50.251	China Flour Mill Company	31.739

续 表

业 主	面积	业 主	面积
Sassoon，A. D.	31.230	Davies, C. G. and Thomas C. W.	25.258
Clarke，B. A.	30.832	Weir，T.	25.169
Emens，W. S.	30.179	Morriss，U.（Mrs.）	25.125
China Mutual Life Insurance Company	29.957	Sassoon，F. D.	24.809
Kerfoot. J.	29.821	Henderson，E.（Dr.）	24.250
Ellis，F.	28.043	Middleton，Mrs. S. E.	24.047
Mission du Kiangsi Oriental	26.000	Solomon，R. J.	23.874
Dowall，W. M.	25.484	Deighton，J.	22.452
Dudgeon，C. J.（Sir.）	25.260	Kingsmill，T. W.	20.499

资料来源：Shanghai Municipal Council，*Shanghai Land Assessment Schedule*，*International Settlement*，*Eastern*，*1907*。

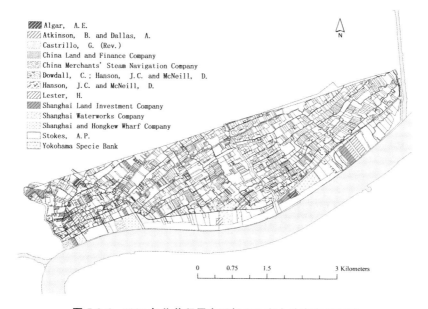

Algar，A. E.
Atkinson，B. and Dallas，A.
Castrillo，G.（Rev.）
China Land and Finance Company
China Merchants' Steam Navigation Company
Dowdall，C.；Hanson，J.C. and McNeill，D.
Hanson，J.C. and McNeill，D.
Lester，H.
Shanghai Land Investment Company
Shanghai Waterworks Company
Shanghai and Hongkew Wharf Company
Stokes，A. P.
Yokohama Specie Bank

0   0.75   1.5   3 Kilometers

图 5-2-6　1907 年公共租界东区超 100 亩大地产商分布图

四、1911年东区土地评估、地籍图册及主要内容

1911年,工部局对公共租界东区的地产进行了测量和评估,并编制了1911年公共租界东区土地估价表。笔者对1911年公共租界东区土地估价表进行统计分析,得出以下几点认识:

1911年公共租界东区土地评估表中有1114宗地产,比1907年增加202宗,计6724.315亩土地,比1907年增加15.4%。平均每宗地产的面积为6.042亩,比1907年少0.347亩。各领事馆登记情况如下:英国领事馆:835宗,4630.909亩(1907:845宗,4871.635亩);美国领事馆:195宗,1300.015亩(1907:155宗,1125.822亩);日本领事馆:5宗,148.353亩(1907:6宗,25.85亩);德国领事馆:34宗234.595亩(1907:33宗208.726亩);意大利领事馆:6宗,148.353(1907:5宗,25.85亩);俄国领事馆:1宗,

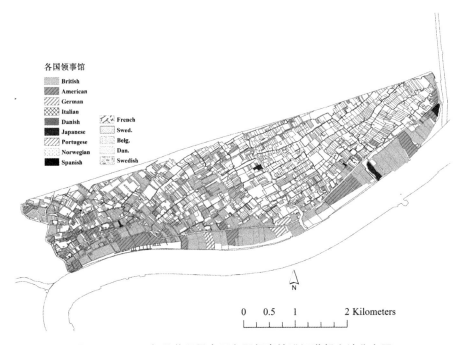

图5-2-7 1911年公共租界东区各国领事馆登记道契土地分布图

58.841 亩。丹麦领事馆 1 宗,4.215 亩,挪威领事馆:4 宗 8.906 亩,葡萄牙领事馆:9 宗,4.708 亩。西班牙领事馆:3 宗,5.178 亩。比利时领事馆:3 宗,10.995 亩,法国领事馆:2 宗,4.892 亩,瑞典领事馆:3 宗,5.09 亩。另有 10 份地产注册为多个领事馆,计 251.068 亩,1 份地产未注册,面积6.471亩。

地产业主360 人。人均占有土地 18.68 亩。其中 20 亩以上的地产主有 71 人,比 1907 年增 3 人,计有 5361.207 亩土地,比 1907 年增 10.87%,占该区所有纳税地产的 79.73%,比 1907 年下降 3.26%。其中百亩以上的地产主,增至 16 人,计 2958.683 亩土地,占该区所有纳税土地的 44%。通和洋行、业广地产公司和公和祥码头,仍牢牢占据前三的位置。相比 1907 年,公和祥码头、上海自来水厂公司、爱尔德的地产,有增长,而通和洋行、“A. P. Stokes”,德和、“J. C. Hanson and D. McNeill”的地产,有减少,无论如何这些地产商仍在百亩地产巨商之列。而日本横滨正金银行、置业揭银公司、高易、“G. Castrillo(Rev.)”,不再是本年度的百亩地产商。新增的百亩地产巨商有:“H. C. Marshall” “J. H. Teesdale” “South Manchurian Railway Company” “China Import and Export Lumber Company” “Nippon Yusen Kaisha” “Shanghai Cotton Manufacturing Company”“义品放款银行”,可见以公司企业为主。另外,50—100 亩以上的地产主有 18 个,20—50 亩的地产主有 37 人。

10—20 亩的土地业主人数 37 人,占有 546.311 亩,比 1907 年多 105.616亩。

10 亩以下的地产主人数 252 人,比 1907 年增 50%,占有 816.797 亩土地,人均占有土地 3.24 亩,略低于 1907 年水平。

综上所述,1900—1911 年期间,为公共租界东区快速发展时期,具有如下的特征:

(1)从纳税土地总额来看,呈现逐年上涨趋势。1911 年比 1900 年增加了 61.43%。纳税土地的数量增长更加明显,1911 年比 1900 年增加了 1.134 倍。

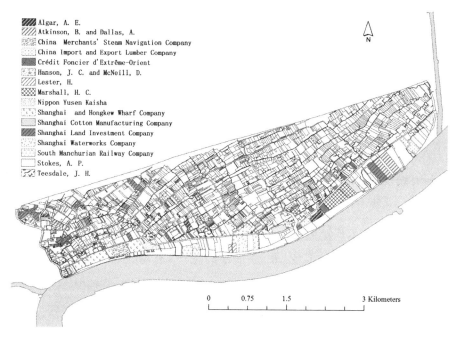

图 5-2-8　1911 年公共租界东区超 100 亩大地产商分布图

表 5-2-4　1911 年公共租界东区总面积超 20 亩的地产统计表　　　　单位：亩

业　　主	面积	业　　主	面积
Atkinson，B. and Dallas，A.	415.003	Lester，H.	115.497
Shanghai Land Investment Company	363.937	South Manchurian Railway Company	111.280
Shanghai and Hongkew Wharf Company	322.627	China Import and Export Lumber Company	110.230
Marshall，H. C.	272.016	Nippon Yusen Kaisha	108.793
Shanghai Waterworks Company	258.148	Shanghai Cotton Manufacturing Company	105.621
Algar，A. E.	199.493	Hanson，J. C. and McNeill，D.	101.753
Teesdale，J. H.	140.864	China Merchants' Steam Navigation Company	100.403
Stokes，A. P.	132.777	Crédit Foncier d'Extrême-Orient	100.241

续　表

业　主	面积	业　主	面积
Dowdall, C., Hanson, J. C., and McNeill, D.	99.842	Shanghai Municipal Council, Riverside Power Station	42.828
China Land and Finance Company	99.161	Hanbury, D.	42.267
Mitsui Bussan Kaisha	90.256	Mission du Kiangnan	41.606
Platt, W. A. C.	80.762	Clarke, B. A.	38.842
Ewo Cotton Spinning and Weaving Company	70.876	Central Stores	38.465
China Mutual Life Insurance Company	69.138	Morrison, G. J. and Gratton, F. M.	38.400
Hanson, J. C., McNeill, D. and Jones, L. E. P.	67.853	Mission des Lazaristes	38.314
Tarn Wa	62.635	Main, D.	37.715
Tata, R. D.	60.907	Brandt, W.	36.745
Soy Chee Cotton Spinning Company	56.401	Shanghai Municipal Council, Wayside Park	36.455
Platt, W. A. C. and Cumming, F. A.	56.252	Algar, A. E. and Beesley, P. M.	36.079
Liddell, C. O. and J. O.	55.469	Weir, T.	35.496
Carlowitz & Company	55.280	China Flour Mill Company	35.292
Dowdall, C. and Hanson, J. C.	55.196	Kerfoot, J.	34.416
McBain, Mrs. C. M. Prentice, J. and McBain, R. S. F.	53.913	Moorhead, R. B.	31.771
Jardine, Matheson & Company	53.431	Sassoon, A. D.	31.230
Davies, C. G. and Thomas, C. W.	50.621	Emens, W. S.	30.096
Vulcan Iron Works	50.388	Evans, A. M. A.	28.011
Mission du Chansi Septentrional	49.550	Middleton, Mrs. S. E.	27.867
Kranz, Rev. P. E.	47.403	McLeish, Mrs. N. A.	27.123
Lalcaca, Dr. C. (estate)	46.985	Shanghai Municipal Council, Goal	26.805
Castrillo, Rev. G.	44.399	Missionary Society Corporation, London	26.359

续　表

业　　主	面积	业　　主	面积
Scott, J. H. Mackintosh, E. and Swire, J. Seisson, A.	25.882	Drummond, W. V. White-Cooper, A. S. P. and Phillips, T. M.	23.916
Sassoon, F. D.	25.141	Atkinson, B. and Dallas, A.	23.601
Morriss, Mrs. U.	25.125	Seisson, A.	22.704
Twentyman, J. R.	25.104	Barchet, Mrs. M. E.	21.377
Dowdall, W. M.	24.875	Dunning, E. H. and Algar, A. E.	21.050
New Engineering and Ship Building Works	24.849		

资料来源：Shanghai Municipal Council, *Shanghai Land Assessment Schedule*, *Eastern District*, *1911*。

（2）地产主的数量，呈现逐渐增加的趋势。1911 年比 1900 年增加了 83.67％。其中增长最快的是 10 亩以下的小地主，1911 年比 1900 年增长了 1.15 倍。小地主数量的增长，相比投机性特征的大地产商数量而言，更能反映城市化发展的进程。

（3）土地占有情况，与其他区的初期发展特征极为类似，即 20 亩以上的中大型地产主占有土地逐步上涨，1911 年比 1900 年增长了 59.11％。该类地产主拥有的土地总额，占该区总纳税土地的比例占 80％，表现了土地垄断的特征。

五、城市变迁

东区在 1899 年并入租界范围时，大部分地区还是典型的农业区，只有靠近黄浦江的滨岸地带被洋商租去。

1899 年扩界后，工部局立即对该地区进行了土地测量，并编制了 1900 年公共租界东区地籍图。根据这幅地籍图可知，该区域内，建筑用地主要分布在虹口港以东地区，杨浦港以东大部分还是农业区，滨江已修筑有一条沿江大道。

扩界后,这一地区的筑路计划开始提上日程。1903年1月22日会上直读了领袖领事来信,该信转达了道台对此事的答复,道台建议把这些马路的平面图转给他,这样,在中国土地局进行必要的调查后,或许会发布一份符合工部局要求的意图的公告。董事们认为,先公布马路线路再公布公告,可能会使后者想要达到的目的受挫。会议决定按照此意答复领袖领事,并要求道台目前参照西区的程序予以批准。①

图 5-2-9　1900 年和 1911 年公共租界东区新筑道路分布图

资料来源:1900 年和 1911 年公共租界东区地籍图。

工部局于 1905 年 3 月进一步修正筑路方案,方案中首次颁布了在虹口以东地区建立道路网的计划,故杨树浦地区内的道路建设得到加快,至1906 年,东区的道路已经从 1904 年的 14.48 公里增加至 19.31 公里。②但从建成区而言,主要集中在汉璧礼延伸路以北、朱家浜以西区域,即虹口浜至公平路之间的区域。

这一时期,城市化最快的区域,集中在新记浜以北至东区北界的区域。

① 《工部局董事会会议录》,第 15 册,1903 年 1 月 22 日,第 586 页。
② 《上海租界志》编纂委员会主编:《上海租界志》,上海社会科学出版社 2001 年版,第 438 页。

在 1899 年,新记浜以北的地区,大部分为河浜圩田用地。北面分布着三条东西向的河浜:北面一条,西段名 Seou Hong Jao Pang,东段名 Tsze Ka Pang;中间一条河浜,Seou Zar Pang;南面一条河浜,Sing Kei Pang,即新记浜。在这个区域内,1899 年之前,仅有少量的道契册地,分布在河浜沿岸。在这个区域内的道路,1899 年仅有东汉璧礼路(East Hanbury Road)和余杭路(Yuhang Road)的延伸路。还有 Toong Say Ka,Lee Hongkee Ka,Cod Chew Ka Zar Road 等几条土路。

1899—1911 年,工部局积极推进这一地区的基础设施建设,主要修筑了东西向道路:东嘉兴路(East Kashing)、东有恒路(East Yuhang Road)、东鸭绿路(East Scott Road)等,南北向道路有:狄思威路(Dixwell Road)哈尔滨路(Harbin Road)、肇勒路(Sangin Road)、梧州路(Wuchow Road)、欧嘉路(Urga Road,今海伦路)、通州路(Tungchow Road)、兆丰路(Chaoufoong Road)等。这些道路构成了相对密集的街区空间网络。

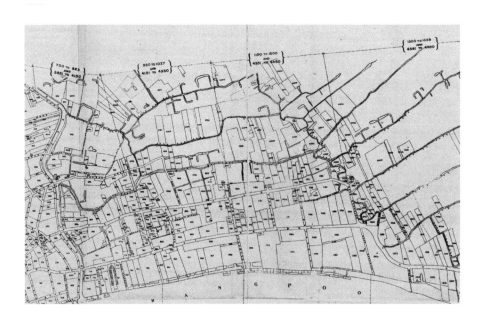

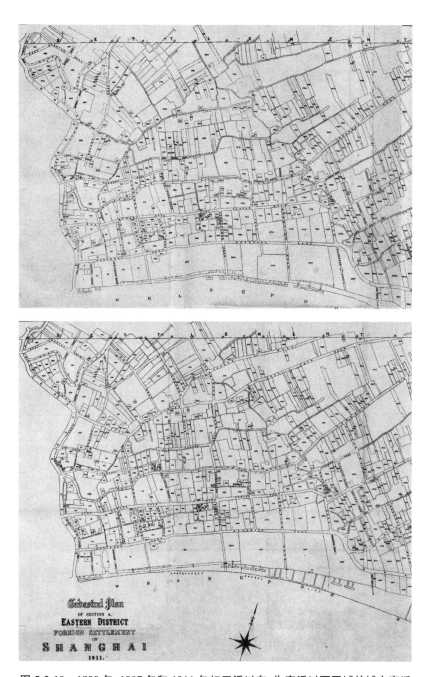

图 5-2-10　1899 年、1907 年和 1911 年虹口浜以东、朱家浜以西区域的城市变迁

道路修筑之后,对当地发展产生了重要影响,主要表现在以下几个方面:

(1) 推动了这一地区的土地产权转移,即由原华人所有的农业用地,向洋商所有的道契册地转变。在 1899 年,这里的道契册地甚少。到了 1907 年,新记浜以北的区域,道契册地增至 152 份,共计 634.141 亩。1911 年,这一地区的道契册地又增至 197 份,总面积达 693.611 亩。

以 1907 年为例,在这里购地的洋商有 54 人,其中购地较多的是洋商有高易行①(146.257 亩)、上海业广地产公司(Shanghai Land Investment Company,130.626 亩)、通和行(Atkinson, B. and Dallas, A.,58.949 亩)、爱尔德(写作"A. E. Algar"和"A. E. Algar and P. M. Beesley",55.114 亩)、"C. J. Dudgeon"(20.355 亩)、"T. W. Kingsmill"(20.099 亩)等。另外,还有玛礼逊洋行(G. J. Morrison and F. M. Gratton,10.736 亩)、沙逊洋行(J. E. Sassoon,9.635)等。可见,上海业广地产公司等房地产商是这一地区购地和开发主要力量。

(2) 土地开发比较快的地区,主要集中在虹口浜东侧至梧州路之间的地区,以及新记浜至东有恒路之间的区域,其他大部分地区的土地,发展还比较缓慢,土地开发还不成熟。

东嘉兴路一带,筑路后很快被开发为里弄住宅社区。道路北侧的土地,比如地籍图上的 Cad.485,计 61.789 亩土地,被上海业广地产公司购去。据《实测上海城厢租界全图(宣统二年)》,该公司在这里建成了瑞康北里、瑞康南里等四个里弄小区。

东嘉兴路以南,有一条 V 形的河流,名沙泾,在地籍图上,标注为"Saw Gin Kiang"。工部局沿着这条河修筑了一条岸路,名 Mukden Road,即麦克

---

① 在 1907 年的地籍册上,写作"Dowdall, C., and Hanson, J. C."或"Dowdall, C.; Hanson, J. C. and McNeil, D.""Hanson, J. C. and McNeil, D."或"Hanson, J. C.; McNeill, D. and Jones, L. E. P.",均视为高易行。

登路,今辽宁路。在该河浜南岸,工部局还修筑了连接狄思威路与沙泾的一条东北方向沙泾路(Sawgin Road),后改名为肇勒路。J. E. Sassoon 在这条道路的西侧,购买了 Cad.320,共计 8.605 亩土地,并在这里建造了永安北里。C. J. Dudgeon,在该路的东侧,Cad.330,共计 14.445 亩,并在这里建造永安南里、梧州里等里弄。

东汉璧礼路是这一时期开发较快的地区。这一街区的开发与上海业广地产公司有关。该公司在东汉璧礼路购买了约 36 亩土地,据《实测上海城厢租界全图(宣统二年)》,这里建成了永祥里、永祥北里、永祥南里、宝仁里、长勒里、仁华里、新里等多个里弄小区。

(一) 案例分析 1:近胜路

1904 年 9 月 28 日会议,讨论了延伸近胜路的问题。董事会议中提出了胜业地产公司的一项建议,由于此事甚为紧急。该公司愿意在近胜路和其他马路出让大约 5 亩土地,因此总办询问在何种条件下可以接受其建议。会上决定授权工程师为获得所需土地开展谈判,以便修筑近胜路南面的一段(在该公司与杨树浦路之间),同时通知该公司,工部局接受他们关于出让土地的建议,并将尽快建造该马路。筑路费用,其中一部分应由面临马路的业主们负担。①关于刊登在 11 月 2 日《工部局公报》上的三德堂和老公茂纱厂的来信都显示:他们将要提出反对变更近胜路和码头位置的理由。会议指示:应通知瑞瑢造船厂,进一步的交涉,似乎已不太可能使变更比以前更加迫切;由于最终不可能获得同意,所以应及时劝告公司,基于最终必将变动的设想,应停止进行发展计划。②安布罗斯先生再次来函称,他并不认为已通知的反对此路迁移的意见已证明是不可克服的。总董解释这些反对意见是:

1. 老公茂最终将以负担更多的租金取得一条有限的私有通道,而不是

---

① 《工部局董事会会议录》,第 15 册,1904 年 9 月 28 日,第 680 页。
② 《工部局董事会会议录》,第 15 册,1916 年 11 月 15 日,第 688—689 页。

得到一条不受限制的通向黄浦江的公用通道，这一私有通道还是在瑞瑢造船厂产业中一条私有小河边上；当该通道不够用时，要不断向经理提出申请通过造船厂的地产在其他地方获得一条通道。纱厂认为这样一条通道是靠不住的，而且极为不便。

2. 另外，纱厂还要求旧路能有 20 英尺宽，而不是新建议的 15 英尺，可由工务处作出安排，即造船厂把它们那边让出 5 英尺，换取工部局在新路线上让出 5 英尺，新路将只有 35 英尺宽。

3. 三德堂希望知道工部局是否要使通向小河头的整个一条私有道路得到维修、照明设施和巡捕巡逻。他们还声称，只有得知工部局的意见之后，他们才能作出明确的结论。目前他们正在等待香港办事处的答复。①

1917 年 2 月 7 日，总董告知董事们，现在有关各方已达成一项安排，根据这安排，如果工部局同意将瑞瑢造船厂东面边界新路的宽度从 35 英尺减为 30 英尺，他们就接管现有道路，并改道沿老公茂纱厂南边边界向前，然后沿苏州河到黄浦江。工程师在其所递交的报告中指出，从公众的观点来看，将现有的近胜路移到瑞瑢造船厂东边边界唯一的实际好处，就是将现有路面的宽度由 30 英尺改为 35 英尺。经简短讨论后，会议决定将此事交工务委员会研究。②2 月 21 日，讨论并通过了 2 月 19 日工务委员会会议记录。关于近胜路的改道，工程师报告称，已与安布罗斯先生达成了一项协议，提出在瑞瑢造船厂产业东边边界上的新路离浚浦局河道线原为 100 米的宽度，现改为 40 英尺，然后到杨树浦路为 30 英尺。因为这一办法尚可令人满意，所以将通知安布罗斯先生，董事会同意转让现有的路面和码头，其条件是：有关各方之间本身必须达成一项关于工部局将现在的路交还给他们之

---

① 《工部局董事会会议录》，第 19 册，1916 年 11 月 15 日，第 689—690 页。
② 《工部局董事会会议录》，第 20 册，1917 年 2 月 7 日，第 605 页。

后,如何安排的协议。①

1917年5月2日,安布罗斯先生表示,瑞镕造船厂同意工部局批准的根据2月21日会议记录通知的改道条件,但要进行修改,即将新路的宽度从在浚浦局河道钱的40英尺统一减少到在离那里200英尺处的30英尺,这样就可避免由于突然将宽度从40英尺改为30英尺而引起的凹形处。在建议批准这一修改的过程中,工程师说,安布罗斯先生递交的图纸表明,在新路上离杨树浦路60英尺处有一处角度与工部局原来的要求相反。该路将沿第2446号册地东边界线而行,但因此点无关紧要,所以不会有人提出反对。他还指出,这块10英尺半径范围的弯曲度,不符合工部局规划的设计要求。应留出一个相应的圆角:瑞镕造船厂愿意拆掉在它们产业一角的警卫室,让出这样一块额外的地皮以应增加该处弯度的需要;然而,由于相对角所需要的地皮为怡和洋行所有,故只有那里的厂房推迟兴建,才能纳入计划。会议批准安布罗斯先生在图纸中所表示的新路。②

（二）案例分析2:狄思威路(今溧阳路)

1903年11月11日会议,讨论了关于延伸狄思威路。工务委员会主席说,委员会委员们曾亲击现场,在检查了该地区的实际需要后决定建议将这条马路从汉璧礼路(今汉阳路)延伸到有恒路,同时筑堤经费应列入明年度预算,会议指示工程师调查有关出让土地的条件。③

1909年3月3日会上讨论了界外的狄思威路,董事会的意思是希望假如上海业广公司无偿转让修筑一条40英尺宽的马路用地,工部局将以每亩约为2120两银子的价格,支付全部筑路费用的一半,加上拓宽至50英尺的11800两银子总额。倘若董事们进一步仔细审阅文件后批准该计划,就将

---

① 《工部局董事会会议录》,第20册,1917年2月21日,第608页。
② 《工部局董事会会议录》,第20册,1917年5月2日,第622—623页。
③ 《工部局董事会会议录》,第15册,1903年11月11日,第628页。

按这些条件报价。①总董讲述了他就此事和金尼先生会见的结果,双方商定按照先前提出的办法修筑狄思威路,该公司和工部局平均承担修路费用,但须经业广公司同意。他已得知,至今为止归于该公司的土地的本利已达到45500两银子,假定这项工程估价为62000两银子是确切的,那么这件事的结果将是该公司无偿转让此土地,支付工程分摊款为8000至9000两银子。作为对此的回报,总董已提出工部局将立即填高和筑成这条泥土道路。倘若这一安排得到认可,将发出必要的公函。②

　　值得注意的是,筑路过程中还有来自中国因素。1909年9月15日会议指出,由于最近宝山地方官厅计划穿越狄思威路延长段筑路,且这又与为靶子场延长而购置的那块土地相交叉而发生纠纷。董事会得知,英国副领事巴尔敦先生正在和苏州巡抚的代表谈判以解决那两个问题。会上提交并通过了一份作为解决问题基础的备忘录草稿,据此将允许华警在指定地点越过狄思威路以使他们能够维持该道路和四川北路之间各村庄的治安。另外 还规定把靶子场那一边的马路移设至工部局所购土地的最北面,在此北端的一长段土地转让作此用。巴尔敦先生将及时汇报他谈判的进程。③

　　另一条马路——麦克利克路(今临潼路)的修筑,体现了私人需求与公共利益之间的关系。1910年10月19日,玛礼孙营造行代表平和洋行已提出执照申请,要求在越过麦克利克路延长段划定界线那边的2390号册地上造建筑物。鉴于这一延长段靠近大连湾路,并考虑到不影响叫做平和弄的华界公共马路,会议决定在公共利益并不明显之前,拟议中的建筑物将涉及的那一地点的南侧延长可无限期推迟。④

------

① 《工部局董事会会议录》,第17册,1909年3月3日,第596页。
② 《工部局董事会会议录》,第17册,1909年5月12日,第609页。
③ 《工部局董事会会议录》,第17册,1909年9月15日,第627页。
④ 《工部局董事会会议录》,第17册,1909年10月19日,第689—690页。

第三节　1912—1920 年东区地籍图册与城市变迁

一、1916 年东区土地评估、地籍图册及主要内容

1916 年，工部局对公共租界东区的地产进行了测量和评估，并编制了 1916 年公共租界东区土地估价表。笔者对 1916 年公共租界东区土地估价表进行统计分析，得出以下几点认识：

1916 年公共租界东区土地评估表中有 1270 宗，比 1911 年增加 156 宗，计 7264.254 亩，比 1911 年增加 8.03％。平均每宗地产的面积为 5.72 亩，比 1911 年少 0.322 亩。各领事馆登记情况如下：英国领事馆：1029 宗，5667.588亩（1911：835 宗，4630.909 亩）；美国领事馆：168 宗，911.955 亩

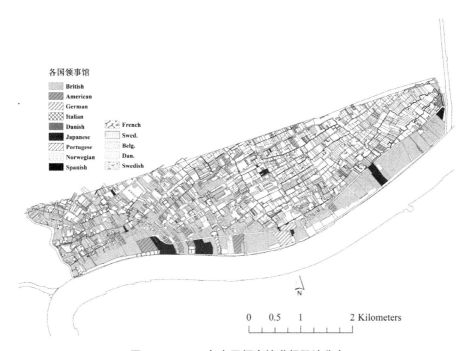

图 5-3-1　1916 年东区领事馆道契册地分布

(1911：195 宗，1300.015 亩)；日本领事馆：18 宗，397.863 亩(1911：5 宗，148.353 亩)；德国领事馆：29 宗，186.137 亩(1911：34 宗 234.595 亩)；意大利领事馆：6 宗，15.929 亩；法国领事馆：8 宗，16.25 亩；俄国领事馆：1 宗，58.841 亩。丹麦领事馆 1 宗，4.215 亩，挪威领事馆：4 宗 8.906 亩，葡萄牙领事馆：1 宗，1.543 亩。西班牙领事馆：1 宗，1.155 亩。比利时领事馆：3 宗，50.858 亩，瑞典领事馆：1 宗，0.739 亩。新增荷兰领事馆登记土地 1 份，1.116 亩。可见，除了英日领事馆登记土地有明显的增长之外，其他国领事馆登记土地比 1911 相比明显减少。

地产业主 342 人，比 1911 年少 18 人。人均占有土地 21.24 亩，比 1911 年多 2.56 亩。其中 20 亩以上的地产主有 78 人，比 1911 年增 7 人，计有 5919.651 亩土地，比 1911 年增 10.42％，占该区所有纳税地产的 81.49％，比 1907 年上升 1.76％。其中百亩以上的地产主，增至 16 人，计 2958.683 亩土地，占该区所有纳税土地的 44％。

长期占据该地区地产总量第一的通和洋行，被新出现的英商卜内门公司取代。这是一家世界近代史上著名的化学工业公司，曾长期垄断中国的化工市场。1900 年来华开业，设东方总号于上海兆丰路，以李德立(E. S. Little)为总经理。其时有资本 300 万英镑。[①]到 1916 年在该区的地产超 300 亩。通和洋行，相比 1911 年减少了 165.553 亩。同样，公和祥码头、业广、爱尔德、德和等老牌百亩巨商，本年度的地产均有减少。而上海自来水厂公司、日本邮船公司、Shanghai Cotton Manufacturing Company、中国进出口公司和"南满铁路公司"的地产，比 1911 年有增长。而"H. C. Marshall""J. H. Teesdale""J. C. Hanson and D. McNeill"、轮船招商局和义比银洋行，不再是本年度的百亩地产商。新出现的百亩地产主，还有"San Sing Cotton Manufacturing Company"、工部局和"H. E. R. Hunter"。另

---

① 黄光域主编：《外国在华工商企业辞典》，四川人民出版社 1995 年版，第 2 页。

外,50—100 亩以上的地产主有 20 个,20—50 亩的地产主有 42 人,比 1911 年均有增长。。

10—20 亩的土地业主人数 41 人,占有 601.945 亩,亩,比 1911 年多 55.634 亩。

10 亩以下的地产主人数 223 人,比 1911 年少 29 人,占有 742.658 亩土地,人均占有土地 3.33 亩,略高于 1911 年水平。

图 5-3-2 1916 年超 100 亩大地产商分布图

表 5-3-1 1916 年公共租界东区总面积超 20 亩的地产统计表　　　单位:亩

业　　　主	面积	业　　　主	面积
Brunner Mond and Company	340.815	Shanghai Waterworks Company	268.655
Shanghai and Hongkew Wharf Company	312.789	San Sing Cotton Manufacturing Company	261.699
Shanghai Land Investment Company	307.556	Atkinson, B. and Dallas, A.	249.449

续　表

业　主	面积	业　主	面积
Shanghai Municipal Council	197.868	Weir，T.	67.027
Algar，A. E.	180.121	Fessenden，S.	65.215
Nippon Yusen Kaisha	146.759	Crédit Foncier d'Extrême-Orient 义品放款银行	58.955
Stokes，A. P.	132.777	Tata，R. D.	58.241
Shanghai Cotton Manufacturing Company	128.508	Oriental Cotton Spinning Company	58.008
Mitsui Bussan Kaisha	122.531	Aglen，F. A.	56.614
China Import and Export Lumber Company	118.603	Mission Etrangeres	56.28
South Manchuria Railway Company	112.038	Liddell，C. O. and J. O.	53.47
Hunter，H. E. R.	110.984	Algar and Company	53.37
Lester，H.	108.265	Hanson，J. C.，McNeill，D.	52.605
China Land and Finance Company	91.907	Seisson，A.	47.399
Brandt，W.	84.264	Yangtszepoo Cotton Mill	46.885
McNeill，D. and Jones，L. E. P.	84.223	Lester，H.，Johnson，G. A. and Morriss，G.	45.396
White-Cooper，A. S. P. and Oppe，H. S.	83.791	Davies，C. G. and Thomas，C. W.	45.084
Oriental Land Company	81.739	Tam Wa	44.34
Ewo Cotton Spinning and Weaving Company	81.378	McBain，C. M.（Mrs.），Prentice，J. and McBain，R. S. F.	44.175
Mission du Kiangnan	80.263	Moorhead，R. B. and Halse，S. J.	43.601
Davies，C. G. and Brooke，J. T. W.	73.133	Teesdale，J. H.	43.373
Dowdall，C.，Hanson，J. C. and McNeill，D.	71.942	Ezra，E. I.	42.263
New Engineering and Shipbuilding Works	71.379	White-Cooper，A. S. P. and Kawamura，K.	41.803

续　表

业　　主	面积	业　　主	面积
Hanbury，D.	41.255	Seventh Day Adventists	29.094
Lalcaca，C.(Dr.)(estate)	40.678	Barchet，M. E.(Mrs)	29.081
Stewardson，R. E.	40.146	Hanson，J. C.，McNeill，D. and Jones，L. E. P.	28.928
Raven，F. J.	39.662	Moorhead，R. B.	28.336
China Realty Company	38.896	Middleton，S. E.(Mrs.)	27.867
Mission des Lazaristes	38.314	Missionary Society Corporation, London	26.359
Yangtsze Land and Finance Company	38.104	Jackson，W. S.	25.948
Main，D.(estate)	37.497	Twentyman，J. R.	25.104
Miye Boseki Kaisha	36.464	Evans，M. A.(Mrs.)	24.917
McNeill，D. and Wright，G. H.	34.597	Castrillo，G.(Rev.)	24.905
Kerfoot，J.	34.416	International Banking Corporation	24.811
Dowdall，W. M.	33.276	Hunt，R. P.	24.538
Dowdall，C. and Hanson，J. C.	33.273	Oriental Cigarette and Tabacco Company	23.704
Heath，P. N. F.	32.988	Sassoon，F. D.	23.541
Clarke，B. A.	30.651	Henderson，E.(Dr.)(estate)	23.408
China Mutual Life Insurance Company	29.458	China Land and Building Company	21.895

资料来源：Shanghai Municipal Council，*Shanghai Land Assessment Schedule*，*International Settlement*，*Eastern*，*1916*。

二、1920 年东区土地评估、地籍图册及主要内容

1920 年，工部局对公共租界东区的地产进行了测量和评估，并编制了 1920 年公共租界东区土地估价表。笔者对 1920 年公共租界东区土地估价表进行统计分析，得出以下几点认识：

  1920 年公共租界东区土地评估表中有 1409 宗，比 1916 年增加 136 宗，计 8042.381 亩，比 1916 年增 10.71%。平均每宗地产的面积为 5.708 亩。各领事馆登记情况如下：英国领事馆：1143 宗，6113.84 亩(1916：1029 宗，5667.588 亩)；美国领事馆：172 宗，694.932 亩(1916：168 宗，911.955 亩)；日本领事馆：45 宗，828.755 亩(18 宗，397.863 亩)；德国领事馆：13 宗，46.041亩(29 宗，186.137 亩)；意大利领事馆：8 宗，41.19 亩；法国领事馆：12 宗，31.41 亩(1916：8 宗，16.25 亩)；挪威领事馆：2 宗 6.159 亩，葡萄牙领事馆：1 宗，2.198 亩。西班牙领事馆：2 宗，17.983 亩。比利时领事馆：2 宗，3.205 亩，瑞典领事馆：1 宗，0.739 亩。荷兰领事馆 2 份，3.116 亩。丹麦领事馆，无。增长最多的是英日领事馆登记土地，法、意领事馆登记土地比 1916 年略有增长。德国领事馆登记土地数量，相比 1916 年下降明显。

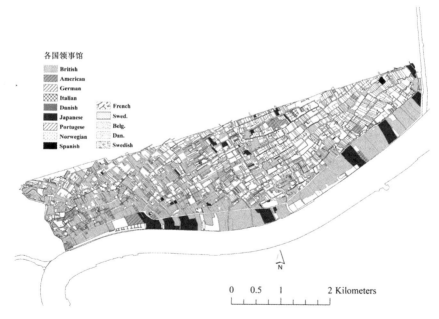

图 5-3-3　1920 年公共租界东区各国领事馆登记道契册地分布

  地产业主 419 人，比 1916 年多 77 人。人均占有土地 19.192 亩，比

1916 年略少。其中 20 亩以上的地产主有 78 人，与 1916 年相同，但面积计有 6302.751 亩，比 1916 年增 383.1 亩，占该区所有纳税地产的 78.37%，比 1916 年下降 3.12%。其中百亩以上的地产主，增至 22 人，比 1916 年增 6 人，计 3750.943 亩，比 1916 年增 26.78%，占该区所有纳税土地的 46.64%，比 1916 年上涨 2.64%。

1916 年抢占第一宝座的英商卜内门公司，昙花一现，不再出现在 1920 年的百亩大商之列。业广洋行的地产，在本年度位列第一。通和行紧随其后，土地比 1916 年增长显著，其他上海公和祥码头、上海自来水厂、"San Sing Cotton Manufacturing Company"、"Shanghai Cotton Manufacturing Company"、"China Import and Export Lumber Company"、"Mitsui Bussan Kaisha"、"H. E. R. Hunter"、"H. Lester"，这些地产商的土地，相比 1916 年均有增长。土地减少的仅有 3 家：爱尔德、日本邮船公司和工部局。不再是百亩大商的，除了卜内门公司，还有 1 家："A. P. Stokes"。相反，新增的百亩地产巨商有："Bros. Lever（China）."、"G. A. Johnson and G. Morriss"、"Dai Nippon Boseki Kabushiki Kaisha"、"S. J. Powell"。

另外，50—100 亩以上的地产主有 18 个，20—50 亩的地产主有 39 人，总数比 1916 年略少。

10—20 亩的土地业主人数 59 人，占有 852.782 亩，相比 1916 年，无论是人数，还是占有土地总数，明显增加了。

10 亩以下的地产主人数 282 人，比 1916 年多 59 人，占有 886.848 亩，人均占有土地 3.145 亩，略低于 1916 年水平。

表 5-3-2　1920 年公共租界东区总面积超 20 亩的地产统计表　　单位：亩

业　　主	面积	业　　主	面积
Shanghai Land Investment Company	415.933	Shanghai and Hongkew Wharf Company	287.310
Atkinson, B. and Dallas, A.	341.704	Shanghai Waterworks Company	281.980

续　表

业　　主	面积	业　　主	面积
San Sing Cotton Manufacturing Company	270.264	Ewo Cotton Spinning and Weaving，Company	81.378
Shanghai Cotton Manufacturing Company	174.107	Mission du Kiangnan	80.263
Lever，Bros.(China)	166.071	Crédit Foncier d'Extrême-Orient 义品放款银行	76.891
China Soap and Candle Company	166.070	White-Cooper，A. S. P. and Oppe，H. S.	71.930
Algar and Company	165.114	McNeill，D. and Wright，G. H.	71.520
Brand，W.	164.288	Oriental Cotton Spinning and Weaving Company	68.118
China Import and Export Lumber Company	150.668	China Land and Building Company	66.331
Osaka Shosen Kaisha	148.066	Moorhead，R. B. and Halse，S. J.	65.877
Mitsui Bussan Kaisha	127.741	McNeill，D. and Jones，L. E. P.	65.186
Hunter，H. E. R.	127.554	Hays，J.	63.742
Johnson，G. A. and Morriss，G.	117.610	Godo Cotton Spinning and Weaving Company	58.493
Lester，H.	116.442	Burkill，A. W.	54.150
South Manchurian Railway Company	112.038	Aglen，F. A.	53.413
Dai Nippon Boseki Kabushiki Kaisha	111.480	Noble，J.	53.379
Nippon Yusen Kaisha	103.958	Seventh Day Baptist Mission Society	50.279
Powell，S. J.	102.353	Davies，C. G. and Brooke，J. T. W.	47.364
Shanghai Municipal Council, Riverside Power Station	100.192	Yangtszepoo Cotton Mill	46.885
Algar，A. E.	96.227	Mission des Lazaristes	46.154
New Engineering and Shipbuilding Works	95.429	Mission Etrangères	44.807
Hanson，J. C. and Mcneill，D.	84.708	China Realty Company	44.540

续　表

业　　主	面积	业　　主	面积
Castrillo, G. Rev.	42.160	Dowdall, W. M.	32.103
White-Cooper, A. S. P. and Kawamura, K.	41.803	Mission du Kiangsi Oriental	29.647
Ezra, E. I.	40.347	Andersen Meyer and Company	29.465
Yangtsze Land and Finance Company	39.704	Shanghai Municipal Council, Gaol; Wayside Depot; Wayside Market	28.526
Raven Trust Company	38.028	Middleton, S. T. Mrs.	27.867
Liddell Bros. and Company	37.831	Clarke, B. A.	27.507
Laou Kung Mow Cotton Spinning and Weaving Company	37.357	Levinson, S.	27.131
Davies, C. G. and Thomas, C. W.	36.789	Moorhead, R. B.	26.699
Shanghai Municipal Council, Wayside Park	36.608	Missionary Society Corporation, London	26.359
Missions Belges	36.566	Shanghai Municipal Council, Electricity Dept(Security)	24.808
Miye Boseki Kaisha	36.464	Hanson, J. C. and Mcneill, D. and Jones, L. E. P.	24.298
Teesdale, J. H.	35.842	Macgregor, J. F.	23.194
Dowdall, C., Hanson, J. C. and Mcneill, D.	35.601	Tam Wa	22.559
Raven, F. J.	34.979	Kadoorie, E. Sir	22.119
Lester H., Johnson, G. A. and Morriss. G.	34.017	McKean, S. H.	21.686
Dowdall, C. and Hanson, J. C.	33.173	Fessenden S.	20.505
Platt, W. A. C., and Macleod, R.	32.894	Solomon, R. J.(estate)	20.108

资料来源：Shanghai Municipal Council, *Shanghai Land Assessment Schedule*, *International Settlement*, *Eastern*, *1920*。

综上所述，1911—1920 年期间，为公共租界东区曲折发展时期，具有如下的特征：

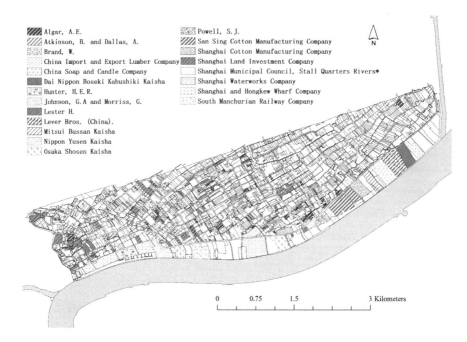

图 5-3-4　1920 年公共租界东区超 50 亩大地产商分布图

（1）从纳税土地总额来看，总体上呈上涨趋势。1920 年纳税土地总面积，比 1911 年增长了 19.6％，但增幅远低于 1900—1910 年间（61.43％）。特别是 1911—1916 年间，增速最慢。纳税土地的数量，1920 年比 1911 年增长 26.48％，也低于 1900—1911 年的增幅（1.134 倍）。

表 5-3-3　1911—1920 年公共租界东区的土地占有情况汇总　　单位:亩

	总面积	总地块数	总业主	20 亩以上		10—20 亩		10 亩以下	
1911	6724.315	1114	360	71	5361.207	37	546.311	252	816.797
1916	7264.254	1270	342	78	5919.651	41	601.945	223	742.658
1920	8042.381	1409	419	78	6302.751	59	852.782	282	886.848

（2）地产主的数量，呈现 1916 年下降，1920 年上升的变化特征。1920 年比 1911 年增长了 16.39％。从分布上看，20 亩以上的地产主，数量

变化不大,土地面积增幅较大。而变化最大的是 20 亩以下的中小型地产主,1916 年下降比较明显,特别是 10 亩以下的地产主,无论是数量还是面积,相比 1911 年均呈明显下降特征。而 1920 年中小型业主,无论是地产主的数量,还是占有土地增额,不仅超过 1916 年,甚至超过 1911 年的水平。

(3) 土地占有情况,与其他区的初期发展特征极为类似,即 20 亩以上的中大型地产主占有土地逐步上涨,1920 年比 1911 年增长了 17.56％,增幅低于 1900—1911 年(59.11％)。该类地产主拥有的土地总额,占该区总纳税土地的比例近 80％,略低于 1900—1911 年,也就是说土地垄断特征并未发生大的变化。

(4) 从地产主的国籍来看,以英国侨民占有土地最多,1916 年,英国侨民占有土地的数量占总数的 81.02％。1920 年又增至 81.12％。美国次之,1916 年美国侨民占有地块数占总数的 13.23％,1920 年略有下降,为 12.2％。也就是说,英美侨民占有地块数,占总数的 90％以上。其他国侨民比例较小,但也有变化,其中增长最快的是日本侨民,从 1911 年 5 宗148.353亩土地,到 1920 年增至 45 宗 828.755 亩土地,占有土地面积增长了 4.59 倍。

三、城市变迁:筑路与城市空间变迁

这一时期,公共东区的道路有了很大发展,新筑道路可参见这一时期的地籍图。这一时期公共租界东区筑路的特征是增加南北向道路的修筑,从而使原来的道路网络更加密集。具体而言,主要分布在以下几条道路的延伸:

(1) 库伦路的延长。1913 年 2 月 12 日领袖领事来信转达了陈贻范先生对正在进行的新路修建的抗议。在复信中,工部局有充分的理由说明,所提到的土地是在英国领事馆注册的,并正式出让给工部局作为筑路之用。这一事件不属中国当局权限之内的事。①

---

① 《工部局董事会会议录》,第 18 册,1913 年 2 月 12 日,第 645 页。

（2）狄思威路延伸。马海洋行的地册第49号和145号该行来信表示不满，暗示反对地产委员会拒不举行第三次听审会。总董和爱士拉先生从沙逊洋行经理尼西姆先生（他是该地产业主的真正代理）处查明上述信函，并未征得他的认可，而且违背了他的指示。尼西姆先生要求工部局对此事件不予理睬，会议决定对该信件不予答复。爱士拉先生和其他一些董事知道马海洋行的来信，表明了受到某些地产代理商和建筑师支持的一种动向，它直接反对地产委员会所采用的方法和做法。然而董事会认为迄今公众对地产委员会的工作一般是满意的。①

1911年11月5日，会议宣读了马海建筑工程公司就熙华德路的南北向延伸问题的来函。该公司竟声称，此公共道路穿过其土地的问题是该公司与中国政府之间所要谈判的问题，此事将首先由工务委员会加以增虑。②

（3）北扬子路。工程师建议，应让日本邮船会社得到现有道路的所有权，条件是他们应沿河修建一条50英尺宽的新路及一永久性河堤，并将让出40英尺宽的道路通过1010号册地延伸到黄浦路。还要支付把百老汇路和北扬子路之间的斐伦路拓宽到40英尺的费用。这项计划委托工务委员会研究，该委员会首先应去现场视察。③

1916年工部局年报指出："本年度最重要的修路工程是位于公共租界东区的新修道路。……建成的道路有：Urga Road，Wuchow Road，Hailar Road，East Yalu Road，Yuenfong Road，花费在这些工程上的开支看起来是合理的，其结果是促进了该地区的改善与增值。"Urga Road，即欧嘉路，今海伦路。Wuchow Road，即梧州路。Hailar Road，即海拉尔路，East Yalu Road，东鸭绿江路。④

---

① 《工部局董事会会议录》，第18册，1913年2月12日，第657页。
② 《工部局董事会会议录》，第18册，1911年11月5日，第567页。
③ 《工部局董事会会议录》，第19册，1916年10月25日，第685页。
④ Shanghai Municipal Council, *Report for the Year 1916 and Budget for the Year 1917*, Shanghai：Printed by Kelly & Walsh, Ld., Caton Road, 1917, p.213.

　　1917 年 5 月 23 日会议讨论并通过 5 月 21 日工务委员会会议记录,关于财政报告事宜在对支出报告所显示的结果进行评论时,爱士拉先生读出一连串比较重要的路名,这些道路都是根据去年起草的计划用碎石铺设的,会议得悉,支出的大部分是开辟东区而发生的。在草拟一份关于工部局对新建工程的政策说明书中,他申述道,目前通行的实例是只有在对面的房屋建设好之后,才由公家出资修建一条有 12 英尺宽的碎石路面的新路,他的意见获得工部局同意,认为在不久的将来,必然会在地区开辟之前,就答应以碎石铺路,这样可与法公董局所采取的措施相一致。①

　　(4) 东有恒路的延伸。1911 年 4 月 5 日,工务处工程师便函表明,有业主对筑路提出了抗议,英领第 7301 号册地,所涉及土地转让不超过 0.406 亩,以公告价格每亩 250 两计。会议认为此系小事,不值得提出抗议。②

　　(5) 华德路延伸。1911 年 7 月 5 日会议宣读了科发药房和基督复临安息日会来函,两函均提出希望能实现将此路继续向东区的乙小区延伸的计划。会议回顾了在 1909 年 11 月与领袖领事的有关通信。从来往函信件中可以看出,由于受到村民抗议,此路的修筑不得不推迟进行。董事会现准备为取得必需的土地而恢复谈判。在对后一申请者作出答复时将称,此次提出要求无偿交出土地,不像拉合尔路那样要对地产作出补偿。③

　　(6) 近胜路延伸。1911 年 4 月 5 日,董事会获知三德堂布龙神父希望此路延伸时与法线成直角。④1916 年 10 月 25 日董事会已将其答应近胜路合并的条件通知各位申请人,近胜路一部分在瑞镕造船厂地产内,一部分在老公茂纱厂地产内,以代替在第 2446 号册地东边 40 英尺的道路和码头。会议得悉,安布罗斯先生代表造船广曾以书面方式表示反对给所有要求补偿的人以补偿,又在口头上反对工务委员会新近批准的修改建议,这一建议

---

①　《工部局董事会会议录》,第 20 册,1917 年 5 月 23 日,第 624 页。
②④　《工部局董事会会议录》,第 18 册,1911 年 4 月 5 日,第 537 页。
③　《工部局董事会会议录》,第 18 册,1911 年 7 月 5 日,第 551 页。

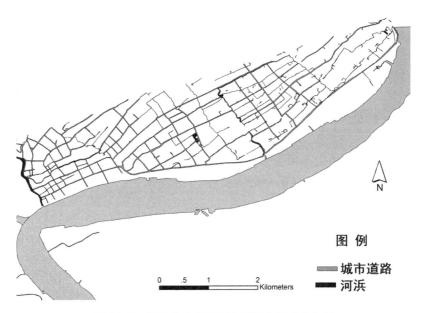

图 5-3-5　1916 年公共租界东区城市道路分布图

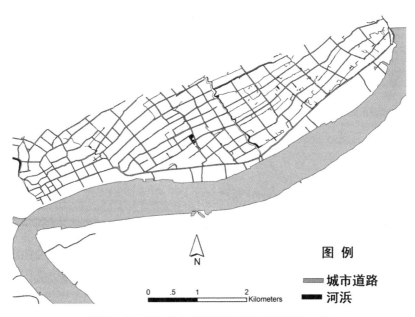

图 5-3-6　1921 年公共租界东区城市道路分布图

提出把补偿限于老公茂和怡和纱厂所提的要求。会议指出,由于怡和纱厂没有反对,并保证将不提出任何要求。造船厂也不会对工程师认为在某种情况下可以办到的要求,反对补偿,董事会自应等待书面答复。如果老公茂纱厂在答复瑞瑢造船厂函件中,提出任何反对意见,董事会将考虑今后如何处理。①

　　从区域开发来看,这一时期,朱家浜以东至杨树浦一带,成为发展最快的地区。这一地区的开发始于1900年。在1900年之前,除了黄浦江与杨树浦路之间的地区被开辟为码头、货栈区之外,杨树浦以北的地区,还是大片的河浜圩田区。东西向河流,自北而南有:Seou Zar Pang 东段、新记浜东段、Pok Sin Pang, Nan Sin Ka Pang, Char Ka Pang, Lu Wan Pang, Ma Kong, Dur Wan Pang, Yang Ka Za Pang, Chu Ka Pang, Moo Ka Pang 等多条河流;南北向河流,有杨家浜、周家浜。道契册地,很少,多沿河分布,仅限于朱家浜、公平路以东的附近地区。

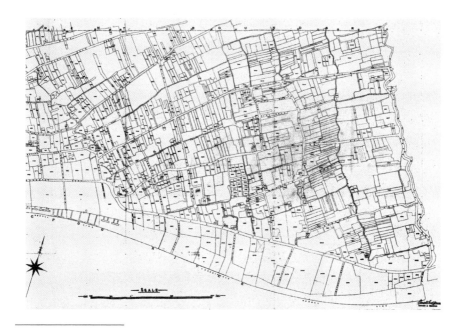

---

① 《工部局董事会会议录》,第19册,1916年10月25日,第685页。

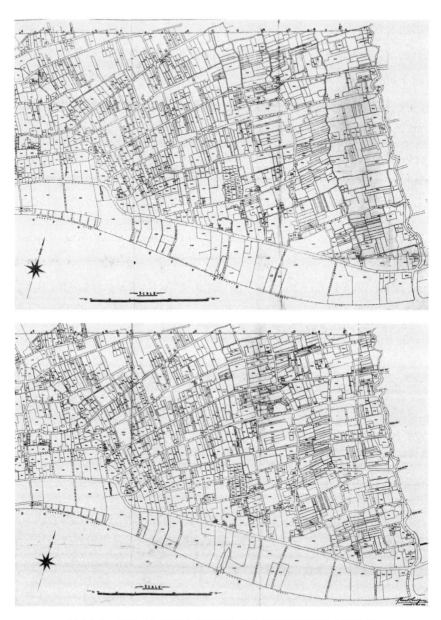

图 5-3-7　1911 年、1916 年和 1920 年朱家浜至杨树浦之间地区

　　1900—1907 年,这一地区因新筑两条东西向道路开始了城市化进程:塘
山路,自新记浜岸路向东北延伸至北界;华德路(Ward Road),连接西华德路与

杨树浦之间的东西向干道。这两条道路，并非填浜筑路，而是均位于两条东西向河浜之间，打破了这一地区的圩田结构。这两条道路修筑之后，道路两侧的圩田，很快被洋商租去。沿路形成了道契册地分布带。当时还没有一条南北贯通的道路，只有一条韬朋路（Thorburn Road，今通北路）。这条道路在1899 年还未修筑，1907 年仅修筑南段，自杨树浦路至 Lur Wan Pang。另外，还有 Macgregor Road，Danly Road，Jansen Road 等几条很短的南北向道路。相比 1899 年，1907 年道契册地的分布明显增多了，特别是新筑路附近。

1907—1911 年，东西向道路又新增了多条：岳州路（Yochow Road）、东鸭绿路（East Yalu Road）、培开尔路（Baikal Road）；南北向道路新增了一条南北贯通的大连湾路（Dalny Road，今大连路），还有向北延伸至华德路的韬朋路，以及新筑的连接杨树浦路与华德路之间的华盛路。道契册地的分布，主要集中在华盛路以西地区。南北向与东西向的道路，构成街区的雏形。

1911—1916 年，最重要的变化是，区内的大部分河浜被填埋修筑成城市道路。昆明路（Kwenming Road），就是计划填筑"Pok Zar Ka Pang"修筑。1911 年，工部局开始沿从河浜西段填埋筑路，到 1916 年，填埋筑路至大连湾路以东。汇山路（Wayside Road），就是填埋"Char Ka Pang"修筑而成。1907 年，工部局开始沿从河浜西段填埋筑路。1911—1916 年，工部局将整条河浜全部填埋筑路，使汇山路西连百老汇路，东达杨树浦。华盛路，就是填筑"Yang Ka Pang"，即杨家浜修筑而成。1911—1916 年，工部局自杨树浦路自南而北填埋河浜筑路，向北修至华德路。巴特维亚路（Batavia Road），开始修筑于 1911 年，1911—1916 年改名为 Pingliang Road，即平凉路，杨树浦路至华盛路之前的路段竣工。

1916—1920 年，该地区仅剩余的几个河流，全部被填埋筑路。最长的一条南北向河浜——周家浜，被填埋筑成了齐物浦路（Chemulpo Road，今江浦路）。昆明路，系填浜筑路，向东延长至杨树浦。平凉路，1916—1920 年向东延长至杨树浦。平凉路南面的一条东西向河浜，在 1916—

1920 年被填埋筑路，修成了扬州路(Yang Chow Road)。

除此之外，这一时期，工部局对原有的道路网络进一步加密，比如在齐物浦路与杨树浦之间修筑了齐齐哈尔路；在平凉路与杨树浦路之间修筑了榆林路(Yulin Road)、TanYang Road，Funing Road 等；在东鸭绿路与塘山路之间，延长修筑了余杭路。

第四节　1921—1933 年的城乡变迁与土地占有情况

一、1924 年东区土地评估、地籍图册及主要内容

1924 年，工部局对公共租界东区的地产进行了测量和评估，并编制了1924 年公共租界东区土地估价表。笔者对 1924 年公共租界东区土地估价表进行统计分析，得出以下几点认识：

1924 年公共租界东区土地评估表中有 1611 宗，比 1920 年增加 202 宗，计 8889.691 亩，8042.381 亩，比 1920 年增 9.53％。平均每宗地产的面积为5.518 亩。各领事馆登记情况如下：英国领事馆：1283 宗，6272.309 亩(1920：1143 宗，6113.84 亩)；美国领事馆：186 宗，667.9274 亩(1920：172宗，694.932 亩)；日本领事馆：93 宗，1705.877 亩(1920：45 宗，828.755 亩)；德国领事馆：5 宗，96.031 亩；意大利领事馆：5 宗，11.915 亩；法国领事馆：23 宗，112.245 亩(1920：12 宗，31.41 亩)；挪威领事馆：2 宗 6.159 亩，葡萄牙领事馆：1 宗，1.789 亩。西班牙领事馆：3 宗，4.288 亩。比利时领事馆：2宗，3.025 亩，瑞典领事馆：1 宗，0.739 亩。荷兰领事馆 2 份，3.116 亩。瑞士领事馆，7 宗，8.012 亩。丹麦 1 宗，3.159 亩。增长最多的是英、日领事馆登记土地。特别是日本领事馆登记的地产，比 1920 年增加。

地产业主 345 人，比 1920 年少 74 人。人均占有土地 25.767 亩，比1920 年多 6.575 亩。其中 20 亩以上的地产主有 80 人，比 1920 年多 2 人，

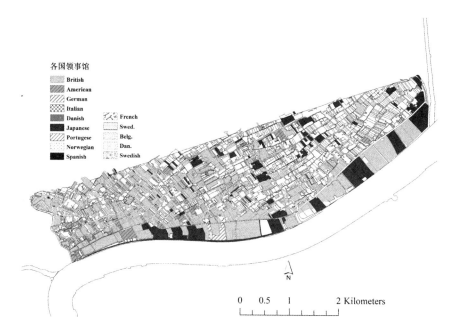

各国领事馆

British
American
German
Italian
Danish
Japanese
Portugese
Norwegian
Spanish

French
Swed.
Belg.
Dan.
Swedish

0　0.5　1　　2 Kilometers

N

图 5-4-1　1924 年公共租界东区各国领事馆道契册地分布

占有土地 7417.644 亩(比 1920 年多 1114.893 亩,增张 17.69%),占该区总纳税土地的 83.44%(比 1920 年增 5.07%)。其中百亩以上的地产主,增至25 人(比 1920 年增 3 人),占有 5210.218 亩(比 1920 年增 38.9%),占该区所有纳税土地的 58.6%(比 1920 年涨 11.96%)。

　　本年度工部局名义购买的土地,496.842 亩,排第一。业广地产公司,列次席,通和行,列第三。相比 1920 年,此三家的土地总数均有上涨,其中以工部局购地最多,主要用于基础设施建设。紧随其后的是日商上海纺织株式会社。1922 年在杨树浦建新厂,1924 年该业主的土地达到 325.841 亩,比 1920 年增长 151.734 亩。此外爱尔德洋行、W. Brandt,相比 1920 年,均有增长。而上海自来水公司、公和祥码头公司、日商 Osaka Shosen Kaisha、Mitsui Bussan Kaisha,相比 1920 年,则土地减少。

　　新增的百亩地产商,主要是工厂企业的有 Toyo Cotton Spinning Company、怡和纱厂、汇丰银行、永安公司、德商瑞镕船厂、新瑞和。其中以纺织业的百亩地产主有 3 家，另有造船、航运、百货等各类企业，以及大地产商和大银行。从国别看，日商表现了强劲的实力，地产在百亩以上的日商企业达 7 家之多。

这一时期也有一些 1920 年度的百亩大地产商，本年度地产降至百亩以下：China Import and Export Lumber Company 从 1920 年的 150.668 亩，至 1924 年已不复存在。"G. A. Johnson and G. Morriss"，相比 1924 年减少了 20 余亩，另外"S. J. Powell"，1920 年有 102.353 亩土地，1924 年仅存 43.241 亩。

另外，50—100 亩以上的地产主有 15 个，20—50 亩的地产主有 40 人，总数比 1920 年接近。

10—20 亩的土地业主人数 51 人，占有 732.461 亩，相比 1920 年，无论是人数，还是占有土地总数，明显减少了。

10 亩以下的地产主人数 214 人，占有 739.588 亩，人均占有土地 3.456 亩，无论是人数还是土地，均低于 1920 年水平。

表 5-4-1　1924 年公共租界东区总面积超 20 亩的地产统计表　　单位：亩

业　主	面积	业　主	面积
Shanghai Municipal Council. 工部局	496.842	San Sing Cotton Manufacturing Company(1923)英商三新纺织有限公司	270.264
Shanghai Land Investment Company 上海业广地产公司	428.893	Brandt, W. 白兰泰	258.742
Atkinson, B. and Dallas, A. 通和行	348.105	Shanghai and Hongkew Wharf Company 公和祥码头	253.034
Shanghai Cotton Manufacturing Company 日商上海纺织株式会社	325.841	Toyo Cotton Spinning Company 东洋纺织株式会社裕丰纱厂	220.920
Algar and Company 爱尔德	316.342	Ewo Cotton Mills 英商怡和各纱厂有限公司	168.241
Shanghai Waterworks Company 上海自来水厂	277.718	Hongkong and Shanghai Banking Corparation 汇丰银行	166.958

续　表

业　主	面积	业　主	面积
Lever Brothers(China)英商驻华利华肥皂有限公司	160.074	Hays，J.	63.742
China Soap and Candle Company 白礼氏洋烛公司/中国肥皂洋烛有限公司	160.073	Godo Cotton Spinning and Weaving Company	58.383
Mcneill，D. and Wright，G. H.	152.016	Tokwa Boseki Kaisha	58.030
Nippon Yusen Kaisha 日商邮船公司	146.815	Aglen，F. A.	56.976
Osaka Shosen Kaisha 大阪商船株式会社/大阪商船会社	142.399	Raven，F. J.	55.396
Dai Nippon Boseki Kabushiki Kaisha 大日本贸易合资会社	129.556	Burkill，A. W.	53.109
Mitsui Bussan Kaisha 三井	123.749	Seventh Day Adventists	51.176
Wing On Company 永安公司	115.880	Mckean，S. H.	51.010
New Engineering and Ship-building Works 瑞瑢船厂	113.675	Missions Etrangères 外方传教会	50.807
South Manchuria Railway Company	112.038	Hanson，J. C. and McNeill，D.	46.048
Davies，C. G. and Brooke，J. T. W. 新瑞和	109.782	Powell，S. J.	43.241
Lester，H. 雷士德	108.202	Castrillo，G.(Rev.)	42.678
Hunter，H. E. R.	104.059	Moorhead，R. B. and Halse，S. J.	39.321
Mission du Kiangnan 江南教会	97.583	Lester，H.，Johnson，G. A. and Morriss，G.	39.117
Johnson，G. A. and Morriss，G.	90.130	Mission des Lazaristes	37.943
McNeill，D.，Wright，G. H. and Holborow，A. C.	78.040	Missions Belges	37.590
Meiji Seito Kaisha	76.734	Laou Kung Mow Cotton Spinning and Weaving Company	37.357
Oriental Cotton Spinning and Weaving Company	68.118	Hanbury，D.	37.348
Algar，A. E. 爱尔德	63.935	East Asia Industrial Company	36.473

续　表

业　　主	面积	业　　主	面积
China Realty Company	35.387	Gregson，R. E. S. and Ward，H. L.	27.094
Crédit Foncier d'Extrême-Orient 义品放款银行	34.956	London Missionary Society Corporation	26.822
McNeill，D. and Jones，L. E. P.	34.682	Levinson，S.	26.548
Shanghai Electric Constuction Company	33.842	East Asia Spinning Company	26.228
Dowdall，C.，Hanson，J. C. and McNeill，D.	33.340	Caldbeck，Macgregor and Company	26.114
White-Cooper，A. S. P. and Oppe，H. S.	33.201	Raven Trust Company	25.943
Tsunoda，Y.	31.956	Platt，W. A. C. and Macleod，R. N.	24.650
Brandt，W. and Rodgers，W. L.，Limited	31.817	Moorhead，R. B.	24.616
Salmon，J. E.	31.110	Luthy，C.	23.481
Master，R. F. C. and Harris，M. R.	30.601	Jardine，Matheson and Company	23.240
Liddell Brothers and Company	30.000	Sakurai，S.	23.196
Davies，C. G. and Thomas，C. W.	29.848	Evans，A. M. A.	21.688
Andersen，Meyer and Company	29.465	Fessenden，S.	21.662
Dowdall，C. and Hanson，J. C.	27.644	Mackie，R. N. and Gregson，R. E. S.	20.493
Clarke，B. A.	27.152	Burkill，C. R.	20.365

资料来源:Shanghai Municipal Council，*Shanghai Land Assessment Schedule*，*Eastern District*，*1924*。

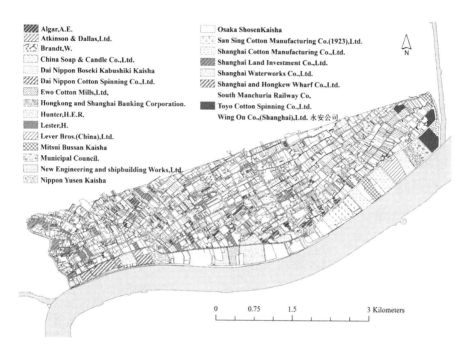

图 5-4-2　1924 年公共租界东区超 100 亩大地产商分布图

二、1930 年东区土地评估、地籍图册及主要内容

　　1930 年公共租界东区土地评估[①]，包含了地籍图和土地估价表。土地估价表包括领事馆地块索引表和主表。地籍图分为分图 A 和分图 B 两幅，两幅地图基本以杨树浦为界：分图 A，自虹口港至杨树浦，分图 B 为杨树浦以东地区。其中分图 A 图名"Cadastral Plan of Section A，Eastern District，Foreign Settlement of Shanghai，1930"，分图 B 图名"Cadastral Plan of Section A，Eastern District，Foreign Settlement of Shanghai，1930"，均有工部局工程处专员的签名。

　　备忘录里指出，该地区的所有土地，包括免税土地，总计 9880.922 亩土

---

① Shanghai Municipal Council, *Land Assessment Schedule*, *Eastern District*, *1930*, Shanghai： Printed by the Franklin Press, 1931.

地,所有的土地估价综合为117231733银两。

各国领事馆登记土地如下：英国领事馆有1419份道契,5837.996亩土地,分布甚广；日本领事馆,158份土地,共1958.869亩土地,主要分布在杨树浦附近,杨树浦以东以及黄浦江滨江一带；美国领事馆,236份道契,878.029亩土地；法国领事馆,134份道契,共278.706亩土地；比利时领事馆15份道契,53.765亩土地；瑞士领事馆20份道契,45.852亩土地；意大利3份道契,6.07亩土地；丹麦,1份道契3.159亩；西班牙领事馆,2份道契,2.143亩土地；葡萄牙领事馆,1份道契,1.439亩土地；德国领事馆,2份道契,1.245亩；还有工部局注册的3份土地,10.784亩。另外,有17块土地为未注册土地,共计67.622亩。

本年度该地区共有土地业主481个,比1920年增加62个。其中20亩以上的地产主共有94个,比1920年增加16个。20亩以上的业主,占有1394块土地,共8206亩,占总数的83.05%。其中百亩以上的地产主有24个,共4934.493亩,占总数的49.94%。

下文将按照地产商的身份功能或者洋行的性质来分别介绍：

1. 工厂企业。这也是东区的特色,大地产商以工厂企业为主。工厂企业又以日商为主,占地二十亩以上的日商企业主要包括：上海纺织株式会社、裕丰棉纺织公司、三井洋行、"南满洲铁道株式会社"、日本邮船公司、大阪商船会社、上海商船会社(Cad.2382)等重要日商机构。除了日商,还有公和祥码头公司、怡和纱厂、上海自来水厂、上海电力公司、大英烟公司、英商中国肥皂有限公司、英商亚细亚火油公司等英美洋行,主要分布在沿江,以及杨树浦路以东的区域,这些洋行在上海占有重要的地位。

日商上海纺织株式会社(Shanghai Cotton Manufacturing Company),又称钟渊公大公司。1902年,三井物产会社上海支店长山本条太郎收买上海兴泰纱厂,1906年又兼并上海大纯纱厂,至1907年成立上海纺织株式会社,隶属三井财团的日本钟渊纺织株式会社。1914 年在沪资本达 200 万两。①原华商兴泰纱厂为上海纺织株式会社第一厂,原华商大纯纱厂为第二厂。1930 年度以 34 块土地,共 408.697 亩,超越上海业广地产公司,跃居该区第一。这些土地大部分用于建造厂房、配套场地、仓库等工业用地,以及职工宿舍等相应生活配套的用地。平均每块地产的面积为 12.0205 亩,土地价格普遍较低,平均每亩为 4918 银两。上海纺织株式会社的地产,主要位于杨树浦沿岸、黄浦江边岸和平凉路、河间路之间。位于黄浦滨江的Cad.6015,面积 110.08 亩,为上海纺织株式会社的第二三工场,即原华商大纯纱厂的厂址。

表 5-4-2　1930 年公共租界东区面积超 20 亩的地产主统计表　　单位:亩

姓　名	面积	地块数	姓　名	面积	地块数
Shanghai Cotton Manu-facturing Company 上海纺织会社	408.697	34	China Realty Co., Fed. Inc., U.S.A 中国营业公司	245.628	101
Shanghai Land Invest-ment Company 上海业广地产公司	399.714	63	Shanghai Power Com-pany 上海电力公司	218.876	14
Algar and Company 爱尔德洋行	343.993	126	Brandt, W. and Rod-gers, W. L. 英商泰利有限公司	214.369	109
Shanghai Waterworks Company 上海自来水厂	310.806	4	Dai Nippon Boseki Ka-bushiki 大日本纺织株式会社	204.538	11
Yu Fong Cotton Spining Company 裕丰纱厂	296.636	13	Hongkong and Shang-hai Banking Corpora-tion 汇丰银行	193.318	25
San Sing Cotton Manu-facturing Co., (1923), Ltd.三新纱厂	270.264	1	Brandt W.泰来白	179.210	101
Shanghai and Hongkew Wharf Company 公和祥码头公司	252.891	4	Ewo Cotton Mills 怡和纱厂	168.241	3

---

① 郑天挺、谭其骧主编:《中国历史大辞典》,上海辞书出版社 2010 年版,第 167 页。

续　表

姓　名	面积	地块数	姓　名	面积	地块数
Glycerine，Ltd.甘油公司	160.074	1	Lester，H.(estate)德和	86.007	10
China Soap Com.，Ltd. 英商中国肥皂有限公司	159.186	1	Meiji Seito Kaisha，Ltd. 明治	85.309	3
Atkinson，B. & Dallas，Ltd.通和行	294.468	109	Asia Realty Company，Fed Inc.普益地产公司	84.863	37
Johnson G. A. and Morriss G.	141.919	34	Luthy，C.罗德	83.355	39
Hunter，H. E. R.(estate)	125.709	2	Wright G. H. and A. C. Holborow	81.228	31
Wing On Company 永安公司	125.170	12	Nippon Yusen Kaisha 日本邮船公司	81.221	1
Mitsui Bussan Kaisha 三井洋行	121.069	5	Dong Shing Spinning and Weaving Company 同兴纱厂	79.119	3
South Manchuria Railway Company"南满洲铁道株式会社"	112.038	1	McNeill，D.，Wright，G. H. and Holborow，A. C.	77.911	32
McNeill D. and Wright G. H.	109.129	25	British Cigarette Co.，Ltd. 大英烟公司	77.715	5
Shanghai Municipal Council Eastern District Depot	108.836	1	Shanghai Municipal Council Surplus Land，Yangtszepoo and Chemulpo Roads	76.169	1
Davies，C. G. and Brooke，J. T. W.新瑞和	105.190	54	Missions Belges 普爱堂	67.594	14
Mission of Kiangnan，Catholle	94.372	13	Osaka Shosen Kaisha 大阪商船会社	67.192	1
New Engincering and Shipbuilding Works	94.120	2	Master，R. F. C. and Harris，M. R.	66.329	18
Crédit Foncier d'Extrême-Orient 义品放款银行	90.930	44	Shanghai Municipal Council Ward Road Goal and Police Hospital	62.708	1

续　表

姓　名	面积	地块数	姓　名	面积	地块数
Hays, J.(estate)	61.986	3	Castrillo, Rev. G.	33.656	8
F. W. Maze	56.133	3	Preston, A. M. and Wing, T.	32.212	4
Missions Etrangères, Societe des 三德堂	55.340	4	Moorhead, R. B. and Halse, S. J.	31.166	17
Seven Day Adventists, General Conference Corporation of the	54.595	3	Sassoon E. D. and Company	30.867	2
Gregson, R. E. S. and Ward, H. I.	50.820	6	Powell, S. J.	30.515	14
Shanghai Silk Spinning Company	48.494	5	Salmon, J. C.	30.035	12
Yokohama Specie Bank 横滨正金银行	44.956	1	Liddell Bros. and Company	30.000	2
Tokwa Boseki Kaisha	44.601	3	Dowdall, C., and Hanson, J. C. and McNeill, D.	29.039	5
Abraham, D. E. J.	44.088	8	White-Cooper, A. S. P. and Oppe, H. S.	28.914	2
Crédit Franco-Chinois 中法银公司	43.252	28	Sincere Company 先施公司	28.802	3
Murakami, T.	41.877	9	Hanson J. C. and Me Neil D.	28.193	10
Asiatic Petroleum Company,(N. C.)英商亚细亚火油公司	40.599	3	Dowdall, C. and Hanson, J. C.	27.938	3
McKean, S. H.(estate)	39.824	19	McNeill, D. and Jones, L. E. P.	27.574	8
Mission des Lazaristes, Congregation	36.707	4	Missonary Society Corporation, London	26.822	1
Shanghai Municipal Council Wayside Park	36.608	1	Andersen, Meyer and Company	26.335	1
Rollo, B. F. and Rowlatt, J. F.	35.226	2	Fleming, W. S.	26.136	11

续 表

姓　名	面积	地块数	姓　名	面积	地块数
Caldbeck, Macgregor and Company	26.114	1	Moorhead, R. B.	23.290	10
Lester, H., Johnson, G. A. and Morriss, G.	25.424	7	Jardine Matheson & Co., Ltd.	23.240	2
Shanghai Municipal Council Chih Kwei School/Shanghai Municipal Council Primary School for Chinese, Kinchow Road	25.370	1	Marukawa Shoji Kaiha	23.196	1
American Drug Company, (Kofa) Fed. Inc., U.S.A.	25.205	2	Shanghai Municipal Council New Slaughter House Site	23.050	2
Macleod, R. N. and Gregson, R. E. S.	25.135	7	International Savings Society 万国储蓄会	21.458	2
Marden & Co., Ltd. G. E.	24.134	4	East Asia Industrial Company	20.487	3
Macleod, R. N., Gregson, R. E. S. and Ward, H. L.	23.738	7	Davies, C. G. and Thomas, C. W.	20.417	12

资料来源:《1930 年公共租界东区土地估价表》。

　　裕丰纺织株式会社,又称裕丰纱厂,1922 年 8 月,日本东洋纺织株式会社在杨树浦路建造的纱厂,配备细纱锭 25600 枚,线锭 15488 枚。1923 年 5 月,东洋纺织株式会社以资本 1000 万日元在华独立成立裕丰纺织株式会社,专事该厂经营,并于 8 月增设第二厂。1930 年 10 月,又增设第三厂。[①]在 1930 年公共租界东区土地估价表上,裕丰纱厂在东区占有 13 块地产,共计 296.636 亩土地,是当时日商中仅次于上海纺织株式会社的大工厂。裕丰纱厂主要位于东区的最东段,靠近复兴岛。该纱厂最大的一块地

① 杜恂诚:《日本在近代中国的投资》,上海社会科学院出版社 2019 年版,第 177—178 页。

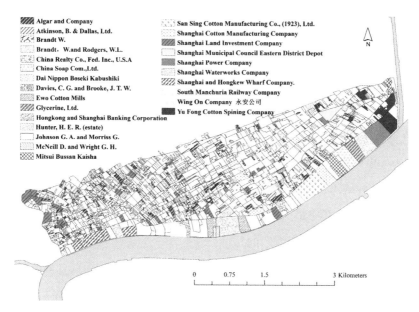

图 5-4-3　1930 年公共租界东区超 50 亩大地产商分布图

产位于黄浦滨江,Cad.6060,共计 130.759 亩土地,为该工厂的主厂区。与该地相连的另外两块地产,Cad.6122 和 Cad.6070,面积分别为 34.997 亩和51.828 亩,位于杨树浦路以北,为该厂的另外两个场区。整体规模在 200 亩以上,为当时上海一个规模较大的工厂区。

三新纱厂(San Sing Cotton Manufacturing Co.),位于黄浦江滨岸,只有1 块土地,Cad.6013,面积 270.264 亩。[1]该工厂原系 1893 年盛宣怀在原上海机器织布局原址上兴建的华盛纺织总厂。1894 年 9 月开工。1913 年改名三新纱厂,后因经营不善,将该厂抵押给汇丰银行。后美商中国营业公司从汇丰银行赎出[2],将土地卖给大来。1931 年 4 月,荣宗敬以 40 万两买下厂

---

[1]　很多文献认为该厂 240 亩土地,并不准确。

[2]　也有文献称,是由浙商李馥荪等以 120 万两从汇丰银行赎回,然后以每亩三万两转售给大来洋行。大来洋行只要地皮不要厂房,李馥荪以 40 万两寻找买主。荣氏兄弟以极低价格收购了厂房,但土地仍归大来。详见陆阳、沈云福:《激荡岁月:锡商 1895—1956》(上),团结出版社2015 年版,第 197 页。

房和机器,改名申新第九纺织厂。[①]1932 年,租期已至,土地归大来。当地的地图上仍标为三新纱厂,行名录上标为英商三新纱厂。

大日本纺织株式会社(Dai Nippon Boseki Kabushiki),成立于 1889 年 6 月,日本大阪市东区安土町二丁目,1921 年 4 月在上海设立分店,位于四川路 220 号。1922 年大日本纺织株式会社在杨树浦腾越路建大康纱厂一厂,1923 年设立大康纱厂二厂。[②]大康纱厂,职员 28 人,每年出纱 57754 捆,出布 29400 匹(工作三个月)。[③]1930 年,该会社在东区占有 11 块地产,共计 204.538 亩土地,其中最大的一块地产,Cad.6037,占地 111.48 亩,位于黄浦滨江的腾越路,即为大康纱厂的厂址。

同兴纱厂,即同兴纺织株式会社,1920 年 5 月设于上海。同年成立同兴一厂,1924 年成立同兴二厂。到 1930 年,同兴纱厂在东区共有 3 块土地,Cad.6020,Cad.6740 和 Cad.6812,总计 79.119 亩。其中 Cad.6020,位于滨江,面积 58.383 亩,为同兴纱厂一厂的厂址。

除了外国企业,中国的永安公司,以 12 块地产 125.17 亩土地,首次列入本区百亩以上的大地产主行列。其地产位于杨树浦、黄浦江滨岸(Cad.6012,三新纱厂西侧)。还有先施公司,在东区占有 3 块土地共 28.802 亩土地,主要位于东长治路和大连路附近(Cad.1849 和 Cad.1900)。

2. 房地产商。这一时期,公共租界东区的地产商明显增多,在地籍表上姓名中带有 estate,即房地产商的有"J. Ambrose""G. H. Bevis""J. Buchanan""A. Dallas""J. Flood""E. W. Godfrey""P. W. Godfrey""J. W. Grande""J. Hays""H. E. R. Hunter""G. Kingsmill""T. W. Kingsmill""S. H. McKean""A. Myburgh""P. Piry""J. Prentice""F. W. Rawsthorne""P. O'Brien

---

① 《中国近代纺织史》编辑委员会编:《中国近代纺织史下 1840—1949》,中国纺织出版社 1997 年版,第 241 页。
② 杜恂诚:《日本在近代中国的投资》,第 176—177 页。
③ 上海市档案馆编:《日本在华中经济掠夺史料 1937—1945》,上海书店出版社 2005 年版,第 31 页。

Twigg""A. S. Wilson"等,还有专门的房地产公司,其中重要的有:英商上海业广地产公司、爱尔德洋行、中国营业地产公司、新瑞和、德和、普益地产公司、马海洋行、"Shanghai Finance and Real Estate Company"等地产商公司,这些地产公司都是当时上海具有相当势力的房地产商。

上海业广地产公司,以 63 块共 399.714 亩土地,主要分布在虹口浜东侧沿浜一带、杨树浦滨岸,以及两河之间的区域,其中以虹口浜东侧的区域最为集中。

爱尔德,在东区的地产,仅次于上海业广地产公司,在房地产业界位列第二。该行,包括爱尔德本人、爱尔德洋行和爱尔德合伙人在内,在东区共拥有 145 块土地,共计 390.314 亩土地。爱尔德洋行在东区的地产分布甚广,主要分布如东熙华德路(今东长治路)、杨树浦路、平凉路、河间路等主干道附近。

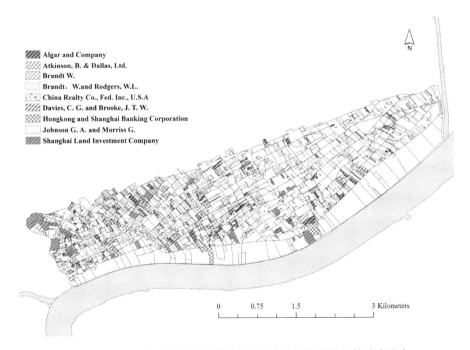

图 5-4-4　1930 年公共租界东区重要房地产商和银行公司的地产分布

中国营业地产公司,为美商房地产商,其地产主要分布在公共租界东区和法租界。在公共租界东区的地产,1930 年共占有 101 块地产,共245.628亩土地,仅次于英商通和行和英商新瑞和洋行。中国营业地产公司的地产在东区分布甚广,比较分散,大部分沿主干道分布。

英商新瑞和洋行,在东区占有 54 块地产,共计 105.19 亩土地,其地产分布主要集中在虹口浜以东的区域,杨树浦以东地区分布不多。

3. 银行业。占地较多重要的银行业有:义品放款银行、中法银公司、万国储蓄会、横滨正金银行等。前两者占地数量较多,而两者占地数量较少,可推测,前两者的土地主要是从事房地产交易,后者的土地是营业使用。

义品放款银行,1930 年,在东区占有 45 份地产,共 91.429 亩土地。其地产主要分布在虹口浜以东、杨树浦路以西的地区。

中法银公司,1930 年,在东区占有 28 份产地,共 43.252 亩土地。其地产比较集中,主要分布在杨树浦以东地区。

4. 律师事务所,主要是高易律师行。根据上表统计可知,高易律师行主要以"C. Dowdall, J. C. Hanson and D. McNeil""J. C. Hanson and D. McNeil""C. Dowdall and J. C. Hanson""D. McNeil and L. E. P. Jones""D. McNeil and G. H. Wright"的名义租地,共计 51 块地产总面积达 221.873 亩土地。其地产分布较为分散,但主要集中在虹口浜以东、杨树浦以西的区域,杨树浦以东地区较少。

5. 其他地产主。在其他地产主中,教会在东区占有相当多的土地,其中以普爱堂和三德堂占地最多,两者共占有 18 块地产,面积总计 122.934 亩土地。

三、1933 年东区土地评估、地籍图册及主要内容

1933 年,工部局对公共租界东区的地产进行了测量和评估,并编制了1933 年公共租界东区土地估价表。笔者对 1933 年公共租界东区土地估价表进行统计分析,得出以下几点认识:

1. 1933 年公共租界东区土地评估表中有 2158 宗地产,计10012.262亩,平均每宗地产的面积为 4.6418 亩。

2. 各领事馆登记情况如下:英国领事馆:1468 宗,5915.875 亩(1924:1283 宗,6272.309 亩);美国领事馆:258 宗,955.503 亩(1924:186 宗,667.9274 亩);日本领事馆:142宗,1858.774 亩(1924:93 宗,1705.877 亩);德国领事馆:5 宗,6.959 亩,意大利领事馆:5 宗,12.544 亩,法国领事馆:162 宗,354.554 亩(1924:23 宗,112.245 亩);挪威领事馆:2 宗 6.159 亩,葡萄牙领事馆:1 宗,1.789 亩。西班牙领事馆:2 宗,2.143 亩。比利时领事馆:13 宗,42.068 亩,瑞典领事馆:1 宗,0.739 亩。荷兰领事馆 2 份,3.116 亩。瑞士领事馆,22 宗,57.564 亩(1924:7 宗,8.012 亩)。丹麦 1 宗,3.159 亩。工部局注册:5 宗,0.443 亩土地另一些地产,系多个地块组成,涉及多个土地登记的领事馆,共计 47 宗,630.476 亩土地。未注册的土地有 25 宗,计

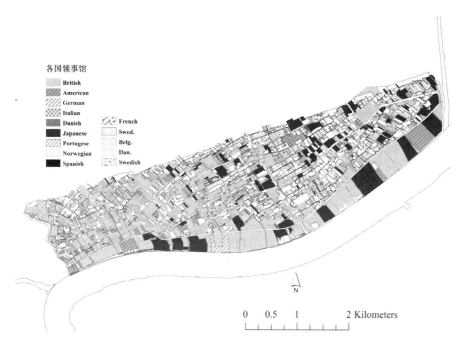

图 5-4-5　1933 年公共租界东区各国领事馆道契册地分布

77.915 亩土地。其中,增长较为明显的是美、日、法三国,英国领事馆登记土地数量有所增加,但土地面积明显减少。

3. 地产业主 432 人,人均占有土地 23.17 亩,25.767 亩。其中 20 亩以上的地产主有 92 人,占有土地 8493.994 亩,占该区总纳税土地的 84.84%。

(1)百亩以上的地产主,增至 26 人(比 1930 年增 2 人),占有 5651.455亩,占该区所有纳税土地的 56.45%。这一时期该地区百亩以上的大地产商,仍以房地产商和工厂企业为主,其中房地产商的数量明显增多了。英商上海业广地产公司以占有 631.148 亩土地保持第一,土地面积比 1930 年土地增加了 57.9%,增长最为显著。另外中国营业地产公司,1930 年,该公司在东区的土地为 245.628 亩,1933 年增至 308.813 亩,土地数量从 101 块到 116 块。通和行,1930 年为 109 块地产,294.468 亩土地,1933 年增至 119 块,324.694 亩土地。英商泰利地产公司,从 1930 年 214.369 亩,到 1933 年增至 245.756 亩。

新增百亩大地产商 3 个:义品放款银行,从 1930 年的 90.93 亩,至1933 年增至 121.07 亩土地。普益地产公司,从 1930 年的 84.863 亩,到1933 年增至 116.615 亩。"G. H. Wright and A. C. Holborow",从 1930 年的 81.228 亩,到 1933 年增至 172.727 亩,增长了 1.13 倍。

也有一些地产商数量减少,甚至退出百亩地产主行列:汇丰银行在东区的地产,1930 年为 193.318 亩,1933 年减至 159.303 亩。三新纱厂,1930 年在土地估价表上为 270.264 亩,而在 1933 年则不见该地产商。该土地Cad.6013,在 1933 年归上海业广地产公司所有。

(2)50—100 亩以上的地产主有 15 个,中国建业地产公司(Foncière and Immobilière de Chine),是新增的超 50 亩大地产公司。该公司由法国万国储蓄会成立于 1920 年 12 月。该地产公司最先在法租界经营房地产交易,之后又进军公共租界。1930 年该地产公司在公共租界东区尚无地产,但是到了 1933 年就拥有了 30 块地产,共计 64.088 亩土地,土地总价值达457324 银两,短短三年内拥有如此多的土地,可谓奇迹。

（3）20—50 亩的地产主有 40 人。有一些地产商已退出了 20 亩以上的大地产主行列，主要包括：“B. F. Rollo and J. F. Rowlatt”，1930 年原有 35.226 亩土地。这些土地在 1933 年归“G. H. Wright and A. C. Holborow”所有。“T. Murakami”，1930 年有 41.877 亩土地，1933 年仅剩 15.961 亩土地，其他两块土地计 20.9 亩，归该业主与合伙人“T. Murakami and O. Okamoto”“T. Murakami and H. Takata”所有。“G. E. Marden & Co., Ltd.”，1930 年有 24.134 亩土地，1933 年仅剩 16.896 亩，另外两块共 1.898 亩土地，卖给了“Maitland and Company”。“East Asia Industrial Company”，1930 年共 3 块土地，面积 20.487 亩，1933 年仅剩 1 块 13.002 亩，其他两块卖给了“China Soap Company”。

新增的 20 亩以上的大地产商有：“C. P. Holcomb”“O. Okamoto”“Raven Trust Company”“Probst Hanbury and Company”“Metropolitan Land and Building Company”“Anglo-French Land Investment Company”“S. H. Noxon”“Cathay Land Company”。

英商恒业地产有限公司（Metropolitan Land and Building Company），成立于 1930 年，由几位英侨商人参照英商业广房地产公司、美商中国营业公司的经验，以少量的资金组建房地产公司，经呈准本国驻沪领事同意后，用公司的名义发行股票和公司债券（即为外商有价证券，认购者多数为中国人）借以集资。这些英国侨商还认为在公司成立之后，只要购得建房基地，便可向银行押款，享受外商银行对其本国商民优惠的利率。于是，英商恒业地产公司成立后购得了当时的主要干道静安寺路（今南京西路）麦特赫司脱路（今泰兴路）口，坐北面向东南的一方面积 2.15 亩的基地，建造一座公寓带店面房的大楼，借以扩大影响和业务。房屋落成，恒业地产公司的信誉蒸蒸日上。①而从当时的行名录上看，该公司的办公地点主要有两个：Bund

① 章正元：《泰兴大楼曾引来四面八方的求医者》，《社区晨报》，2020 年 6 月 10 日，第 6 版。

No.17,即外滩 17 号,时间为 1931 年。另一个办公地点在,Jinkee Road 仁记路(今滇池路)第 21 号、81 号,时间为 1932 年。白手起家的英商恒业地产有限公司,将投资重点放在了地价相对较低的东区。到 1933 年,该公司在东区共占有 8 块地产,共计 24.507 亩,土地总值达 165220 银两。

英商英法产业有限公司(Anglo-French Land Investment Company),成立于 1924 年,办公地址在广东路 2 号。[1]1930 年,该公司在东区拥有 4 块地产。共 19.213 亩土地,土地价值总值 257897 银两。1933 年,增购了一块地产 Cad.1099,5.18 亩,总土地面积增至 24.393 亩,土地总值达 506011 银两,比 1930 年增长了 96.21%。

华懋地产公司(Cathay Land Company),是由新沙逊洋行于 1926 年建立的一家房地产公司。该公司在 1930 年、1932 年和 1933 年发行公司债券 700 余万元[2],通过这种方式筹集了大量的资金。该公司投资重点放在了地价相对较低的公共租界东区。1930 年,在东区以每亩 6500—6600 银两的价格购进了 5.131 亩土地,土地价值总计仅 33695 银两。1932 年,该公司在法租界购置了 5 份地产,共计 64 亩土地,土地总值达 124 万银两,1934 年又增至 182.56 万银两,增长了 47.23%。1933 年,该公司在东区的地产,增至 6 块,共计 20.997 亩土地,土地总值增至 209404 银两,比 1930 年在东区的土地总值增长了 5.215 倍。同年,该公司还在西区购地,3 块共计 10.36 亩,土地总值 160410 银两。可见,华懋地产公司依靠实力雄厚的沙逊集团的支持,在 1930—1933 年三年时间里迅速跻身于上海大房地产商行列。

10—20 亩的土地业主人数 51 人,占有 732.461 亩,相比 1920 年,无论是人数,还是占有土地总数,明显减少了。

10 亩以下的地产主人数 214 人,占有 739.588 亩,人均占土 3.456 亩,

---

[1] 上海市档案室编:《老上海行名辞典 1880—1941》,上海古籍出版社 2005 年版,第 14 页。

[2] 中国人民政治协商会议上海市委员会文史资料委员会:《旧上海的房地产经营》,上海人民出版社 1990 年版,第 148 页。

无论是人数还是土地,均低于 1920 年水平。

表 5-4-3　1933 年公共租界东区总面积超 20 亩的地产统计表　　单位:亩

姓　名	面积	姓　名	面积
Shanghai Land Investment Company 上海业广地产公司	631.1480	Hongkong and Shanghai Banking Corporation 汇丰银行	159.3030
Shanghai Cotton Manufacturing Company 日商上海纺织株式会社	424.5190	Johnson，G. A. and Morriss，G. 德和	148.3770
Algar and Company 爱尔德洋行	432.537	Wing On Company 永安公司	132.1020
Atkinson，B. and Dallas，A.通和行	319.8350	Hunter，H. E. R.(estate)	125.7090
Shanghai Waterworks Company 上海自来水厂	311.2280	Crédit Foncier d'Extrême-Orient 义品放款银行	121.0700
China Realty Company，Fed Inc.中国营业公司	308.8130	Mitsui Bussan Kaisha 三井	119.1770
Yu Fong Cotton Spining Company 裕丰纱厂	300.8960	Glycerine	118.4780
Shanghai and Hongkew Wharf Company 公和祥码头	256.2530	Asia Realty Company，Fed Inc.普益地产公司	116.6150
Brandt and Rodgers 泰利	245.7560	South Manchuria Railway Company "南满洲铁路公司"	112.0380
Shanghai Power Company 上海电厂	216.2870	McNeill，D. and Wright，G. H.	104.2000
Dai Nippon Boseki Kabushiki 大日本贸易合资会社	205.0800	Davies，C. G. and Brooke，J. T. W.新瑞和	103.1640
Brandt，W.泰来白	173.3830	Mission du Kiangnan	94.3720
China Soap Company 英商中国肥皂有限公司	172.9980	New Engincering and Shipbuilding Works	94.1200
Wright，G. H. and Holborow，A. C.	172.7270	Shanghai Municipal Council Surplus Land，Point Eastern District Depot，Surplus Land，Point Yangtszepoo Police Station	89.8360
Ewo Cotton Mills 英商怡和各纱厂有限公司	168.2410	C. Luthy	85.5310

续　表

姓　名	面积	姓　名	面积
Meiji Seito Kaisha	85.3090	Tokwa Boseki Kaisha	44.6010
Nippon Yusen Kaisha	81.2210	Abraham，D. E. J.	44.0300
Dong Shing Spinning and Weaving Company	79.1190	Asiatic Petroleum Company，(N. C.)	42.5990
McNeill，D.，Wright，G. H. and Holborow，A. C.	78.3650	McKean，S. H.(estate)	39.5130
Lester，H.(estate)	78.3120	Shanghai Gas Company	37.7390
British Cigarette Company	74.8810	Mission des Lazaristes	37.6840
Osaka Shosen Kaisha	67.1920	Shanghai Municipal Council Wayside Park	36.6080
Master，R. F. C. and Harris，M. R.	67.0550	Crédit Franco-Chinois	35.2540
Foncière and Immobilière de Chine	64.0880	Preston，A. M. and Wing，T.	32.2120
Shanghai Municipal Council Ward Road Goal and Police Hospital	62.7080	Shanghai Electric Construction Company	31.4770
Hays，J.(estate)	59.2000	Sincere Company 先施公司	30.2190
Shanghai Municipal Council Surplus Land，Yangtszepoo and Chemulpo Roads	56.3940	Holcomb，C. P.	30.0740
F. W. Maze	56.1330	Liddell，Bros. and Company	30.0000
Seven Day Baptist Mission Society	56.1170	Dowdall，C.，and Hanson，J. C. and McNeill，D.	29.0390
Missions Etrangères	51.8610	White-Cooper，A. S. P. and Oppe，H. S.	28.9140
Shanghai Silk Spinning Company	48.4940	Okamoto，O.	28.5170
Sassoon，E. D. and Company	48.2990	Dowdall，C. and Hanson，J. C.	27.9380
Missions Belges	48.0160	McNeill，D. and Jones，L. E. P.	27.5740
Yokohama Specie Bank	44.9560	Moorhead，R. B. and Halse，S. J.	26.9080

续　表

姓　名	面积	姓　名	面积
Missonary Society Corporation, London.	26.8220	Hanson J. C. and Mc Neil D.	24.9440
Andersen, Meyer and Company	26.3350	Metropolitan Land and Building Company	24.5070
Caldbeck, Macgregor and Company	26.1140	Anglo-French Land Investment Company 英商英法产业有限公司	24.3930
Powell, S. J.	25.6740	Macleod, R. N., Gregson, R. E. S. and Ward, H. L.	23.7380
Lester, H., Johnson, G. A. and Morriss, G.	25.4240	Moorhead, R. B.	23.2900
Salmon, J. E.	25.3960	Marukawa Shoji Kaiha	23.1960
Shanghai Municipal Council Chih Kwei School/Shanghai Municipal Council Primary School for Chinese, Kinchow Road	25.3700	Shanghai Municipal Council New Slaughter House Site	23.0500
American Drug Company, (Kofa) Fed. Inc., U.S.A.	25.2050	Noxon, S. H.	22.7660
Raven Trust Company	25.1830	International Savings Society	21.4580
Macleod, R. N. and Gregson, R. E. S.	25.0170	Cathay Land Company	20.9970
Probst Hanbury and Company	24.9470		

资料来源：Shanghai Municipal Council, *Shanghai Land Assessment Schedule*, *Eastern District*, *1933*。

注：爱尔德洋行，包括"A. E. Algar and P. M. Beesley""Algar and Company"和"A. E. Algar"的数据。

综上所述，1920—1933 年间，公共租界东区的土地占有呈现如下的特征：

（1）工厂的比重明显多于其他各区，工业用地比例明显较多，这也是本区的一个重要特征，说明至 1933 年，公共租界东区已发展为上海的一个重要工业区。从地图上看，工厂企业主要分布在杨树浦以东、黄浦江滨江一带。

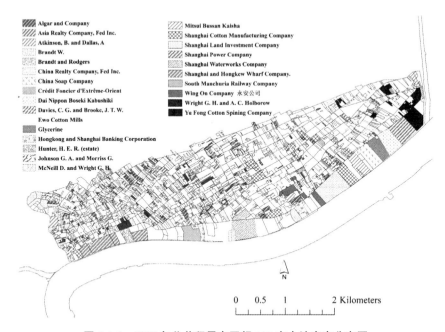

图 5-4-6　1933 年公共租界东区超 100 亩大地产商分布图

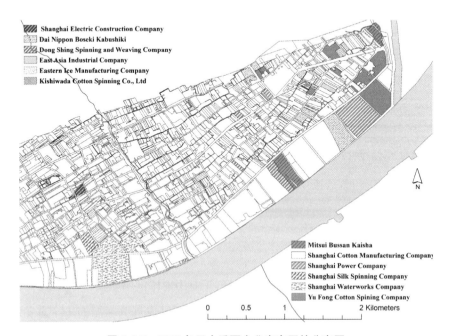

图 5-4-7　1930 年日本重要企业在东区的分布图

（2）日本工厂和日本企业，在这一地区也明显多于其他地区，比如棉纺织业，日本在这一地区占有很大的优势。尤其集中在杨树浦以东、黄浦江滨江一带，这也是日本在华规模最大的工业区。

（3）房地产和金融投资，对于这一地区的开发仍起着十分重要的作用，特别是英美巨头房地产商，比如上海业广地产公司、爱尔德洋行、新瑞和洋行等，占据了公共租界东区的大部分土地，对于推动该地区的土地开发起到了重要作用。

（4）华人地产主在这一地区占有重要的地位。这一地区原本就系典型的农业区。一战结束后，华人也来此投资建厂。外国工厂中大部分也是雇佣华人，故华人的比重远超其他各区。

四、城市变迁：筑路与城市空间变迁

1920—1933 年间，是公共租界东区建成区逐步走向成熟的一个阶段。其中变化最大的是杨树浦以东地区。

在 1916 年之前，城市用地仅限于滨江地区，即杨树浦路与黄浦江之间

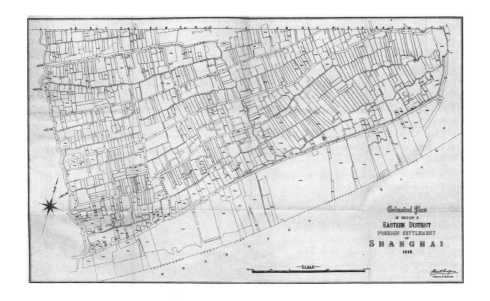

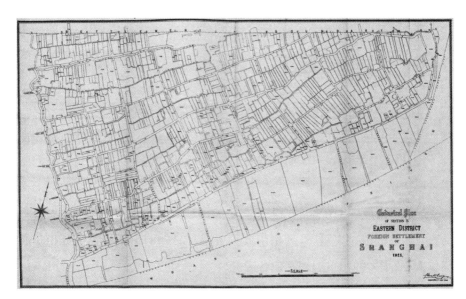

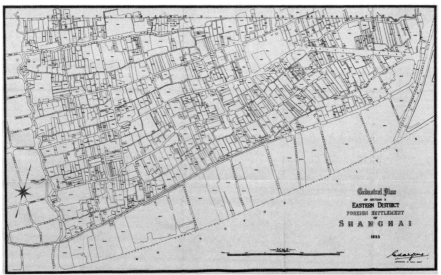

图 5-4-8　1916 年、1921 年和 1933 年公共租界东区地籍图

的区域。杨树浦路以北的地区,仍为河浜圩田用地。大部分河流为东西向
河流,只有两条南北向的河流。圩田鳞次栉比,整齐地排列在河浜两侧。在
1911 年之前,洋商已经开始在杨树浦路北侧和杨树浦以东购买农田。

这个区域的城市化开始于 1911 年。1911—1916 年，工部局在该地区修筑了 4 条东西向道路：华德路，这条马路沿着一条河浜 Chow Dong Pang 向东延伸。南岸还有一条东西向 Yang Ka Pang。在这条河浜以南，工部局修筑了一条东西向的河间路。从当时的地籍图上看，大部分圩田沿河分布，在两条河浜之间的圩田，中间有一条地产分界线。这条道路是沿着两条河浜之间圩田区内中间地产边界修筑的。在其南，还修筑了另外两条东西向道路：平凉路和胡伦路。平凉路也是沿着圩田中间地产分界线修筑。胡伦路，则是沿着东西向的一条河浜填浜筑成。除了东西向道路外，工部局还修筑了 3 条南北向道路，自东而西分别是：眉州路、宁国路、临青路。

1916—1920 年，工部局筑路主要集中在临青路以东：修筑了 7 条南北向的道路：宁武路（Ning Wu Road，今宁武路）、平阳路（Ping Yang Road，今隆昌路）、桂阳路（Kuei Yang Road，今贵阳路）、定海路（Tinghai Road，今定海路）、黎平路（Liping Road，今黎平路）等，东西向道路，新筑的有：凉州路（Liang Chow Road，今凉州路），波阳路（Poyang Road，今波阳路），海州路（Haichow Road）。至此，杨树浦以东的区域内形成了 7 纵 4 横的道路网络。

1920—1930 年，工部局筑路主要集中在东段，以筑成周家嘴路（Point Road，今定海港路）为标志。这是一条连接复兴岛至公共租界东西向干道——平凉路的道路。复兴岛在 1927 年填筑成陆，成为近代上海的新港区。[①]显然，这条路修筑主要是为了连接公共租界与新港区。

第五节　土地空间形态与地价演变规律

一、土地空间形态

公共租界东区地产的面积变化，明显不同于其他地区，一方面东区距离

---

① 万英伶：《上海复兴岛的历史地理变迁》，上海社会科学院历史研究所硕士学位论文，2021 年。

市区较远,故保存了完整的农业用地,故道契地产的面积和形态,与农业用地十分相似,即使在城市化之后,土地的空间形态特征,仍然保留着农业土地的若干特征。这主要是因为工部局修建的道路,尽管避开了河浜,但基本沿着河浜的流向修筑,所以道路网络与河浜网络十分相似,由此可减少筑路对地产的破坏。

本项目对该区选取 1900 年、1911 年、1920 年和 1930 年四个时段,按照面积的大小,将本区的土地分为大于 100 亩,50—100 亩,40—50 亩,30—40 亩,20—30 亩,10—20 亩,5—10 亩,1—5 亩和小于 1 亩等九大类,分别复原其空间分布,得出以下几点认识:

(1) 大面额特别是 50 亩以上的地产均集中在黄浦江沿岸,主要用于建造码头、仓储或工厂。黄浦江沿岸的土地,多为黄浦江的涨滩地,不同于普通的农田,洋商必须通过填方后方可使用,故从 1900—1930 年间,黄浦江河岸经过改造,沿岸的滩地不断被填埋,可利用的滩地的面积不断增加。又由于滨江地段占据了交通便利,故土地价值不断攀升,而业主很少将其分割销售。

(2) 黄浦江以北的界内区域,地产面积的大小受到地形和交通等因素的影响,通常筑路区地产的面积明显偏小,而非筑路区,位于河浜附近的地产,受圩田结构的制约,通常地产的面积与原农田的面积相仿。又,由于受到交通的限制,并非发生如开埠早期中区那样,洋商在购买一块地产后,迅速兼并其他的土地,恰恰相反,即使在已筑路的区域,也是零星分散着小面积的地产,说明洋商对于明显受到地形和交通制约的东区的土地市场仍存在顾虑。

(3) 随着道路网络在东区构建,河浜等逐步被填埋,至 1930 年代,该区西部已发育成熟,小面积的地产明显占据多数,而远离市区的东部,道路周边也开始密布了小面积的道契,但大面积的道契的数量明显多于西部地区。这说明在土地开发上,东部地区仍具有很大的发展空间。

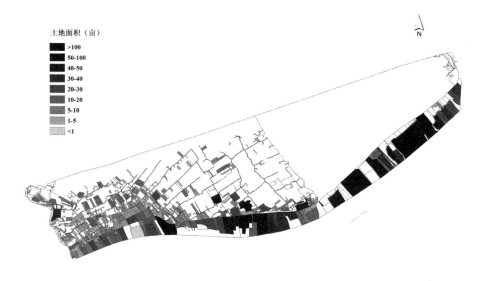

1900 年

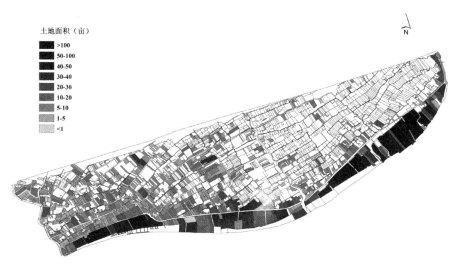

1911 年

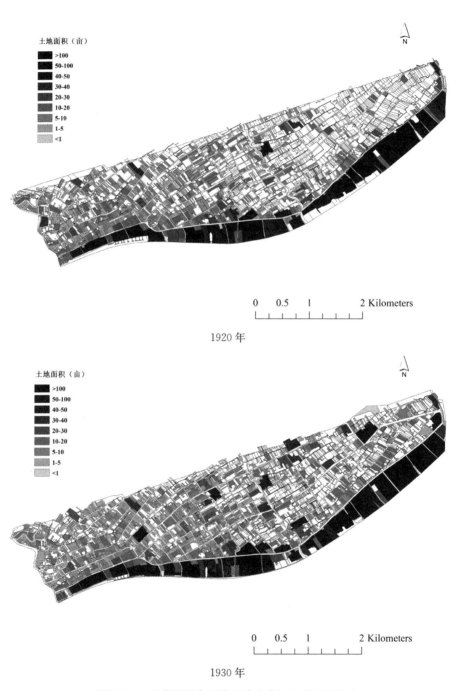

图 5-5-1　公共租界东区的土地分类与空间过程演变

二、土地价值空间演进

1900 年之后，该地区有了很快发展，1905 年工部局首次颁布在东区建立道路网络计划。在筑路的推动下，其道契册地的范围迅速向北和向东扩展。1900—1911 年是该区增长最快的一个时期，之后迅速跌落后，1920 年随着民族工业的兴起，该区的土地市场又慢慢回升，到 1930 年，界内的绝大部分土地转变为道契册地，约 10000 亩。该地区还有一个重要的特征，就是这里逐步成为一个工业区，明显不同于其他的区域，故地价的演进明显受到工业区的影响。总体而言，工业区的地价涨幅明显低于居住区和商业区。东区是公共租界面积最大，距离市区最远的一个区域，但具有最长的黄浦江沿岸线，也是码头最为集中的区域之一。其地价的空间演变呈现如下特征：(1)黄浦江沿岸地段为地价最高的地区之一，并随着与市中心距离的增大而逐步递减；(2)黄浦江沿岸的内部地区，并无明显的中轴线，总体上呈现由西而东，由南而北逐步递减的空间特征。(3)地价的增长，随着城市化发展的方向，由中心区向边缘区，呈现逐步蔓延的趋势。

东区的地价增长模式，具有如下特征：

（1）时间序列上，该地区的地价上涨总体呈增长态势，其中以 1920—1933 年的增长倍率最高，而又以 1900—1911 年的增长倍率最低。与公共租界其他各区相比，本地区因远离市区，无论是增长比率，还是地价水平，均处于最低水平。另外，这一地区后来因地价较低，逐步成为工厂较为密集的工业区，以英美日等外国所建的棉纺织厂、煤气厂、电厂为主。

（2）空间序列上，该地区地价的空间结构是以黄浦江滨岸为起点，由滨岸向内地，地价逐步降低。另外，与市区的远近距离，决定了地价的高低，距离市区越远，地价越低。

（3）地价增长的空间差异，三个时期并不非常明显，因为该地区一直处于城市化的发展期，故没有出现如上面三个区的那样，先中心区增长，后郊区增长,最终郊区和中心区之间的地价差异逐步减少,这个过程并不明显。不过,该地区总体而言,经过三十年的发展,地价普遍上涨,郊区与市区的地价差异,也有一定程度的减少。

表 5-5-1　1900—1933 年公共租界东区地价增长率统计表

年份	地块数	总面积（亩）	宗地平均面积	土地总价（银两）	亩价（银两）	增长率
1903	731	4974	6.80	13833997	2781	100
1911	1109	13182	11.89	36916633	2801	101
1920	1409	8043	5.71	39738984	4941	178
1933	2265	10035	4.43	153843366	15331	551

资料来源:公共租界东区 1903 年、1911 年、1920 年和 1933 年土地估价表。

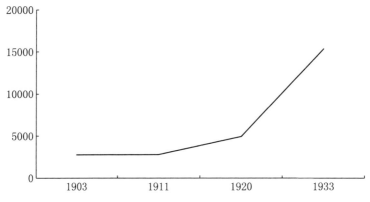

图 5-5-2　1903—1933 年公共租界东区地价增长趋势图

通过这个区的研究可以概括近代上海城市化早期地价增长模式:

(1)地价普遍较低,但在土地开发过程中增速较快,故对地产商而言,低价买进,高价卖出,利润颇丰。故在早期不少洋商来东区买地,后来发现地价增长太慢,不如在其他区购地划算。

(2)早期地价上涨,最重要推手是城市基础设施改善,特别是筑路,在近代上海城市化早期地价增长中起到决定性作用。

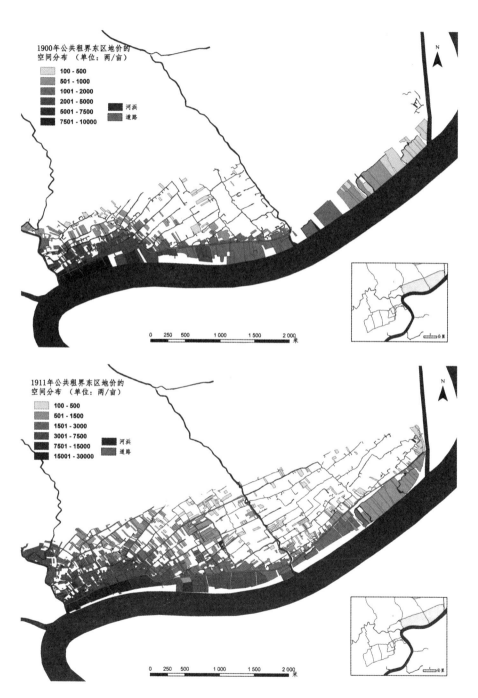

图 5-5-3　1900 年和 1911 年公共租界东区的地价分布图

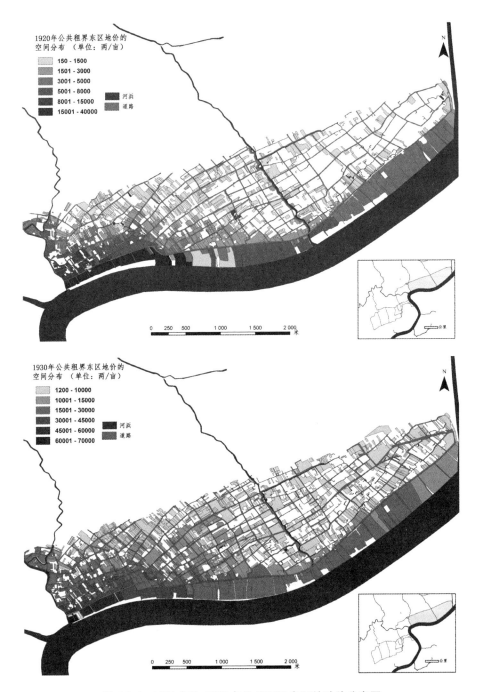

图 5-5-4　1920 年和 1933 年公共租界东区的地价分布图

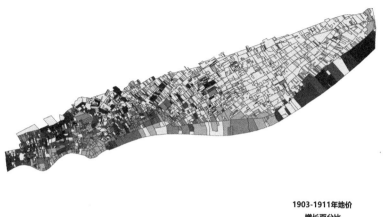

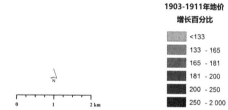

图 5-5-5 1903—1911 年公共租界东区地价增长比空间分布

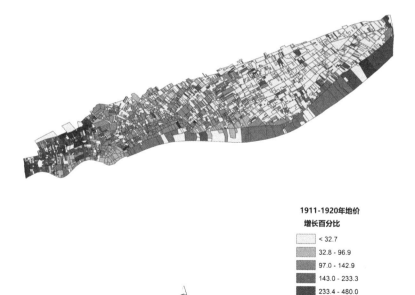

图 5-5-6 1911—1920 年公共租界东区地价增长比空间分布

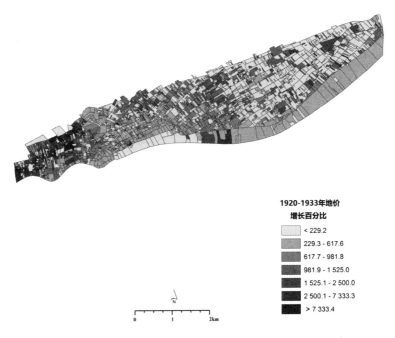

1920-1933年地价
增长百分比

< 229.2
229.3 - 617.6
617.7 - 981.8
981.9 - 1 525.0
1 525.1 - 2 500.0
2 500.1 - 7 333.3
> 7 333.4

N

0   1   2km

图 5-5-7 1920—1933 年公共租界东区地价增长比空间分布

（3）城市化早期的地价,受房地产市场的影响最巨,一旦出现金融危机或经济危机,导致土地交易低谷出现,地价跌幅也远高于市区,也即是说,涨得快,但跌得也快,投资存在风险率较高。

三、土地利用与城市巨变

在 1899 年之前,该区大部分地区仍为农田地区。只有滨江一带建有码头。1899 年之后,工部局开始逐步实施筑路计划,外国资本家也把这里当做投资的宝地,开始在这里土地投资,1904 年,区域内出现了第一批里弄住宅。

英商、美商、日商等外国资本家以及华人资本家,利用黄浦江交通便利,纷纷在滨江开设工厂。1895 年杨树浦已有 5 家厂,1897 年外国工厂又有 4 家,包括怡和纱厂、美商鸿源纱厂、德商瑞记纱厂、英商老公茂纱厂。中国工厂有裕源纱厂、裕晋、大纯纱厂、裕通纱厂及同昌纱厂。据申报馆收集的资料记载，"杨树浦一带，尤为发达，在昔则烟囱林立，机声轧轧，成千上万之男女劳工，凭其雄伟壮健之体格，推动此时代巨轮，引导社会，引导大众，向前迈进"。[①]一战之前，滨江工厂以英美为主。但一战后，日本纺织业在上海迅猛发展，杨树浦成为日本纺织业的一个重要基地。这一时期，建于杨树浦的日本纺织工厂有：公大第一工厂（平凉路 2767 号）、公大第二工厂（杨树浦路 540 号）、同兴纺织会社第二工厂（杨树浦路 90 号）、印染工厂（杭州路）、大康纱厂（杨树浦腾越路）、东华纺织会社第一、二、三工厂（华德路）、裕丰纺织株式会社（杨树浦路 2866 号）等等，详见下表。其中，裕丰工厂最大，初设时资本 500 万两，1935 年增至 1000 万两，雇用工人约 7000 人。[②]

表 5-5-2　1914—1925 年上海新设日资纱厂汇总表

年份	厂　名	投资者名称	所属财团	备　注
1914	内外棉五厂	内外棉株式会社	内外棉	
1916	上海纺织三厂	上海纺织株式会社	三井财团	
1918	日华纱厂一厂	日华纺织株式会社	三菱、江洲财团	收买美商鸿源纱厂
1918	日华纱厂二厂	日华纺织株式会社	三菱、江洲财团	
1918	内外棉七厂	内外棉株式会社	内外棉	收买华商裕源鸿源纱厂
1918	内外棉八厂	内外棉株式会社	内外棉	
1918	内外棉九厂	内外棉株式会社	内外棉	收买华商大纯纱厂
1920	东华纱厂	东华纺织株式会社	江洲财团	
1921	公大纱厂一厂	钟渊纺织株式会社	三井财团	
1921	日华纱厂三厂	日华纺织株式会社	三菱、江洲财团	

---

① 上海报业集团编：《申报馆剪报资料·上海卷·淞沪抗战专辑 10》，第 178 页。
② 陈祖恩：《上海日侨社会生活史》，上海辞书出版社 2009 年版，第 105 页。

续 表

年份	厂 名	投资者名称	所属财团	备 注
1921	日华纱厂四厂	日华纺织株式会社	三菱、江洲财团	
1921	内外棉十二厂	内外棉株式会社	内外棉	
1921	内外棉十三厂	内外棉株式会社	内外棉	
1921	东洋纺织一厂	东洋纺织株式会社	江洲财团	
1921	东洋纺织二厂	东洋纺织株式会社	江洲财团	
1921	东洋纺织三厂	东洋纺织株式会社	江洲财团	
1921	裕丰纱厂	东洋纺织株式会社	江洲财团	
1921	同兴纱厂一厂	同兴纺织株式会社	江洲财团	
1921	同兴纱厂二厂	同兴纺织株式会社	江洲财团	
1921	丰田纱厂一厂	丰田纺织株式会社	三井财团	
1921	丰田纱厂二厂	丰田纺织株式会社	三井财团	
1922	内外棉十三厂	内外棉株式会社	内外棉	
1922	内外棉十四厂	内外棉株式会社	内外棉	
1922	大康纱厂一厂	大日本纺织株式会社	大日本株式会社	
1923	大康纱厂一厂	大日本纺织株式会社	大日本株式会社	
1924	日华喜和纱厂	日华纺织株式会社	三菱、江洲财团	收买华商宝成纱厂
1924	日华纱厂八厂	日华纺织株式会社	三菱、江洲财团	收买华商华丰纱厂
1925	公大纱厂二厂	钟渊纺织株式会社	三井财团	收买英商老公茂纱厂

资料来源:唐振常主编:《上海史》,上海人民出版社1989年版,第823—824页;严中平:《中国棉纺织史稿》,科学出版社1955年版,第179页。

随着工业发展,大量纱厂和棉纺织厂,均属于劳动密集型产业,产业人口集聚增加,住房需求日益紧张。房地产商开始投资杨树浦路,兴建里弄房屋,并逐步向北沿平凉路日本纱厂沿线以及东面杨树浦、军工路一带大量兴筑里弄、工房。①据《申报》记载，"本埠杨树浦，工厂林立，地方居民男女老幼十之八九，恃工作为生活，完全成为一种工业社会。"②

上海纱厂在工厂附近江浦路 104 弄建造花园式新式里弄房屋 38 幢，供日商高级职员居住。1915—1918 年，日商上海纺织株式会社大纯纱厂在平凉路 1695 号建造砖木结构二层楼房 179 幢，有花园、花坛，环境优美，住房分甲乙丙丁四级，按公司职务分配。

1916 年，同兴纱厂在周家嘴路 109 弄建造二层新式里弄房屋 161 幢，称普爱坊。1922 年，日商大康纱厂在隆昌路 541 弄、542 弄建混合结构和砖木结构的花园式新式里弄房屋 143 幢，541 弄给日本高级职员居住，542 弄供一般技术人员居住。

1924 年起，日本裕丰纱厂在杨树浦路 3061 号建造新式里弄房屋 101 幢，分 A/B/C 三级，供不同级别的职员居住。A 级住宅 1 幢，为独立式三层日本式花园房屋，供总经理和家属居住；B 级住宅也是日本花园式房屋；C 级住宅为日本连接式房屋，单元之间分割处筑火山墙，用卵石装饰墙面。

同年，上海纺织株式会社上海纱厂在平凉路 1777 弄建造新式里弄 60 幢。1930 年日商上海纱厂在齐齐哈尔路 205 弄建造混合结构和砖木结构花园式里弄房屋 77 幢，专供日本高级职员居住。③

公大宿舍，位于今许昌路 227 弄，是具有日本风情的"东洋式工房"。小区共有独立式住房 1 幢，两层砖木结构楼房 75 幢，两层砖木结构旧式里弄 107 幢，配套有医院、小学、浴室、理发室、老虎灶、洗衣作、游泳池、网球场、大礼堂以及日式庙宇 1 座。住户分为高、中、低三级。其中独立式住宅为日本老板所住，前有花园和网球场。④

① 寿幼森编著：《上海老弄堂寻踪》，同济大学出版社 2017 年版，第 147—148 页。
② 《杨树浦设立宣讲场》，《申报》，1917 年 6 月 24 日，第 11 版。
③ 陈祖恩：《上海日侨社会生活史》，第 106 页。
④ 同上书，第 106—107 页。

工厂及其附近的职工宿舍,构成了杨树浦的工业生活区。据上海日本领事馆1927年底的统计,杨树浦地区有日侨380户,共4039人:

杨树浦路、公平路、韬朋路(今通北路)、华德路、倍开尔路、保定路、汇山路:172户,1042人;

大连湾路(今大连路)、茂海路(今海门路)、舟山路、麦克利克路一带、昆明路一带:32户,425人;

华德路附近:29户,448人;

上海纱厂工房及附近:29户,127人;

东华纱厂工房及附近:26户,585人;

公大纱厂工房及附近:31户,715人;

裕丰纱厂工房及附近21户,218人;

大康纱厂工房及附近:29户,325人;

同兴纱厂工房及附近:11户,154人。[1]

这些日侨,大部分是工厂企业的高管人员及其家属。除了外国侨民,这些工厂雇用了大量的中国廉价劳动力。据调查,"八一三"前,中外纱厂职工,将近20万。[2]据当时调查,1939年总数仍在十万以上,分布在华商、英商以及日方的纱厂里,调查结果如下:

表5-5-3　1939年上海纺织业各厂工人粗略估计表

	工厂名称	工人数	工厂名称	工人数
华商	申新二厂	2100	统益纱厂	2400
	申新九厂	5200	永安三厂	2800
	新裕一厂	1400	鸿章纱厂	1500
	新裕二厂	1600	大丰纱厂	1500

[1]　陈祖恩:《上海日侨社会生活史》,第105页。
[2]　朱邦兴、胡林阁、徐声编:《上海产业与上海职工》,第35页。

续　表

	工厂名称	工人数	工厂名称	工人数
英商	怡和纱厂	10000	纶昌纱厂	3000
	公益纱厂	3000	大同纱厂	1000
日商	内外棉一厂至九厂	14000	裕丰纱厂	5000
	公大纱厂一厂至三厂	10000	东洋纱厂	2000
	丰田纱厂	8000	日华纱厂	3000
	上海纱厂	12000	喜和纱厂	3500
	大康纱厂	8000	同兴纱厂	3000

资料来源：朱邦兴、胡林阁、徐声编：《上海产业与上海职工》，上海人民出版社1984年版，第35页。

注：调查数据为各厂工友口头估算，并不精准。

第六章
法租界地籍图册与城市空间演变

从 1849 年法租界辟建到 1943 年法租界被中国政府收回，先后经历了三次空间扩展，租界面积从最初的 986 亩增至 15150 亩，也成为近代中国面积最大的专属租界。法租界位于原上海县城与公共租界之间，是县城与农村之间的过渡带，城市化的过程具有典型性。其土地划分与街区的形成过程，既不同于传统的上海城厢地区，也与洋泾浜之北公共租界略有差异。本章重点从法租界地籍图册的资料，对法租界的土地产权转移和城市空间形态演变进行探讨。

第一节　从法公馆契看法租界早期土地状况

1844 年 10 月 24 日，法国特命全权公使剌萼尼与两广总督耆英签订《黄埔条约》，其第二十二款规定："凡法兰西人按照第二款至五口地方居住，无论人数多寡（法文本为'无论其逗留时间长短'），听其租赁房屋及行栈贮货，或租地自行建屋、建行。法兰西人亦一体可以建造礼拜堂、医人院、周急院、学房、坟地各项，地方官会同领事官，酌议定法兰西人宜居住、宜建造之地。凡地租、房租多寡之处，彼此在事人务须按照地方价值定议。中国官阻止内地民人高抬租值，法兰西领事官亦谨防本国人强压迫受租值。在五口地方，凡法兰西人房屋间数、地段宽广不必议立限制,俾法兰西人相宜获益。倘有中国人将法兰西人礼拜堂、坟地触犯毁坏,地方官照例严拘重惩。"

1848 年 1 月 25 日,法国首任领事敏体尼抵达上海。7 月末,原在广东经商的法国商人雷米来到上海,随即向法国领事提出了租地要求:希望在法国领事治下租到上地,起造商行,请求敏体尼同意他与土地主人接洽。经过 8 个月的交涉,于 1849 年 4 月 6 日由上海道台麟桂和法国领事敏体尼签字换文,并由麟桂贴出布告:"本道台会同法国领事敏体尼勘定上海北门外一处地:南至城河,北至洋泾浜,西至关帝庙诸家桥,东至广东潮州会馆沿河至洋泾浜东角,注明界址。倘若地方不够,日后再议别地,凭领事随时按照民价议租,谨防本国人强压迫受租价;如若当地民人违约昂价,不照中国时价,凭领事向地方官饬令该民人等遵行和约前录之条款。至各国人如愿在界内租地者,应向法国领事商明办理。"此时法租界面积 986 亩。

1860 年 12 月 11 日,法国领事爱棠向上海道台提出矫正法租界界线到潮州会馆方向(即洋行街)的要求,并报告法国公使布尔布隆。上海道台吴煦于 12 月 20 日答复,谓根据档案,1855 年时法国领事与上海知县、海防厅所协定的法租界界线到天后宫北面,此案已经解决,法租界界线不能再延长。而布尔布隆则于 1861 年 1 月 7 日训令爱棠,扩张租界一直到小东门旁边为止。爱棠于 2 月 8 日报告公使,当前他遇有困难,难以达到此要求。

1861 年 5 月 25 日,法国外交部指示爱棠,要为法国皇家邮船公司找一块可资利用的 30 亩地皮。7 月 25 日,爱棠答复外交部,他已经在吴淞的黄浦江边留下 1850 平方米的地块给该公司。但法国外交部需要的是在董家渡的黄浦滩边得到 30 亩左右的土地。爱棠遂请求公使布尔布隆与恭亲王奕訢交涉扩展法租界。奕訢于 10 月 17 日答复,表示已行文江苏巡抚迅速酌量办理。10 月 30 日,上海道台吴煦发布告示,晓谕该地地主地保:"会定相当租价签约,法国人方面亦应秉公办理,不得强迫压低租价。"由此法租界靠近黄浦江的界线延伸了 650 多米,面积扩张为 1124 亩。

一、相关土地档案与材料

笔者在法国访学期间，在法国外交部档案馆，意外发现了一批弥足珍贵的档案，即法国领事登记注册的土地买卖资料，时间断限从 1848 至 1872 年，正可弥补法租界早期档案缺漏的不足。这些档案包括：《法租界：土地申请、土地登记册》①一卷，记载了 1848 年 10 月至 1855 年 10 月的地产主与领事之间关于土地申请资料的往来信函；《1872 年 9 月 9 日之前法租界土地买卖契约抄本》(下文简称《契约抄本》)，共二卷，②为 1852 年 5 月至 1872 年 6 月间的土地买卖契约，即法领事馆契。除外，还有《1855—1867 年的土地产权转移登记簿》③(下文简称《登记簿》)和《1863—1872 年法租界土地清册》④等档案。这批连续而完整的土地档案，对于复原法租界城市空间变迁以及深入了解法租界早期历史具有重要的价值。在本章中，笔者将以这部分档案，运用 GIS 复原了 1848—1865 年间法租界的洋商地产分布，并结合道路辟建过程，探讨法租界早期城市化的基本特点。⑤

《1872 年 9 月 9 日之前法租界土地买卖契约抄本》是目前关于法租界早期土地交易颇为罕见的材料。本文件共 2 卷，第一卷为 1852 年 5 月至 1862 年 12 月的土地契与土地合同，登记了 No.1 至 No.166，共 166 份；第二卷接上卷 No.167 至 No.174，后又从 No.1 至 No.71，共 78 份，为 1862 年 12 月到 1872 年 6 月的土地契与土地买卖合同。第一卷和第二卷均对该材

① Concession française：demandes de terrains, uneimmatriculation, s. d., octobre 1848-octobre 1855,法国外交部档案馆(南特)藏，档号：Seri C-No.203。
② Transcriptions des actes de ventes des terrains de la Concession françaiseantérieurement au 9 septembre 1872(mai 1852-décembre 1862),法国外交部档案馆藏，档案号：Seri C-No.204。
③ Mutations de terrain, de 1855 à 1867,法国外交部档案馆藏，档案号：Seri B-No.33。
④ Inventaire de 1863 à 1872, Concession française, Etat nominatif des propriétaires foncière,法国外交部档案馆藏，档案号：Seri B-No.33。
⑤ 牟振宇：《洋商、地产与城市空间变迁——以上海法租界为中心(1848—1865)》,《中国经济史研究》,2015 年第 4 期。

料做了介绍:第一卷为 1873 年 10 月 1 日誊录的,登记簿有 149 页,内容包括 1872 年 9 月 9 日之前法租界土地买卖契约,并经法国驻沪总领事签署。第二卷为 1874 年 7 月 1 日誊录的,登记簿有 203 页。该材料具有以下几个特点:

第一,从内容来看,该材料分两种契约:一是"Titrepropriété",即土地契;一是"Contrat de vente",即买卖合同。① 二者区别在于前者为华洋之间土地买卖契约,为法国领事馆登记的道契,而后者为洋商之间土地买卖合同,即华洋土地买卖之后第二次及其后的土地交易凭证。可见,当时在法租界无论是华洋之间,还是洋商之间的土地买卖,均登记正式的契约合同。这与英租界并不相同,英册道契,华洋交易后的第二次交易并不再立新契,而是将转租交易的内容标注在每份道契正文之后。1854 年土地章程第八条规定"租地皆以注册为凭,凡转租限三日内报名添注。如过期未注,即不为过契矣"。② 但笔者从这份材料中注意到,随着后期土地交易次数越来越多,有些法租界土地契上,也标注了该契其他次交易的信息。如第 26 号契,其正文后不仅附录了第二次交易内容,而纸张左空白处用小字标注了该契从 1856 至 1860 年间的多次交易信息。这说明,正文所记载也不是当时法租界所有土地交易的信息,附录的内容同样重要。

第二,签署机构。按照 1845 年土地章程的规定,法国领事馆契由上海道台和法国驻沪领事馆共同签署。早期的土地契约表明,法国签署机构并非法国驻上海领事馆,而是驻上海及宁波领事馆。如第 1 号契记载,驻上海与宁波的法国总领事敏体尼(Charles de Montigny),及领事馆主事爱棠(Renoit Edan)。从第 1 号契至第 174 号,均如此写,而 174 号签署时间为

① 第二卷 No.36,标题为 Acte d'affernage,直译为租赁合同,但并非现在意义的土地租赁合同,而是永租制度下的租赁合同,实际上就是道契,也是中国人地产永租给外国人,因此笔者将其归到第一类。

② 徐公肃、邱瑾璋:《上海公共租界制度》,载《上海公共租界史稿》,第 54 页。

1863年1月9日，而其后的文件均为法国驻上海领事馆，这说明至少在1863年之前，法国在上海设立的是驻上海与宁波领事馆。故这份抄本中不仅包括上海法租界的土地买卖和合同，还包括宁波的。笔者仔细查对后发现，第45号地契，在宁波，由Delaplace主教从四位中国业主购买的4亩土地，土地房屋总价2420两。而第151和152号契，登记的是吴淞地区的土地交易，一块由法国火轮船公司购买，一块由法国海军购买。但除此之外，均是上海的土地交易记录。另外，还有极少数地契，不在法租界，如第34号地契，位于英租界山东路。不在法租界的地契，不列入本章讨论范围。

第三，对于华人卖主的信息严重缺失。有不少契，仅笼统地记有几个中国业主，并未注其姓名，有些虽有姓名，但多个卖主仅写一个人的姓名，如第10号契，有39位中国业主，仅记了"Che-ouann-sing"的名字。还有一些契仅记姓，如第1号契，写作"Thou"或写作"Tou"，或仅写作"中国业主"。相反，对于西人买主信息，却不厌其详。除了国籍，还详记其职业，比如第1号契，买主为雷米(Dominique Remi)，法国批发商。还有些契记载任职于哪个机构或公司，如第38号契，买主为埃梅里(L'abbe Aymeri)，为法国遣使会的财务会计；甚至有年龄和出生地，如第51号契，买主为E.A.高第(Eugene Arneste Cordier)，为法兰西银行经理，49岁，出生在法国卡尔瓦多斯省的丽雪(lisieux)，德兰圣女的故乡。这与开埠初期租界内华洋分居有关，"界内土地，华人业主，不得租让；亦不得架造房舍租与华商"，一旦土地永租与洋商，"原业主不得任意停止出租"。①故华人卖主的信息，显得无足轻重，相反洋商的信息对于以后的土地交易则至为重要。

第四，土地买卖过程。从契约文本来看，土地交易时，除了当事人之外，地保、邻居及相关人员均需在场，而洋商之间交易时，也需两外国见证人在场，交易完成后，当事人须支付给地保等相关人员一定的酬劳费等信息外，

① 《上海公共租界史稿》，第47、48页。

其他过程略而不谈。无论如何，地保在其中起了关键作用。地保是上海图
保一级的行政官员，官府以"因其（即地保）对于当地风俗情形与各业主所有
至土地界线，以及历来有无纠葛，均能深切明悉"，故"田单在交割时，卖契上
非由当地值年地保到场盖章证明，不得作为有效。其他如田单遗失等情形
非经其证明不可"。①可见，地保权利颇大。从契约文本看，在早期，一次交
易中往往有多个甚至几十个中国业主，如此多的华人业主如何谈判价格，谈
成后又如何分配？如何协调各方利益？这其中过程必定十分复杂。但可肯
定的是，难免发生地保以权谋私，行贿纳贿，私吞公田，欺压鱼肉乡民之事，
"手段之刻，心计之毒，诚堪咋舌"。②《申报》曾多次报道地保勒索强卖乡民
地产给洋商的案例。这也是华洋土地交易的一个重要特点。

　　第五，该文件由于是誊录的，难免纰漏、缺失。除了对卖主的信息有缺
失外，还有少数地契内容不完整，如第122号，无土地面积、四至边界和地价
的信息。所幸，笔者在法国外交部档案馆所发现的另外两份材料，正可对其
校对和补充：《1855—1867年的土地产权转移登记簿》，按照时间顺序记录
了1852—1857年土地交易，包括编号、时间、买卖双方姓名、面积、价格、所
在街区号、道契号等内容，共计129条信息。笔者根据这份材料，补充《契约
抄本》缺失16条交易信息，并补充了部分地契缺失的其他内容。另一份材
料是《1863—1872年法租界土地清册》，一份法租界地产汇总表，包括地产
主姓名、国籍以及土地面积等内容，亦校正前两份材料。这三份材料构成本
节内容的核心材料。

二、1852—1872年法租界土地交易与洋商地产空间分布

　　根据《契约抄本》和《登记簿》的内容，剔除无效记录，1852—1872年法
租界共260条土地交易记录，其中有面积的有251条，计1672.58亩土地。

---

① 　陈炎林：《上海地产大全》，上海书店1991年版，第61—62页。
② 　《上海地产大全》，第62页。

对这些数据进行统计,并制成图表。从表格看,法租界前二十年土地交易并非直线型上升或下降,而是呈现"M"型曲线变化,两次高峰,两次低谷,高峰期发生在两次战争(即小刀会起义和太平军进军上海)期间,而两次低谷则发生在战后,可见战争对租界土地交易具有决定性影响。上海人毛祥麟对上海开埠二十多年的发展曾有过精辟的总结,"我邑西商之租地也,始于道光壬寅,而盛于咸丰庚申。其始,仅于浦滩搭盖洋房,以便往来贸易,继因粤逆之乱,调兵助剿,请益租地,商富巨贾,于是集焉,而市斯盛矣"。[1]讲的就是战争使大量难民涌入租界,巨大的住房迫切需求,催生了繁荣的房地产市场,并推动了上海城市化进程,这在学界已有相当成熟的认识[2],不予赘述。

表 6-1-1　1852—1872 年上海法租界土地交易统计表

时间	交易次数	交易面积	平均交易面积	华洋交易	洋洋交易	华卖主数	洋买主数
1852	4	6.023	1.506	4	0	4	1
1853	1	0.9	0.900	1	0	1	1
1854	3	12.411	4.137	3	0	15	1
1855	24	244.362	10.182	20	4	379	13
1856	6	73.642	12.274	4	2	46	4
1858	6	33.124	5.521	5	1	6	4
1859	3	19.055	6.352	1	2	3	1
1860	9	39.517	4.391	7	2	13	4
1861	62	441.465	7.120	54	8	68	25
1862	63	383.547	6.088	44	19	189	28
1863	27	112.181	4.155	6	21	58	3

---

① 毛祥麟:《墨余录》,上海古籍出版社 1985 年版,第 130 页。
② 吴建章:《小刀会起义与上海租界房地产业的初步形成》,《东华大学学报》(社会科学版),2004 年第 2 期;付清海:《太平天国运动对上海租界近代化的影响》,《东华大学学报》(社会科学版),2003 年第 4 期等等。

续　表

时间	交易次数	交易面积	平均交易面积	华洋交易	洋洋交易	华卖主数	洋买主数
1864	12	71.3306	5.944	4	8	4	10
1865	5	60.739	12.148	1	4	1	3
1866	11	60.956	5.541	0	11	0	9
1867	3	2.403	0.801	1	2	1	3
1868	3	19.393	6.464	0	3	0	2
1869	3	5.675	1.892	0	3	0	3
1870	2	7.712	3.856	0	2	0	2
1871	7	59.298	8.471	0	7	0	5
1872	6	19.192	3.199	0	6	0	6

　　资料来源:《1872 年 9 月 9 日之前法租界土地买卖契约抄本》与《1855—1867 年的土地产权转移登记簿》,以下表格的资料来源与此表相同。

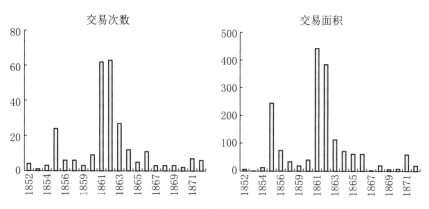

图 6-1-1　1852—1872 年上海法租界土地交易趋向图

（一）1848 年至 1853 年土地产权转移

　　1849—1855 年,即法租界建立至小刀会起义结束,为法租界的草创时期。其地理环境状况,目前学界普遍采用了 1929 年梅朋、傅立德的《上海法租界史》的说法,即 1853 年法租界仅有两位洋商地产主——雷米和江南主教赵方济（Francois Xavier Maresca，1806—1855）。1884 年亚瑟·米拉（Arthur Millac)在其著作《1853—1855 年上海法租界》①持有相同的看法。至 1853 年，法租界实现或正在开发的范围，"东面亦只到达舟山路附近"②，"西面，法国区不超过现在的缺口路，它和前面所说的那块东到北门路的地是不相连的，中间隔着一块坟地和一些园子"；南面，"法国区甚至还没有到达北城墙"。③当时法租界尚属草创，人烟稀少，环境险恶。据文献记载，"英租界和上海县城城墙之间的一段地区，尤其泥泞，在黄浦江边'满是污泥的斜坡上有一些受水侵蚀、破烂不堪的房子'。每年大潮汛的时候，潮水把河里的淤泥带到这块低洼的土地上。它的整个外貌像一个城市的郊区，阴沉、肮脏，……"④而居住在法租界的外国人，包括家属在内也不过十余人。从当时颁发的道契资料来看，在县城以北和以西的地区均有大量坟墓分布。而洋泾浜和外滩一带还有不少中国人的房屋。

《法租界：土地申请，土地登记》是 1848 至 1855 年间洋商与驻沪法领事之间关于土地申请的来往信函。据此可知，1848 年至 1853 年的土地申请书为 No.1 至 No.14，缺 No.7—8，而 No.1—6 为洋商向驻沪法领事的信函，No.9、No.13 为驻沪法领事向洋商的回信。No.10、No.12、No.14，既有洋商的申请信函，也有法领事的回信。从土地申请者来看，申请地产的洋商共 8 位，其中法商 3 人，第一份土地申请者为法领事翻译哥士者（U. Klurkowski），而 No.2—4、No.6、No.11 为雷米，最早申请时间为 1849 年 1 月 5 日。另外一位法商为 No.9 阿鲁内（Jacques Arone）；⑤英商 5 人，No.5 R.W. Bune，No.10 查理兹

① Arthur Millac, *Les français à Changhaï en 1853—1855*：*Épisodes du Siège de Changhaï par les Impériaux*，*Paris*：Ernest Leroux Editeur, 1884.
② 董枢：《上海法租界的长成时期》，《上海市通志馆期刊》第 1 卷，台北文海出版社 1977 年版，第 332 页。
③ ［法］梅朋、傅立德：《上海法租界史》，第 76 页。
④ 《"巴荣纳人"号召华航行记》，第 1 卷，第 297 页，转引［法］梅朋、傅立德：《上海法租界史》，第 17 页。
⑤ 本书一般采用了《上海法租界史》或《上海租界志》的译法。

(P.F. Richards)，No.12 雒魏林(James Lockart)，No.13 比尔(T.C. Beale, Dent Beale 洋行，又称宝顺洋行)，No.14 科诺利(Connolly)。由此可见，传统所认为的 1853 年上海法租界仅有一位法商的说法并不准确。

　　从这些土地申请信件看，明确表明希望其地产位于"洋泾浜"南岸的有 9 封，另外两份申请无地产位置的要求，这说明在当时洋商眼中，"临近洋泾浜"为最优的地产区位。笔者将地产申请的空间位置付诸 1853 年的法租界地图上，即可得出这一时期的洋商地产分布图，如下图所示，洋商地产的空间分布主要位于靠近黄浦江的洋泾浜南岸，南面不超过公馆马路，西面不到缺口路(今四川南路)，这与《上海法租界史》的记载基本吻合。因为临河地产不仅可以满足交通便利的要求，而且洋泾浜靠近已初步发展成型的英租界，故具有潜在的升值空间。值得注意的是，这一时期黄浦江岸尚未开发，故无一块地产选择在黄浦江岸。

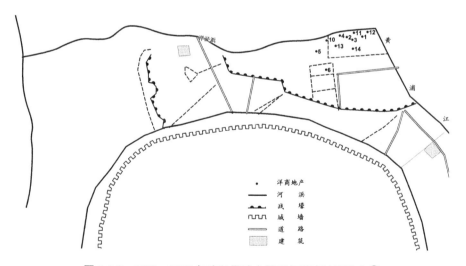

图 6-1-2　1848—1853 年法租界城乡景观与洋商地产分布①

---

① 根据 M. Arthur Millac 的 *Les Français à Changhaï en 1853—1855*，p.8 所载的 1853 年法租界地图重绘，洋商地产分布据《法租界：土地申请、土地登记》内容复原，每个点仅表示一个大概的地理位置。

(二) 1853—1859 年土地产权转移

1853—1859 年是法租界快速成长时期,这是因为 1853 年 9 月 7 日上海小刀会起义爆发,大量难民涌入租界,打破开埠后"华洋分居"的格局,催生了房地产契机。在县城占领前,租界初估仅 500 人,战争爆发后,据第一届工部局报告,租界内人口激增至两万人以上。[①]根据《1872 年 9 月 9 日之前法租界土地买卖合同》,将这一时期的地产位置逐一定位后,得出 1853—1859 年的洋商地产分布示意图,可窥当时地产分布与法租界的市域扩张趋势。

从《法租界:土地申请、土地登记册》来看,1854 年有 25 份土地申请,比之前所有年份总和还多,仍以英商居多,共 11 位;法商 4 位,位居次席,其中来自巴黎 2 位;美商 2 位。其中申请十亩及以上的洋商有 7 位,令人颇感困惑的是,《1872 年 9 月 9 日之前法租界土地买卖合同》中,1854 年仅有一份,而《1855—1867 年的土地交易》记载 1854 年的土地合同为 3 份。笔者揣测,这可能受当时战火影响,业主逃亡或房屋被毁都有可能中断正在进行的土地谈判。从空间分布上看,这些地产申请中有 17 份明确注明了租地位置,其中要求面向洋泾浜的地产申请有 7 份,面向黄浦江的有 3 份,其他只表明"临河"的 4 份。比如 1854 年 3 月 16 日的一份地产申请书,"尽可能靠近洋泾浜,150 码宽的临水面和同样进深的地产",1854 年 5 月 10 日的一份地产申请书明确要求,"尽可能获得 300 码宽的临水面",这说明"临河"分布的格局并未改变。而 3 份黄浦江滩位的地产申请,表明抢滩活动已经开始。

1855 年土地买卖合同 21 份,交易面积达 203.623 亩,涉及 14 位洋商,其中英商 7 位,法商 6 位、美商 1 位。从空间分布上看,洋商的抢滩活动开始升温。1855 年 21 份成交的地产合同中,地产边界为黄浦滩的有 11 份,其他地产亦临近黄浦江,这说明 1855 年的"抢滩"颇为活跃。11 份合同中有

---

① 《上海法租界史》(1983 年中译本),第 134 页。

7位洋商,其中雷米凭着他与领事的特殊关系,在抢滩中占得先机,在公馆马路以北、以南购置地产30.326亩;韦布为大英轮船公司的代理,在公馆马路以南占有滩地3块共29.695亩,除外参与抢滩的其他洋商有,英商比尔

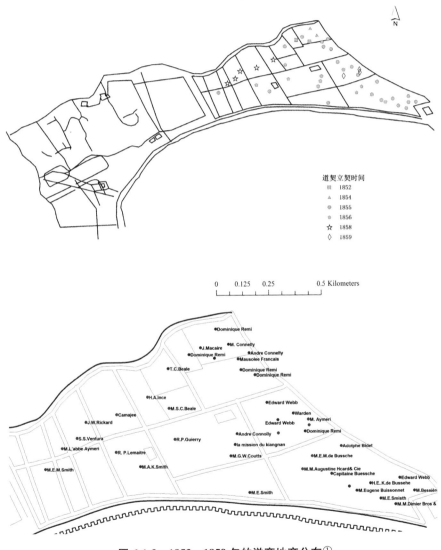

图 6-1-3　1853—1859 年的洋商地产分布①

① 底图根据原图(载《上海法租界史》,上海社会科学院出版社 2007 年版,第 137 页)绘制。

24.263 亩，雷米的雇员比代（Adolphe Bidet）14.327 亩、科诺利 11.708 亩，巴斯奇（H.E.K. de Bussche）14.327 亩、亚当森（W.R. Adamson）10.461亩，比索内（E. Buissonnet）10.128 亩、库茨（G.W. Coutts）7.195 亩，耶稣会代理人梅德尔神父（P. Lemaitre）5.31 亩，泰昌洋行（Dimier Bros & Cie）3.568亩、贾米森（Thomas Jamieson）3.568 亩等。当黄浦江外滩慢慢被洋商占满之后，开始向滩岸内部发展。

在 1855 年向租界内部租地已初现端倪：在所见土地合同中有 4 份位于公馆马路以南、上海县城以北，另一份位于县城以北，最西面的一份位于北门路，是史密斯的地产共 21.281 亩，这是他在 1855 年 12 月 13 日从 41 位中国业主手中购置的。1856 年延续并推进了这一发展趋势。1856 年成交的土地合同中，有 8 份位于孟斗班路以西至北门路之间区域，另有 5 份继续挤占江滩岸。

1856—1859 年实现的土地买卖合同仅 15 份，不及 1855 年，交易面积122.644 亩，从空间分布上看，仅有五份合同位于外滩附近，其余均位于内部。这些洋商有比尔（6.734 亩）、库茨（2.398 亩），均为前一阶段出现的洋商，其余新增英商为 Busse（14.684 亩）、因斯（H. A. Ince，7.193 亩）、D. N. Camajee（2.194亩）、旺蒂拉（S.S. Ventura，7.935 亩）；而吉埃里（R.P. Guierry）和埃梅里（M. Aymeri）均为味爵会（missions lazaristes）的代理人，梅德尔为江南教会的代理人，他们共占有 4 块地产，面积高达 45.675 亩。此外还有两位美国人里夏尔（J.W. Rickard）和赫特洋行（M.M.A. Heard & Cie）。

与洋商狂热租地几乎同步的是城市空间初步成型：坟墓、沼泽、池塘不见了，棋盘式路网取而代之。究其原因，法租界已有了行政性的机构——1857 年成立的道路管理委员会，筑路、修桥等市政工程得以有序进行。由上海法租界领事馆收藏《1858 年前后的法租界》①，表明法租界已辟筑了十

---

① 法国驻上海领事馆资料，载《上海法租界史》（2007 年版），第 137 页。

条道路,已覆盖了西至北门路,南达城墙和舟山路,东到黄浦江,北至洋泾浜的范围。但与英租界相比,法租界的道路间距并不如它那样大致相等,而是呈现明显的地域差异:靠近黄浦江的道路间距较大,越到租界内部,路网结构越密间距越小。这一特征可能与地产的形态有关。在临河地段,洋商地产具有较长的进深,故道路间距较大,相反在租界内部,地产的形态可能受地形的影响,不可能如河滩地产那样有如此长的进深,而筑路同时又必须照顾每位地产主的利益,保证每块地产有一个或多个临街面,故需要更小的路间距。这一路网结构初步奠定了法租界城市空间的基础,之后的五年基本是这一结构的外延。

(三) 1860—1865 年

1860 至 1865 年是法租界早期土地产权转移最剧烈时期,根据数量和空间分布特征,又以 1861 年界分为前后两个时段。笔者根据《1872 年 9 月 9 日之前法租界土地买卖合同》,绘制了这一时段的洋商地产分布图。据统计,1860—1861 年土地交易合同达 56 份,交易额高达 391.826 亩,平均每份 6.9969 亩。其中仅 1861 年即 49 份,比之前所有年份之和还多。这些土地交易以华洋之间交易为主,共 45 份,涉及 61 位中国业主,每次交易平均 6.9969 亩。有 26 位洋商,其中法商 12 位,美商和英商各 7 位。法商合同最多,21 份共 102.675 亩。据《1872 年 9 月 9 日之前法租界土地买卖合同》统计分析,可以得出早期城市化的两个特征:首先,洋商从华人手中租地,是城市化开始的第一步。据统计,从第一号土地合同至第一百七十四号土地合同,从中国业主手中购置的地产为 118 份,占总数的三分之二,交易面积达 794.006 亩,且其时间段主要集中在 1863 年之前。再根据 1872 年土地税表统计,法租界共有 135 块地产,交易面积 888.432 亩,前后对比可知,1863 年之前的土地买卖,以华洋之间第一次交易为主。之后的交易主要发生在洋人之间的二次及以上多次土地分割交易。这说明至 1863 年法租界中国人的土地已基本被洋商购置完毕,而之后的土地交易更加频繁,反映了洋人从华人手中租用后再将土地分割出售现象较为普遍。

该时段土地交易 170 次,面积 1069.5356 亩,占法租界前 20 年交易总和的 2/3,其中华洋交易 110 次,洋洋交易 60 次。具体而言:(1)华洋首次交易,共 731.357 亩土地,主要集中在 1863 年之前,该时段华人卖主共 244 人。该时段平均交易额相比之前有所下降,10 亩以上的交易 22 次,占交易总数的 1/5,但交易面额却占总额的 62.8%,共有 142 个华人卖主。10 亩以下的交易比前一时段明显增多,占总数的 4/5;(2)洋洋二次交易,60 次共 337.9056 亩土地,但以小面额交易为主,10 亩以下的占总数的 4/5。10 亩以上交易共 12 次,多是并购了两个或多个洋商地产,比如交易额最大的是第 118 号契:William Endicott 于 1861 年 3 月 16 日从 J.W. Rickart 购买了 51.428 亩土地,实际上是原注册的第 85 和 98 号两地。无独有偶,第 71 号契,共 14.53 亩,为原注册第 100 和 101 号地等。洋商数量比前一时段增多。总之,交易次数多,交易面额小,以华洋交易为主,但洋洋交易增长迅速,购地洋商人数增多,成为这一时段土地交易的重要特征。

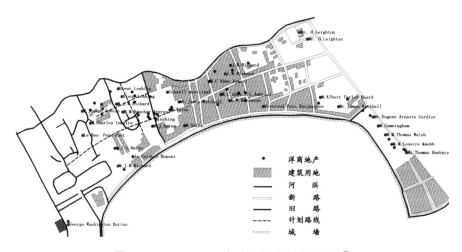

图 6-1-4　1860—1861 年法租界洋商地产分布①

① 底图根据原图重绘,原图藏英国图书馆[Maps SEC.13.(389)]。

从空间分布上看,洋商地产向西扩展的趋势仍十分明显,中东仍有部分洋商分布。东部地区,1861 年法租界实现第一次扩界,邮船公司购置 34 亩地,成为扩界缘起,但它并未按照原目的利用它,后来把它卖了,第一块卖给贴现银行的经理科尔迪埃先生,第二块卖给旗昌洋行,该洋行是邮船公司在上海的代理人。[①]故 1860—1861 年的洋商地产主要位于潮州会馆以北,主要有韦布、汉伯里、巴黎贴现银行分行经理科尔迪埃先生、劳雷罗先生、赫德(M. Heard)等洋商地产,此外还包括金能亨和威尔士(Thomas Walsh)洋行。中部地区主要指孟斗班路与北门路之间,主要有江南教会和埃梅里、里夏尔(Joseph W. Rickard)、比索内、惠托尔(James Witthall)、德雅克(Reverend Pere Desjacques)等洋商地产。西部地区主要指北门路以西,自1860 年开始,这一地区吸引了越来越多的洋商入住。据统计,仅 1861 年实现的土地合同即 35 份,主要有法商李梅(受雇于雷米洋行)、巴隆(J. Baron,海军部面包师)、Lavieille(海军部行政长官)、"Joseph Sovolo"(法领事馆职员)、Dupont 将军(法军孟斗班总将的代理)、萨莱斯(法领事馆职员)、le Reo-Pere Anot 等;美商里夏尔、"George Washington Burton"、华尔(H. G. Ward)、卡庞泰(Solomon Carpenter);英商洛欣(Loshing)、晏玛太、James Witthall、顾盛(Alexander Cushny)等;此外德商沃歇兄弟(Vaucher)等。

1862 年 8 月太平军第三次攻打上海失败后,法租界开始进入战后恢复期。这一时期的土地买卖活动仍十分活跃。据《1872 年 9 月 9 日之前法租界土地买卖合同》统计,1862 至 1865 年间到领事登记的土地合同为 113 份,交易额为 597.8912 亩,每份平均为 5.291 亩。其中法商最多,53 份合同,交易额 330.253 亩,美商次之 29 份,94.5332 亩,英商继续减少,仅 9 份,43.094亩,1 位葡萄牙商人,5.494 亩,其余未能确认国籍。法商相比之前增

---

① 《上海法租界史》(1983 年中译本),第 307 页。

长明显，共 29 位，除了普通商人之外，还有教会、公董局及法租界官员，公董局购地 31.341 亩 4 份合同。

图 6-1-5　1863—1865 年法租界洋商地产分布①

从空间分布上看，这一时段洋商地产主要分布在北门路以西，而东中部地区仍有少量洋商分布。东部地区的洋商地产，主要位于扩界新区，主要有比索内、金能亨、施米特、Vaucher 兄弟等；中部地区洋商地产较为分散，其中以埃梅里最多。西部地区，已成为地产交易最活跃地区，据统计 1862—1865 年实现约 101 份土地合同。主要有法商 Alphonse Bonnal、贝尔纳(Bernard)、安托万(Charles Antoine)、法雅(Eugene Fajard)、日意格(Giquel Prosper)、梅纳(Henry Meynard)、施米特(Ed. Schmidt)、沃歇、德瓦尔库尔(de Valcourt)、萨莱斯(Sales)、G. Delaplace、斯皮内蒂(Natal Spinetti)、S. Lavieille、Pierre Frederick Loup、雷米、萨拉贝里(Salabelle Xavier)等；美商卡庞泰、晏玛太(J. Yates)、里夏尔、阿伦(Allen)、Doyen、华尔(Henry G. Ward)、Albert Draper、金能亨等；英商 Hallpike、怀特(J.

① 底图根据原图重绘，原藏英国图书馆[Maps 61699.(2.)]。

W. Wright)、惠托尔、郎赫德(Longlead)、汉白里、米尔恩(Milne)等。

这一地区同样经历了先租地后分割出售的城市化历程。比如洛欣,出生在马来西亚的槟城,当时为英国的殖民地,他在上海经营批发贸易。1861 年 6 月 10 日,洛欣在北门路以西从中国业主购买了二块土地:No.68,从中国业主 chang-chann-li 租了 31.54 亩土地,价格为 3154.1 两,其范围"北至洋泾浜,南至名为 koue-tchian-kan 的地方,东至小河浜,西至 lin 地产";No.69,从同一业主租了 21.954 亩土地,价格 6586 两,其范围"北至洋泾浜,南至 tang 先生地产,东至大路 tachie,西至小河浜"。这两块土地共53.494亩,总价为 9740.1 两。从 1862 年 5 月开始至 1863 年 2 月,洛欣将这块新租土地分别割售给李梅、巴隆、埃梅里等八位洋商,共 47.342 亩,总额54893.7 两,纯盈利 44945.6 两。自己仅剩余 6.152 亩。其中割售给埃梅里的最多,24.313 亩,售给梅纳 11.33 亩,其余割售均在 5 亩及以下。埃梅里和梅纳按照同样的方式,将新获取的土地重新分割出售。按照这种方式,原先的城郊土地形态被重新分割,并逐步成为适宜地产开发的土地形态。

土地分割推动了土地开发。为满足这些洋商地产开发需要,道路委员会于 1860 年—1861 年间,就制定了改造这一地区的规划,包括筑路、填埋河浜和迁移坟墓。这些计划为 1862 年新成立的法租界行政机构——公董局采纳并实施。从当时的文献来看,这一时期,公董局的公共设施建设均集中在这一地区。公董局用了二至三年的时间,将这一地区改造成符合适合洋商地产开发的土地。在这些改造计划中,填浜和筑路无疑是最重要的。1862 年 6 月 4 日董事会首先宣布延长或者开辟五条交通干道:

一、公馆马路向西延长①;二、洋泾浜延伸至城墙;三、开辟一条和公馆马路平行的马路,从靠近帝皇路的洋泾浜码头开始,直到洋泾浜西端,并在公馆马路北面一百六十米的地方穿越"英国人的马路";四、在帝皇路西南一

---

① 《上海法租界史》载为"向东延长",而当时公馆马路已至公董局,其以东路段已辟筑,应向西延伸才对。

百四十五米的地方,在帝国路和另一条通往泰勒氏桥的马路之间,开辟一条和帝皇路平行的路;五、在上面这条路的西南一百四十五米的地方,开辟一条和它平行的路。此外,还宣布延长黄浦江和护城河的滩岸,而且在"皇家邮船公司地皮的南面"开辟一条宽二十四尺的马路。①

这项筑路计划规定,南北向道路间距为 145 米,东西向道路间距为 160 米,道路宽度为 24 尺,这与当时英租界的道路间距基本相同。道路的起点在英租界马路与洋泾浜交汇的桥上。但随着洋商地产的日渐增多,145 米的道路间距,并不能满足地产开发的需要了,1863 年公董局又推出了新的筑路计划:

一、放宽帝国路和施政路之间的一条小路,从公馆马路开始直到城河浜;二、填平郑家木桥和施政路之间的一条河浜,改为道路,并取名为磨坊街,而帝国路和施政路之间,和磨坊街平行的那条路取名北门路。②

由此可见,这次道路计划实际上是对前期 145 米道路间距的调整,从145 米减小至 70—90 米的道路间距,也就更符合当时地产开发的需要。洋商地产与城市空间之间存在相互影响的内在联系,洋商地产既是城市空间形成的基础,又是城市空间拓展的内在动力。

至 1865 年法租界及其第一次扩展区,已基本上实现了土地的重新划分,界内的华人地产几乎被洋商抢购一空。与其配套的城市道路和交通网络等设施也随之建设,至 1870 年前后,法租界地区已由原来的坟墓、池塘和则田的郊野之地,变成了一个初具规模的欧式新城了。

(四) 1865—1872 年土地交易与地产分布

1866—1872 年,为土地交易的低谷期。其实,1864 年 12 月苏州被攻占就意味着土地市场繁荣时期的终结。大批难民迅速返乡,租界的人口从之

---

① 1862 年 6 月 4 日的决议,载《上海法租界史》(1983 年版),第 334—335 页。
② 《上海法租界史》(1983 年版),第 345 页。

前的 33 万,降低到 1865 年的 13 万[①],"住房,整个住宅区都变得空荡荡了;隔一个晚上地皮就不值钱了;从 1864—1865 年,房租降低了 50%。即使不是大部分,至少是许多房子都是贷款造的,因此许多人破产了"[②]。雪上加霜的是,1866 年受伦敦金融危机的影响,上海 12 家外资银行破产了 6 家。土地市场衰退和金融危机导致 1866—1872 年土地市场持续低迷,交易 35 次,共 174.629 亩土地。从交易面积来看,平均交易额为 5.14 亩,超 10 亩的仅 6 次,说明该时段以小面额交易为主。从交易对象来看,以洋洋交易为主,华洋交易仅有 1 次。购地洋商 27 人,售地洋商 20 人,且多是后来沪的中小型洋商。可见这一时段的主要特征是:土地交易次数少,交易面额低,以洋洋交易为主,中小型洋商人数增多。

(五) 1872 年地税表所反映的法租界地产状况

法国外交部档案馆所藏的 1872 年 12 月 31 日由公董局批准的税收表[③],包含了该年度法租界范围的税收地产的状况。此税收表共包含了两份表格,一份表格主要登记每个纳税人姓名、年租总值以及需要纳税的总额。至 1872 年底,法租界纳税业主有 64 个,总值为 25014 皮阿斯特＋50010 银两。另一份表格是按照地产进行排序的土地信息表,计有 135 份地产,74 个业主,共有 895.112 亩土地,平均每份地产为 6.68 亩。值得注意的是,这两份表格的业主姓名并不相同,据笔者推断,前一表格的纳税人,准确说应该是房屋租户,而第二表格为土地业主。

笔者对第二个表格进行统计分析,其中 10 亩以上的地产主有 28 个,共 697.756 亩土地,占法租界纳税总面积的 77.95%。其中 10 亩以下的地产主有 46 个,共 197.356 亩土地。人均 4.29 亩。法国巴黎的遣使会以91.432亩

---

① 根据两个租界的官方人口普查统计数据,转引自《上海法租界史》(1983 年版),第 375 页。

② 《上海法租界史》(1983 年版),第 375 页。

③ Relevé du role de l'impôtvocatif Européen pour le semester échule 31 Decembre 1872.法国外交部档案馆(南特馆),档号:635PO/B-33。

高居榜首。

表6-1-2　1872年法租界地税表超10亩以上地产主统计　　面积:亩

业　　主	面积	业　　主	面积
Lazaristes 遣使会	91.432	Lemaire，C.	17.278
Keswick，J.J.	76.657	Hill	15.805
Pagode de Ningpo 四明公所	52.001	Muller，J. W.	14.836
Jesuites R. P.耶稣会	45.192	Baron，J.S.	14.078
Chartion & Monnier	35.339	Webb(les enfants)	13.763
Messageries Maritimes	31.672	Bower，F.	13.319
Webb，E.D.	31.465	Holliday，Macartney	12.371
Buissonnet 比索内	28.069	Yates，M.T.	11.016
Voisin，A.	26.412	Adamson，R.	11.003
Rémi de Montigny 雷米	25.177	Coutts J.G.	10.493
Cowie，G.	23.421	Compagnie du gaz	10.406
S.S. Navigation Company	20.254	Savoléo	10.286
China Navigation Company	18.065	Jurner	10.141
Wright	17.802	Dent，A.	10.003

　　资料来源:Relevé du role de l'impôtvocatif Européen pour le semester échule 31 Decembre 1872.法国外交部档案馆(南特馆),档号:635PO/B-33.

三、法租界早期土地交易的内在驱动力

　　对于开埠早期租界房地产市场的勃兴,学界通常会归因于战争的影响,我们可称之为战争说。毋庸置疑,战争导致租界人口剧增,由其产生的巨大住房需求,成为土地交易和房地产业诞生的主要驱动力。诚如城山智子指出,"中国移居者是所有外国租界土地价格上涨的主要因素之一。在上海,房地产的交易自19世纪中叶中国战争难民大量涌入租界开始"。[①]但笔者注

---

① 　城山智子:《上海的房地产市场和资本投资(1860—1936)》,苏基朗、[美]马若孟编:《近代中国的条约港经济》,成一农、田欢译,浙江大学出版社2013年版。

意到,即使在战争期间,并非我们所想象的那样,所有的房地产商为了发一笔横财,采取了低价购进后立即高价抛售的牟利方式,恰恰相反,有不少房地产商购进土地后,并不为暴涨地价所动,不予出售,如何理解这一现象。此外,在土地交易的淡季,甚至土地市场的萧条期,有些大地产商仍继续购地,并不担心因地价降而亏损。笔者对 20 亩以上的大地产商购售情况进行统计,发现有些洋商购售平衡,有些洋商则购远大于售,甚至零售地,为何会出现如此大的差别? 这说明在开埠初期租界的土地交易自有一套内在的逻辑,并非简单的战争说。而笔者认为这套逻辑与地产商的经营理念有很大关系。20 世纪40 年代,陈炎林总结了上海地产营业的四种赢利方式:(1)专作买卖;(2)喜作押款;(3)租地造房;(4)押造。"专作买卖",通常发生在地价较低时,"盖因价格不高,买卖双方无须顾虑一切","买卖因此易于成交,而投资者尚寥寥无多","买卖均极顺利,不难随购随售"。[1]至于放款者,因其期限不久,兼有较高之利息可取,故乐于贷借,因之经营地产者,以此类为最多。在开埠早期,"专作买卖"是开埠早期土地交易最重要的赢利方式之一。

表 6-1-3　1852—1872 年法租界超 20 亩大地产商土地交易统计表　　单位:亩

业　主	购地次数	购地面积	售地次数	售地面积	剩余地产
比索内(Eugene Buissonnet)	9	103.788	1	2.487	101.301
埃梅里(L'abbe Aymeri)	10	97.294	6	69.664	27.63
雷米(Dominique Remi)	13	70.377	2	4.937[2]	65.44
施米特(Edouard Schmidt)[3]	9	43.214	6	42.69	0.524

① 陈炎林:《上海地产大全》,民国丛书,第三编 32 册,上海书店出版社 1991 年版,第 75—76 页。
② 雷米唯一的一次售地是第 8 号契,但面积的信息空缺。而这里的卖主是雷米女儿,即雷米·敏体尼(Remi de Montigny),在 1863 年 7 月 12 日将 4.938 亩土地售给法租界当局。
③ 雷米在 1857 年离开了上海,利名钟表行实际由其侄子施米特经营,利名钟表行改名为雷米·施米特洋行(Remi Schmidt Cie),故笔者将"Remi Schmidt"和"Remi Schmidt Cie"的土地交易均归至施米特名下。

续　表

业　主	购地次数	购地面积	售地次数	售地面积	剩余地产
李梅(Charles Lemaire)	11	39.214	3	?	?
洛欣(Loshing)	2	53.495	8	47.562	5.933
瓦赞(Arthur Voisin)	3	39.301	0	0	39.301
里夏尔(Joseph W. Rickard)	13	31.811	2①	3.195	28.616
Augustine Heard & Cie	1	29.7	2	29.33	0.4
韦伯(Edward Webb)	3	28.906	0	0	28.906
晏玛太(Mathieu Yates)	9②	24.2056	0	0	24.2056
Salomon Carpenter	4	22.675	1	17.3	5.375
梅纳(Meynard，Henri)	3	21.73	0	0	21.73

从上表来看,在开埠早期,超20亩的大地产商中,如施米特、赫德洋行(Augustine Heard &Cie)、"Salomon Carpenter"等不少洋商,多次低价购进华人地产,并等待地价上涨后,再将部分地产分割高价抛售,即陈炎林所谓的"专作买卖"。其中最典型的例子是英商洛欣(Loshing),1861年6月10日,在法租界土地交易最狂热之时,分两次从中国业主手中以100两/亩和300两/亩的低价购买了53.495亩华人地产,共9740.3两。1862年和1863年,地价大涨至800—1500两/亩,于是他将其中的47.562亩地产分8次分割高价售出,在短短两年内获纯利45470.4两。这种方式的奥秘之处在于,"非有多数盈利,则不出售,而地价日渐高涨……且近来地产出售又极秘密,与售古玩无异,有人求购则得价而沽,无人需要则韫积而藏以待善价,所谓物稀为贵,藏之愈密,则其值愈高"③。

还存在不同于"专作买卖"的另一种类型,即多次并购却惜售或少售土地。雷米就是一个典型,他在1849—1855年先后13次在法租界购买了70.377

① 卖主均是 J.W. Rickard 的妻子。
② 其中一次,无购地面积信息。
③ 《上海地产大全》,第76页。

表 6-1-4　英商洛欣(Loshing)土地交易统计

购　　进			售　　出		
契号	总价(两)	亩价(两)	契号	总价(两)	亩价(两)
68	3154.1	100	154	2443.2	800
69	6586.2	300	162	667	1010.61
			166	735	1400
			167	2169.6	1154.04
			168	15250	1345.98
			169	28420.9	1168.96
			171	5000	917.43
			No.1	525	1500
汇总	9740.3			55210.7	纯盈利:45470.4

亩土地,并凭着其先到先得的优势,抢购了外滩及其附近的绝佳地产,
1857 年雷米在法租界地产估价总值为五万七千两,占当时法租界全部地产
估价总值的 35%。[①]但《契约抄本》却未见其售地信息。1857 年他便不在上
海了,"可能在曼谷筹建分行,也可能在欧洲"。[②]在他离开后,由他经营的利
名钟表行,改由其侄子施米特执掌,并改名为雷米·施米特洋行(Remi
Schmidt Cie)。其地产一部分给了雷米·施米特洋行,另一部分归至其妻子
名下,即第一任法国驻沪领事敏体尼之女,雷米·敏体尼(Remi de Mon-
tigny)。除了施米特将其一部分地产变卖后,其余大部分地产予以保留,至
1872 年,在雷米·敏体尼的名下还有 25.173 亩土地。[③]无独有偶,法国丝绸
商比索内(E. Buissonnet),"在上海占首位的法国洋行大班"[④],先后 9 次购
买了 103.788 亩土地,成为法租界最大的地产商之一,但他极少售地,仅见
的一次售地是 1868 年 7 月 10 日将 2.487 亩土地卖给一个中国业主,其余尚

---

① 根据 1857 年 5 月 13 日的地产估价单,见《上海法租界史》(1983 年版),第 209 页。
② 《上海法租界史》(1983 年版),第 311 页。
③ Rôle de la Contribution foncière 1872,法国外交部档案馆藏,档号 Seris-B-33。
④ 《上海法租界史》(1983 年版),第 383 页。

有 101.301 亩土地保留。此外，美国传教士晏玛太（Mathieu Yates），1861 年之前在法租界尚无任何地产，1862—1862 年先后 8 次购了 15.622 亩土地，之后又不断买进，共 24.2056 亩，但他只买惜售，至 1880 年，其地产仍有 21.2011 亩。①此外，超 20 亩大地产商，如瓦赞、李梅、梅纳等，均属这一类型。

为什么此类地产商在地价高涨时不通过高价售地来盈利呢？这就涉及陈炎林所谈到的另外两种盈利方式：押款和租地造房。押款，"盖自购地产则恐售出之期遥远，且能否获利，尤无把握，不如作押款为稳妥，既可得优厚之利息，而又有保息保购至保障"；"租地造房"，"以少数资本租得将来极有希望之地，建造房屋，即将收入之小租押租等，充作造屋基金，因此而获厚利者数见不鲜"。②以比索内为例，从 1877 年法租界地籍图上看，比索内的则几乎全在小东门外滩一带，为当时地价最高的地区。他并未将土地卖出，当然也不全部留为己用，从 1882 年法租界地图③来看，这一地段，除了很少一部分土地建成了仓库、货栈外，其余大部分土地建成了高密度中式房屋。不难推测，比索内的盈利方式，应该是"租地造房"，将土地直接租给中国业主建造房屋，除每年收取一定租金外，并在一定年限后连地带房一并收回。至于其他几位地产商是否也采取这种方式不得而知，但从 1882 年地图上看，法租界除了外滩等极少数地产建有欧式房屋和货栈、店铺外，其他绝大多数地产均是高密度中式里弄，可见在法租界华人地产全部被洋商购完，且地价上涨达到饱和程度后，专作买卖远不如"租地造房"获利多且持久。租地造房在当时的英租界也相当流行，比如英商史密斯（Edwin Smith），1860—1862 年因建房出租发了财，被称为"土地问题的预言家"，1869 年在南京路

---

① Concession Française, *Shanghai*, *Rôle de la Propriété Foncière au 30 Juin 1880*, Shanghai: Imprimerie Fonceca Silva, 1880.
② 《上海地产大全》，第 76—78 页。
③ Plan de la concession françaiseà Shanghai. 1882,藏法国国家图书馆。载"Virtual Shanghai Project" http://www.virtualshanghai.net/Maps/Source?ID=138[2016-3-26]。

上占有土地 131 亩,约占整条马路地产的 1/3。①费正清也指出:"在上海租有土地的西方人,现在通过把土地转租给不动产经营者和建筑业者而获利。到 1854 年年中,在一百五十栋外侨宅第之外增加了大约八千所中国住户。"②正是这种土地经营理念,使拥有土地的洋商越发惜售土地,正如郭奇正所言:"房屋已经购进,非有多数赢利,则不出售",巨大的涨幅,不只使得洋商惜售,也使得大量土地被囤积在少数业户手里。在此情况下,衍生出"租地造房"的土地赢利方式,即"以少数资本租得将来极有希望之地,建造房屋,即将收入之小租、押租等充作造屋资金,因此而获利者,数见不鲜"。③于是租地造屋逐渐成为一种普遍形式。据 1861 年 3 月来沪的德国外交特使的观察,外国"商人们把部分从领馆分到的地皮以很高的价格,出租给中国人"④。而势力雄厚的大地产商通过大鱼吃小鱼的方式,慢慢成为租界土地的垄断者,以至于之后很长一段时间,租界内的地产主比较固定,土地越发集中在少数大地产商手中,垄断成为租界土地市场的重要特征。

　　当然,以上几种经营方式并非孤立,而是相互渗透。在 1860—1864 年房地产业的繁盛期,老牌的贩卖鸦片的洋行,如老沙逊、怡和、仁记等,大都设立地产部,专营房地产,并最大限度地向房地产投资。教会机构,也专门设立了专营房地产的账房。⑤以遣使会为例,埃梅里(L'abbe Aymeri)是其中账房先生,先后 10 次低价圈购 97.294 亩华人土地,同时又分 6 次高价割售 69.664 亩,盈利后再次在别处购进更多地产,即"专作买卖"。而 1865 年之后,宗教机构改变之前土地经营方式,转以"租地造房"为主要经营手段,大

---

① 赵津:《中国城市房地产业史论(1840—1949)》,南开大学出版社 1994 年版,第 25 页。

② John K. Fairbank, *The Cambridge History of China*, Volume 10, *Later Ch'ing*, *1800—1911*, Part I, Cambridge University Press, 1978, p.240.

③ 郭奇正:《上海租界时期里弄社会的社会生产》,台湾大学建筑与城乡研究所博士论文,2003 年,第 32—35 页。

④ 王维江、吕澍辑译:《另眼相看——晚清德语文献中的上海》,第 6 页。

⑤ 赵津:《中国城市房地产业史论(1840—1949)》,第 17 页。

体又分为三种方式：一是长期租地按年付租，规定每 5 年或 10 年要随地价上涨而加租；二是规定租期，到期拆屋或还地，三是规定租期，一般为 15—30 年，期满连屋带地一并收回。①教会机构地产在法租界占有相当大比重，这是法租界不同于公共租界的一个重要特征，如耶稣会、遣使会、天主教等宗教机构，均在法租界拥有地产，同一教会不同教区，如遣使会的江西教区、巴黎教区、北京教区等，亦在上海广置地产，从 1880 年法租界地籍册看，②遣使会，70.953 亩地产，耶稣会，51.848 亩地产，美南浸信会差会(晏玛太)，13.613 亩地产，教会地产总和占法租界总地产(802.141 亩)的 17%。与一般的营业性洋行不同，教会机构完全以房地产营利为目的，故租金盈利更大的高密度里弄房屋成为首选，对法租界之后形成以高密度里弄房屋为主的城市空间形态影响颇大。

第二节　1877—1900 年法租界地籍图册及主要内容

尽管上海在太平天国运动结束之后，因大量难民返乡以及 1866 年金融危机的影响，土地市场一度衰落。但随着上海对外贸易的发展，至 1870 年，法租界地区又逐步恢复了战前的繁华。从上文来看，1870 年前后，法租界区的土地产权已完成了从华人地产向洋商地产的转移过程，并实现了从早期的郊野之区向较为成熟的建成区的转变。1870 年之后至 1900 年法租界区的土地占有及城市形态，目前学界尚未进行系统讨论过。本部分内容，笔者主要根据这一时期的法租界地籍图册的内容进行深入讨论。

---

① 赵津、梁辰：《近代中国外商房地产投融资及经营模式探析——以上海、天津为例》，《中国房地产》，2010 年第 2 期。

② Concession Française, Shanghai, *Rôle de la Propriété Foncière au 30 Juin 1880*, Shanghai: Imprimerie Fonceca Silva, 1880.

一、《1877 年法租界地籍图册》及主要内容

《1877 年法租界地籍图册》，目前学界尚未揭露和使用过，这是一份极为珍贵的史料，也是笔者所见最早的法租界地籍图册。该地图彩色印制，做工细致、制图精美。图名：Plan de la Propriété Foncière au 30 Juin 1877（1877 年 6 月 30 日土地产权地图），图幅 51×90 厘米，系私人收藏。该地图的绘制者待考，根据地图上的图注：Lu et approuvé par le Conseil dans sa session du 21 septembre 1877（由 1877 年 9 月 21 日公董局董事会审阅并批准），推测是由公董局的工程师绘制。该地图反映的是 1877 年法租界地产占有情况。该地图与之后法租界地籍图上标注地籍编号不同，只是在每个地块上标注了地产主姓名，并用同一颜色表示同一业主的所有地产。但同样可以让我们了解该年份法租界不同洋商的地产分布。

难能珍贵的是该地图还有相对应的《1877 年 6 月 30 日地产税表》，包括地产主姓名、道契号、土地面积、土地估价、总价等字段。笔者对其进行统计可知，1877 年法租界登记的地产共有 167 份，总计 925.805 亩土地，土地总估价 560053.845 银两，每亩均价 578.908 银两。

该地产表中共有 85 个地产主，人均占有 10.892 亩土地。其中，10 亩以上的地产主共有 27 人，占有 676.065 亩土地，占总面积的 73.02%，也就是说，1/3 的地产主占有租界近 3/4 的土地。其中，20 亩以上的地产主有 13 人，计 497.887 亩土地。10—20 亩的共有 14 个地产主，计有 178.178 亩土地。10 亩以下的地产主有 58 人，占有 249.74 亩土地。

表 6-2-1　1877 年法租界 10 亩以上地产主信息统计表　　　　单位：亩

姓　　名	面积	姓　　名	面积
Keswick, J.J.	76.682	Pagode de Ningpo 四明公所	52
Buissonnet，E.皮少奈	70.957	Hanbury, Thomas 汉璧	39.376

续　表

姓　　名	面积	姓　　名	面积
Société de Jésus 耶稣会	38.134	Webb, Ed.	14.643
Messageries Maritimes 法国邮轮公司	31.593	China Navigation Company	14.503
Yates, M.T.晏玛太	31.362	Baron, J.S.	14.053
Municipalité Française	29.991	Voisin, A.	13.206
Mission des lazaristes de Paris	29.3	Holliday, Macartney	12.37
Cowie, J.G.W.高易	28.794	Coutts, G.W.	10.493
Mission des lazaristes du Kiangsi	25.264	Adamson, W.R.	10.461
Montigny, Rémi de	24.418	Compagnie du gaz 煤气公司	10.4
Grew, Latimer et Loureiro (S.S.N.E.)	20	Turner, H.	10.104
Wright, J.H.W.	18.255	Savoléo, J.	10.033
Mission des lazaristes de Pékin	14.843	Dent, A.	10.003
Muller, J.W.	14.811		

资料来源:法国私人收藏。

从上表来看,在法租界 10 亩以上的大地产主,按照其职业和身份来看,主要包括以下几类:

1. 教会及传教士:以耶稣会占地最多,达 38.134 亩;巴黎遣使会次之,29.3 亩,江西遣使会,25.264 亩,北京遣使会 14.843 亩,以上四大教会总计占地 107.541 亩,这些土地大部分是用于建房出租盈利,教会实同房地产商。晏玛太,美国南浸信会传教士,兼营房地产买卖,在法租界拥有31.362亩土地,为法租界的一个大地产商。

2. 贸易商人:主要有法国商人,如最早来沪的钟表商雷米,占有24.418亩土地;皮少耐,生丝贸易商,同时也是公董局的董事,占地最多,70.957 亩;英国商人汉璧礼在法租界拥有 39.376 亩土地,还有 W.R. Adamson 天祥行,占地 10.461 亩土地;A. Dent 宝顺大班,占地 10 余亩。

3. 市政部门、公董局职员或法国政府的直属企业：公董局占有29.991亩土地；法租界煤气公司，占有10.4亩土地，法国邮轮公司，占有31.593亩土地，这些土地主要用于市政或自身使用。

4. 其他行业：高易，为英律师，同年在英租界也拥有地产，在法租界的地产接近30亩；四明公所，宁波的同乡会所，占地52亩等。

以上的大地产主，掌控着法租界的土地市场，并对法租界的土地开发起着非常重要的作用。

二、《1880年法租界地籍册》及主要内容

（一）主要内容

法国外交部档案馆（南特）所藏《1880年法租界地籍册》①，这份地籍册对于法租界的地籍发展具有非常重要的意义。这是目前所见法租界第一份严格意义上的地籍册，其字段设置和主要内容，为以后法租界公董局编制地籍册提供了范式，并被一直沿袭利用。地籍编号，首次使用，成为之后的法租界地籍图册地籍编号的基础。

该表格主要字段包括：(1)Numero du titre de propriete et Consulat ou il est inscrit(土地注册的领事馆和土地契约的编号)；(2)Numeros du plan Cadastral(地籍图上的编号)；(3)Nom du Proprietaire(地产主姓名)；(4)Delimitation de la Propriete(Au Nord，Au Sud，a l'Est，a l'Ouest)[四至边界（东至，西至，南至，北至）]；(5)Superficie(Mows. Funs. Lis. Haos.)[面积（亩、分、厘、毫）]；(6)Valeur estimative par mow(Tael)[每亩估价（银两）]；(7)Valeur par lot de terrain(Tael)[每块地产的总值（银两）]；(8)Total general de la valeur(Tael)[每个业主的土地总值（银两）]；(9)Impot Foncier a 0.75% par an(Tael)[每年土地税额（7.5‰）]；(10)Cote Semestriel[半年一次的税额

---

① Concession Française，Shanghai，*Rôle de la Propriété Foncière au 30 Juin 1880*，Shanghai：Imprimerie Fonceca Silva，1880. Ref：635PO/B/33，Archives diplomatiques de Nantes.

（第一次半年和第二次半年）］。

1. 各国领事馆登记情况。以法国领事馆登记的土地为主，共 169 份道契，计 691.5504 亩，美国领事馆共有 8 块土地，计 21.8308 亩，英国领事馆，共有 7 份道契，计 47.0215 亩土地，还有一些华人地产，比如 Cad.142 和 Cad.147，系华人 Lin-ze-Fong 所有，还有四明公所等，所有华人地产共计 6 份，共 41.7384 亩土地。

2. 本年度法租界地籍册中，共有 190 条数据，土地面积总计 802.1411 亩，土地估值，不全，只有 50 条数据标注了土地估价，其他则空缺。据统计，此表中共有土地业主 80 个，其中 10 亩以上的业主共有 25 个，占有 565.1153 亩土地，为总数的 70.45%。1—10 亩的土地业主 49 人，共占有 232.6939 亩土地，占总数的 29%。1 亩以下的小地产主，仅有 6 人，共计 4.3319 亩土地。

其中 10 亩以上的地产主，发生了很大变化：与 1877 年相比，皮少耐，因病回国，其地产被 Société immobilière de Shanghai（上海地产公司）购买，这是一家法国房地产商，与皮少耐什么关系还有待考证。该地产商成为当时法租界最大的地产商。而之前高居法租界地产商榜首的"J.J. Keswick"，此时跌落至第二位，地产减少了 20 余亩。土地减少的还有四明公所。相反，汉璧礼的地产，相比 1877 年，增加了近 10 亩土地。

表 6-2-2　1880 年法租界超 10 亩的地产主汇总表　　　　　单位：亩

土地业主	面积	土地业主	面积
Société immobilière de Shanghai	58.853	Municipalité française	22.8781
Keswick, J.J.	53.2859	Montigny, Rémi de	19.8462
Société de jésus	51.8478	Mission des lazaristes du Kiangsi	19.0923
Hanbury, Thomas	49.0005	China Navigation Company	15.5902
Mission des lazaristes de Paris	38.0142	Cowie, J.G.W.	14.8411
Pagode de Ningpo	35.9424	Grew, Latimer et Loureiro (S.S.N.E.)	14.304
Messageries Maritimes	28.0177	Mission des lazaristes de Pékin	13.8469

续　表

土地业主	面积	土地业主	面积
Yates，M.T.	13.6132	Webb(les enfants)	11.2147
Wright，J.H.W.	13.4452	Halpike，Mme Vve	11.1386
Hill（Mme），Seaman（M. & Mme），& Maclay R.H.	12.5942	Baron，J. S.	10.9938
Webb，Ed.	12.48	Dent，A.	10.7003
Muller，J.W.	11.8592	Compagnie du gaz	10.2403
Voisin，A.	11.4755		

资料来源:《1880 年法租界地籍册》。

三、《1881 年法租界地籍图册》及主要内容

法国外交部档案馆(南特)所藏《1881 年法租界地籍册》①,原名 Concession française，Shanghai，Rôle D'Evaluation de la Propriété Foncière au 30 Juin 1881,即 1880 年 6 月 30 日上海法租界土地估价表。此土地评估表是由 1881 年 5 月 30 日任命的土地估价委员会编制的。

(一)《致函公董局的土地估价委员会报告》

在该表格的卷首附录了英法双语的《致函公董局的土地估价委员会的报告》(Rapport de la Commission au Conseil d'Administration Municipale),披露了这次土地估价表编制的若干细节内容。落款:1881 年 6 月 24 日,上海。

该报告指出,土地估价委员会第一次会议在 6 月 4 日举行,P. Beauchef 被任命为该委员会主席,G.J. Morrison 被任命为委员会总办。

委员会先后举行了 5 次会议,讨论了法租界不同地块的估值问题。委员

---

① "Concession Française，Shanghai，Rôle D'Evaluation de la Propriété Foncière au 30 Juin 1880，Shanghai：Imprimerie Fonceca Silva，1881"，Ref：635PO/B/33，Archives diplomatiques de Nantes.

会将租界不同地区的空地的售价作为土地评估的基础。委员会指出，在所有情况下，他们试图将土地评估值略低于土地最高售价值，但他们努力去严格评估土地，以使每块地块的价值与所有其他地块相比，较为公平地代表其价值。

在决定每块土地的价值时，他们会认真倾听首先由雇佣的两个人作出的估价值，然后都根据委员会或其大多数成员的意见作出最终决定。土地被一块一块地进行了评估。据说，位于孟斗班路（今四川南路），委员会的意见完全一致，或几乎完全异议，但是对于外滩的土地，经过了很长时间的讨论和考量之后才达成协议。

委员会提醒公董局注意，这次土地估价总值是之前最近一次土地估价总值的两倍，委员会希望增加的估价值不能作为增加税收的基础。委员会觉得这将对土地所有者产生重大影响，尤其对于土地租赁者和签订土地合同的使用者而言，更加艰难。委员会还建议翌年土地税的征收比例，也不要超过 7.5‰。

（二）土地估价表主要内容

该土地估价表共计 808.8492 亩，土地总值 2306676 银两，其中免税的土地为 87.6350 亩，土地价值 116791.94 银两。纳税土地为 721.2142 亩，纳税额为 2189884.75 银两。

该土地估价表，主要统计了法租界最初设定范围和第一次扩界的范围，共198 条数据，实际统计土地面积 812.4507 亩，与该表记载的数据略有出入。

1. 各国领事馆土地登记：美国领事馆共计 8 份道契，21.1652 亩土地；英国领事馆共计 7 份道契，44.4613 亩土地；法国领事馆，179 份道契，共710.8818 亩土地。华人土地，3 份，均系四明公所地产，35.9424 亩。

2. 地产主共有 81 个，其中 10 亩以上的大地产主共有 25 个，共有574.9593 亩土地，占总数的 70.77％。其中 20 亩以上的大地主有 10 个，相比 1880 年新增 2 个：Mission des lazaristes du Kiangsi（江西遣使会）和雷米·敏体尼，这两个业主比 1880 年相比，均增购了土地。10 亩以上的大地产主新增："China Merchants Steam Navigation Company（轮船招商局）"

17.5963 亩，CH. Lemaire（Paul Compradore）（李梅）"10.0461 亩。退出 10 亩以上大地产主行列的是"Latimer Grew et Loureiro Grew（S.S.N.E.）""Vve Halpike"。前者在本年度消失，后者仅剩下 6.2087 亩。10 亩以下的地产主共有 56 人，占有 237.4914 亩土地，占总数的 29.23％。

表 6-2-3　1881 年法租界超 10 亩以上大地产主汇总表

面积单位：亩；土地总值单位：银两

姓　　名	面积	土地总值	姓　　名	面积	土地总值
Société immobilière de Shanghai	54.8552	242225	Cowie, J.G.W.	14.9609	19206.27
Keswick, J.J.	52.4174	187267.4	Wright, J.H.W.	14.1839	9248.83
Société de jésus	51.4884	175056.9	Mission des lazaristes de Pékin	13.8469	20895.19
Hanbury, Thomas	46.4403	42328.87	Hill（Mme）, Seaman（M. & Mme）, & Maclay R.H.	12.5942	25188.4
Mission des lazaristes de Paris	38.0142	181727.9	Webb, Ed.	12.4800	68640
Pagode de Ningpo	35.9424	17971.2	Compagnie du gaz	12.3367	10672.04
Messageries Maritimes	28.0177	156676.2	Muller, J.W.	11.8592	33860.58
Montigny, Rémi de	27.2713	119034.8	Voisin, A.	11.4755	10327.95
Mission des lazaristes du Kiangsi	23.1686	19390.99	Webb（les enfants）	11.2147	60783.67
Municipalité française	22.8781	42505.27	Baron, J.S.	10.9938	15418.67
China Merchants Steam Navigation Company	17.5963	103365.5	Dent, A.	10.7003	12840.36
Yates, M.T.	15.1380	20470.16	Lemaire, CH.（Paul Compradore）	10.0461	10046.1
China Navigation Company	15.0392	90235.2			

资料来源：《1881 年法租界土地估价表》。

（三）地籍图

1881 年法租界地籍图，相比 1877 年地籍图，最明显的进步主要表现在地图上有了比较明确的地籍编号，通过地籍编号，可以实现与同年土地估价表进行数据库的连接。但是该地籍图还不成熟，在地图同时标注了地块编号、业主姓名和土地面积，是一种过渡形式，之后的法租界地籍图上仅标注地籍编号。

1881 年法租界地籍图是由 5 张分图（Section）构成，缺 1 张地籍总图。以第 1 幅分图为例，图名：Ville de Shanghai-Plan cadastral-Concession Française，1^{ére} Section，即上海法租界地籍图第 1 分图。图上还标注了 Présence de Mr E.G. Voullenmont，Aout 1881，即 1881 年 8 月，E.G. Voullenmont 主席。

四、《1885 年法租界土地估价表》及主要内容

法国外交部档案馆还收藏一份手写的土地估价表，即 1885 年法租界土地估价表。该表格与 1881 年土地估价表完全一致，在此不赘述，主要分析一下这份表格的数据内容。

1. 该表格共计有 212 条数据，土地面积总计 824.6856 亩。土地总值 2398241 银两/亩。各国领事馆登记情况：英国领事馆登记的土地，明显增多，15 份道契，共计 69.4308 亩土地；美国领事馆登记的土地，变化不大，7 份道契，19.6688 亩土地；法国领事馆登记的土地，仍占总数的绝大部分，182 份道契，690.0187 亩土地。另外还有 7 份土地未标注领事馆，共计 44.0187 亩土地。

2. 土地业主 82 个，其中 10 亩以上的地产主增加至 27 人，占有609.5047亩土地，占总数的 73.9%，比 1881 年的比重略有增加。20 亩以上的地产主有 10 个，与 1881 年的相同。10—20 亩的土地业主，新增 2 个，D. M. Henderson 和汇丰银行。

表 6-2-4　1885 年法租界超 10 亩地产主统计表

面积单位：亩；总值单位：银两

姓　　名	面积	总值	姓　　名	面积	总值
Société immobilière de Shanghai	57.0738	255537	Mission des lazaristes de Pékin	13.8469	20895
Keswick，J.J.	53.0695	191389	Cowie，J.G.W.	13.5312	17912
Société de jésus	51.2511	174226	Henderson，D.M.	13.2857	30677
Hanbury，Thomas	47.1254	46439	Wright，J.H.W.	13.2133	8666
Mission des lazaristes de Paris	38.0142	181728	Hong Kong & Shanghai Banking Corporation	12.5942	25188
Pagode de Ningpo	35.9424	17971	Compagnie du gaz	12.3367	10672
Messageries maritimes	31.7377	178996	Lester，H.	12.0746	41920
Montigny，Rémi de	27.2713	119035	Muller，J.W.	11.8592	33861
Mission des lazaristes du Kiangsi	23.1686	19391	Hannen，N.J.	11.6902	22639
Municipalité française	22.8781	42505	Voisin，A.	11.4755	10328
China Merchants Steam Navigation Company	19.4799	116465	Webb(les enfants)	11.2147	60784
Yates，M.T.	15.1837	20443	Dent，A.	10.7003	12840
China Navigation Company	15.0392	90235	Lemaire，Ch.(Paul Compradore)	10.0461	10046
Webb，Ed.	14.4012	79207			

　　资料来源：1885 年法租界土地估价表。

五、《1895 年法租界地籍图册》及主要内容

　　这是一份由上海市档案馆收藏的 1895 年法租界地籍图册①，包括地籍册一本，地籍分图 5 张。地图分图与 1881 年分图基本相同，唯一不同的是，

---

① 　Propriéré，Foncière de La Concession au 31 décembre 1895，上海市档案馆藏，档号：U38-1-2764。

地块上仅标注地籍编号，而无其他信息。地籍册内容与之前相同，并无变化，在此不赘述。这里重点分析该表格的数据内容。

1. 该表格共有 221 条数据，土地面积 747.4406 亩，土地总值 3391325 银两。其中土地面积明显减少，而土地总价值显著提高。土地总价值，比 1885 年增加了 993084 银两。

2. 地产主，增加至 95 个。其中 10 亩以上的大地产主如下表所示。与 1885 年相比，已发生了很大的变化：

第一，教会在法租界仍占有相当多的土地，超 10 亩以上的教会有 5 个，占地约 116.6 亩土地。相比 1885 年，耶稣会的地产已不见于册，而江南教会，土地增多，并登上了第一的宝座，土地面积近 50 亩。

第二，欧美地产商的数量在增加。相比 1885 年，不少英美地产商纷纷来法租界抢购土地。其他原在英租界租地的怡和洋行，在 1895 年在法租界占有 20 余亩土地。另外，汉璧礼、沙逊、天长行、太古等老牌英商，均在法租界拥有土地。

表 6-2-5　1895 年法租界超 10 亩地产主统计表

面积单位：亩；总值单位：银两

姓　　名	面积	总值	姓　　名	面积	总值
Mission du Kiangnan	48.3581	199048.3	China M.S.N. Co.	22.3754	224209.1
Societe Im de Shanghai	44.6879	399818	Lazaristes du Kiangse	21.0628	38245.68
Keswick, J.J.	40.7036	221766.7	Sassoon, E.E.	20.3949	79579.56
Hanbury, Th.	39.5694	63358.68	Yates, M.T.	19.4946	46441.84
Pagode de Nimpoo	32.6749	39488.28	Cameron, E.	19.0728	180273.6
Henderson, D.M.	29.2279	92148.48	Municipalite Francaise	16.1197	0
Jardine Matheson & Co.	24.792	154821.3	China Navigation Co.	13.672	127833.2
Lazaristes de Paris	22.8373	195605.1	Admson, W.R.	13.0036	121583.7

续　表

姓　　名	面积	总值	姓　　名	面积	总值
Lazaristes de Pekin	12.5881	28844.56	Henderson, Ed.	11.1006	18316.04
Lazaristes de Paris	11.721	53326.93	Muller, J.W.	10.7912	44677.39

资料来源：1895 年法租界地籍册。

第三节　1902—1914 年法租界地籍图册及主要内容

1899 年 6 月，法国总领事白藻泰与两江总督所派委员议妥法租界新界址：北至北长浜（今延安东路西段、延安中路东段），西至顾家宅关帝庙（今重庆中路、重庆南路北段），南至丁公桥、晏公庙、打铁浜（今方浜西路、西门路、顺昌路、太仓路），东至城河浜（今人民路西段）。1900 年 1 月 27 日，上海道台余联沅颁布告示，承认上述法租界界至，法租界总面积达 2135 亩。

一、《1902 年法租界地籍图册》及其主要内容

关于《1902 年法租界地籍图册》的绘制过程，详见第一章，这里不予赘述。这里仅对地产数据表的内容进行统计分析：

（一）土地产权与地产占有

该表格中共有 749 条数据，计 1543.83 亩土地，主要包括老法租界区和新扩展区的土地。下文将以新扩展区为例，讨论法租界洋商地产的分布与占有状况：

据地籍册统计，新扩展区的洋商地产主共 32 位，对新扩展区发展起决定性作用的洋商主要包括以下三类：宗教性组织，以法国人为主；房地产营业公司，以英美国人居多；以及法租界当局官员。首先，宗教性组织以天主教会为主，主要有耶稣会（Société de Jésus）、遣使会（Mission des lazaristes de Paris)、天主教江西教区(Mission du Kiangse oriental)、外方传教会(Missions étrangères)等,他们共占有 80.5244 亩土地。法租界,天主教会的势力颇大,他们广占土地,经营牟利,实力日渐雄厚,各教派均设立专门管理房地产的账房。而宗教组织或者以教会名义租地,如外方传教会,采用"三德堂"之名租地,遣使会则采用"首善堂"的名字租地等,或者以私人名义购地,如三德堂宝教士等。他们与租界当局的关系非同一般,如遣使会的代理埃梅里,1867 年—1874 年间一直担任公董局董事会董事。这也造就了法租界具有浓郁的宗教氛围。

律师行
教会
房地产商

0 0.25 0.5 1 Kilometers

图 6-3-1 1902 年法租界不同类型的地产主分布示意图

其次,以专营房地产业的洋行,是新扩展区的购地大户,对新扩展区城市发展起着决定性的影响与作用。这些房地产洋行,有一些来自法租界旧区,比如玛礼逊(G.J. Morrison,有时与"F.M. Gratton"合伙,在旧租界区有 8 处地产,共 30.2511 亩土地)和英商道达(Ch. Dowdall & J.C. Hanson,有时与"D. McNeil"合伙,在旧租界区占有 36.1621 亩土地),在新扩展区也是购地最多的洋商之一；而其余大部分房地产商则是一些崭新面孔，比如英商通和（B. Atkinson）、英商爱尔德（A. E. Algar）、英商新瑞和（Davies & Thomas）等，均是 19 世纪末最先在公共租界兴起的英国房地产商新锐。这些地产商之所以来到这里，是因为这里作为法租界刚实现的扩展区，地价较低，且由于筑路、填浜等市政活动的展开，土地具有更大的升值空间，正是房地产投机的绝佳时期。正如陈炎林所言："昔日地产价格较低，买卖因此易于成交。而投资者尚属寥寥无多……经营是业，买卖均极其顺利，不难随购随售。盖缘当时价格不高，买卖双方无须顾虑一切，到手即能出售。苟无多资，亦可向人押借，而于最短期内即可售出，骤获厚利。"[①]这种在低价地区购买并带有投机性的开发模式在洋商中较为普遍。比如英商担文（W. Y. Drummond），其中的一块地产高达 33.8641 亩，同样，英商百利（C. Paturel），仅有一块地产，面积为 10.7240 亩，远大于其他洋行地产的平均面积（仅约为 1—2 亩）。其他行业，如成立于 1899 年的一家英国律师事务所哈华托（E.P. Stokes & W. Platt）的加入，证实了当时在法租界新扩区购地的地产投机性，该行继续购地，很快成为上海知名的大地产主。值得注意的是，洋商合伙购地的现象比较普遍，洋商出于什么目的合伙，合伙之后的分利如何，这为我们提供了研究问题的另外一种思路。

表 6-3-1　1900 年法租界扩展区洋商地产统计

面积单位：亩；估价单位：两

地产主姓名	拥有地块数	土地面积	土地总值
Mission des lazaristes de Paris 遣使会	5	42.9074	131160
Dowdall, Ch., Hanson, J.C. & McNeil, D.道达	10	36.983	107785
Morrison, G.(& Gratton, F.M.)玛礼逊	14(7+7)	37	79549
Drummond，W.Y.担文	3	36.3318	53450

① 　陈炎林：《上海地产大全》，第 76 页。

续 表

地产主姓名	拥有地块数	土地面积	土地总值
Atkinson，B. & Dallas，A.通和行	12	19.2299	44161
Dowdall，W. & Moorhead，R.马矿司	12	19.2951	29581
Société de Jésus 耶稣会	5	16.842	28134
Mission du Kiangse oriental 天主教江西教区	3	8.94	18911
Missions Étrangères 外方传教会	1	11.835	14202
Robert，L.	6	10.1074	13155
Paturel，C.百利	1	10.7240	12869
Chollot，J.J.邵禄	1	8.7398	10488
Algar，A.E.爱尔德	7	5.9115	10120
Chapsal，J.萨坡赛	6	3.199	7848
Portier，E.G.	10	4.2511	7084
Lejoncour，G.(& Yu-shing，F.)	6(3+3)	5.576	6995
Hickey，A.	1	4.3399	6510
Wilson，A.源茂行	3	3.814	4577
Monastère bouddhique(Kuou-Ngen-Se)	1	2.972	4458
Blanc，Ed.	1	1.516	3032
Canning，N.O.P.大胜	1	2.5	3000
Crawford，T. Mme	1	1.7049	2557
Hopkins Dunn & Company 英商壳件	1	1.588	1906
Dallas，A.	1	0.8	800
Morriss，H.马立司	1	0.719	719
Stokes，E.P. & Platt，W.哈华托	1	0.6052	605
Hey，E.永发	1	0.223	223
Seaman，J.F.西曼	1	0.098	118
Davies，G. & Thomas，C.	1	0.0474	71
统计	117	298.8006	604068

数据来源:《1902 年法租界地籍册》,系法国私人收藏。中译名,主要参考马长林主编:《老上海行名辞典(1880—1941)》,上海古籍出版社 2005 年版。

（二）反映的城市化发展信息

1899 年法租界实现了第二次扩展区，在此之前为典型的城郊景观，但已分布着不少洋商地产，并筑有坟山路等道路，以及洋商兴建的洋行和店铺等代表城市化发展水平的地物。1902 年法租界地籍图最能反映扩界前后法租界的状况。首先是河浜，法租界新扩展区的边界即河浜，东周泾，北洋泾浜，西南为打铁浜，这也是当时仅存的完整河浜。这些河浜在官方县志中均可找到，比如，周泾和洋泾浜在同治《上海县志》中均有记载："西洋泾浜，在方浜北，东引浦水入八仙桥西流，北通寺浜，西通长浜，南通周泾"；"周泾，北接寺浜牐港，南达肇嘉浜并亭桥下，自西商开新河，直北接引江流不复联牐港"。但打铁浜在同治《上海县志》并无记载，民国《上海县续志》和《上海市自治志》中才有记载，打铁浜"东自周泾南阳桥畔引水，沿葛罗路（今西门路）南，西至太平桥，折北沿桂林山路（今顺昌路）西，北至白尔路，西至萨坡赛路（今淡水路）而止"。根据这些记载，可大致找出这些河流的流向和位置。但对于这些河流围合的区域内部，是否还存在其他的更小河流，仅靠文

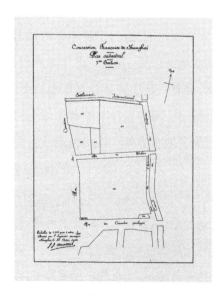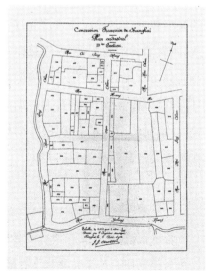

图 6-3-2　1902 年法租界地籍图第 9 和第 13 地籍分图

献是无能为力的。而地籍图中却可以找到一些，其中最明显的一例是第13分图所见的连接洋泾浜呈"丁"字的一条河流，如此小的河流在一般文献中是看不到的，而地籍图上不仅绘制了河流的长度和宽度，而且表明河流所有权的隶属关系，道契中的"全浜""半浜"，都可以在这里得到最好的诠释。

其次，城市化之前的土路。在河浜圩田系统下，乡间道路依托于河浜，一般为堤岸或岸路。后来所谓"填浜筑路"其实是填埋了河浜，放宽了原来的岸路。至于大的干道或重要支路，学界也基本搞清，而干道之间的乡间小路或街道内部的巷路，其复原工作因材料缺失而困难重重。地籍图上，却保留了大量城市化之前土路的信息，如第9地籍分图中所见的弯曲呈"S"形的小路：Rue du Cimetière（坟山路），从《1900年法租界及其扩展图》上看，这本是一条小河浜，后因八仙桥公墓的营造而被填埋筑路。类似的街区内部小路，在地籍图上还有很多，故地籍图对于复原和研究上海城市化之前的道路系统具有重要的意义。

此外，地籍图保留了城市化之前的土地划分特征。最明显的是地块面积的大小和分布的稀疏：分布在河浜附近小而密的地产，多为原先的村落宅基地，而大而稀的地块，则可能是原来的农地。以第13幅地籍分图为例，面积小而分布密集的地产位于洋泾浜南岸，且有一条小河环绕其东南两面，三面环河的村落在江南非常普遍。据黄宗智对上海市松江县的薛家埭等村的研究，江南村落多为水道所环绕，而村居为了取水方便大抵沿河而筑。费孝通在考察吴江县开弦弓村时指出：

> 不管怎样，在江南水乡，特别是低洼地带，由于水网的分割闲置，房屋多傍水而建，即使是在同一村落中，村民居住得也不像华北平原的村落居民那样集中。吴江县开弦弓村附近的河道沿岸，大小村庄应运而生，大村落都建在几条河的岔口。因为房屋要建在河道附近，故开弦弓村村民的

房屋就在三条小河的汇集处,并且分散在角城圩等四个圩的边缘。①

图 6-3-3　1902 年法租界扩展区地图

由此可见,江南村落主要分布在河浜交汇处。比如,第 13 地籍分图上洋泾浜与上文所说的小浜,围合的区域,查道契资料得知,这里是"杜家宅"。类似的村落,可以在地籍图上很容易找到。城市化之前的乡村的土地划分是怎样的,空间布局如何? 在文献中寻找这些问题的答案几乎大海捞针。而《上海县志》仅记其名,甚至具体位置都无法得知。根据《上海道契》,虽然可以找到村落的大概位置和范围,但要复原整个村落的地产几乎也不太可能,而借助地籍图则可以轻而易举地解决这一问题。不仅如此,借助地籍表中的地产信息,并结合道契的记载,甚至可以复原村落里每份地产的业主、面积和土地价格,以及土地交易状况。若结合不同年代的地籍图册资料,可

① 费孝通:《江村经济:中国农民的生活》,商务印书馆 2002 年版,第 13 页。

以复原这些村落最先由哪些人占用，后为哪些地产商购买，然后又转与谁使用，土地发生怎样的划分，这既是乡村变迁的历史，也是城市化发展的历史进程。

地籍上最能反映城乡变化的是城市道路网络形成与河浜圩田的消失。从地籍图上看，租界扩展区实现不到两年，新扩展区道路网络很快即覆盖全境。据当时法租界工程师称，仅 1900 年 6 个月时间内，"我们献给交通一个新的道路网，达 6 公里长"[①]。至 1901 年 12 月 31 日，新筑道路长达 12 公里。其中 1900 年辟筑以及在 1901 年铺筑碎石（砖头或碎石），大约 6 公里；在 1901 年开筑铺碎石道路约 3.5 公里，总开筑 9.5 公里，剩下未开筑的为 2.5 公里。[②]从地籍图上看，法租界当局并未硬套棋盘式模式筑路，而是利用了当时特殊地形，当然也是出于降低筑路成本的考虑：比如有些道路只是放宽并重修了旧路，比如坟山路，有些是填浜筑路，比如公馆马路延伸路段、葛罗路等。还有一些是迫不得已征地而辟筑的，如浏江路。实际上，真正让租界当局费力又费财的是清除、填埋扩展区内的小河、水塘、死水潭、搬走坟墓等，并沿路铺筑下水道的工程。以下水道系统来取代河浜排水系统，是城市化的必要步骤。1902 年工程师的一份工作报告指出：

> 在不到两年的时间里，在葛罗路、华格臬路、维尔蒙路地区的所有河浜和水塘都被填埋，我们填平新租界边界的小河，对以前直到这里不能进入的地块进行填方，搬走棺材，放宽现存的小巷，并辟筑人行道和排水沟，挖掘沟渠用于排水。[③]

---

① "Rapport sur les Travaux Accomplis dans le Cours de l'Exércice 1900"，上海市档案馆藏，卷宗号：U38-1-2768。

② "Rapport sur les Travaux Accomplis dans le Cours de l'Exércice 1901"，上海市档案馆藏，卷宗号：U38-1-2768。

③ 《关于法租界处理沟渠、下水道等的历史沿革（1849—1943）》，上海市档案馆藏，卷宗号，U38-5-1186。

　　从地籍图上看,这些道路彻底改变了原有的土地划分形态。以河浜体系划分的圩田,被新筑道路重新分割为一块块 10—15 亩左右的格子街区,原有的村落被包围其间。同时,新筑路线还充分考虑了地产的特征,既满足地产的交通需要又以不破坏地产为原则,比如外国坟墓地产两侧道路间距较其他为宽,就是要保证这块地产的完整性。比如,外国坟墓东侧的那条道路,并未向南延伸,而是在其南面的街区筑了三条与其并不相接的南北向道路,这不符合棋盘式纵向直通的原则。无独有偶,外国坟墓东侧街区,也并未按照棋盘式进行筑路,首先是利用了原先的一条连接两租界与坟墓的弯曲的道路——坟山路,再次在坟墓路与防御河岸路之间计划另凿一条路作为补充,但并未选择在两路之间筑路,而是稍稍偏东。从地籍图上看,这样的考虑同样是为了不破坏地产,实际筑路的线路主要是沿着地产边界修筑的,这块地产为 Cad.294,业主为洋商担文(W.Y. Drummond)。从地籍图上还可发现,新扩展区内尚有一些计划筑路而推迟辟建的道路,比如孤山路(Rue Kou Chan,今普安路)的北段受阻于“杜家宅”未能营建;佛山路(Rue Fou Chan,今望亭路)北段受阻于“杜家宅”,南段受阻于“陆家宅”,浏江路(Rue Lieou Kiang,今金陵东路)东段受阻于“潮惠会馆”,闽江路(Rue Min Kiang,今桃源路)西段受阻于外国坟墓等。同样,黄河路(Rue Hoang Ho,今崇德路)和乌江路(Rue Ou Kiang,今浏河口路)均未能延长至扩展区的边界,这些地段多为华人地产集中的区域,反映了筑路过程中的华洋之间以及其他利益之间的对立与冲突。

　　尽管如此,棋盘式路网结构与河浜圩田系统毕竟不同,笔直的路线难免会对地产造成分割。从地籍图上看,被计划路线分割为两部分或多部分的地产比比皆是,分割后的形状也千奇百怪。特别是占地较大的同乡会馆用地,先后被新修道路分割后荡然无存。如四明公所被新筑的宁波路、八里桥路(rue palikao,今云南南路)和八仙桥路(rue passiejo,今桃源路)分割为四;潮惠会馆的西面被浏江路(rue lieou kiang)和孤山路(今嵩山路北段)分割为六大部分土地被变卖，如 618 号和 569bis 号地产卖给了洋商 L Robert，其他被分割出来的地产，或者面积狭小，比如 557 号仅存 0.424 亩，或者变形，如 614 号被割得如一把弯刀，已失去原先的土地功能，只能变卖或改作他用，潮州会馆的东面用地虽未被分割，但已处于道路的延伸路线上。以往研究四明公所主要采用中外关系或民族主义的角度，更多关注筑路过程中会馆与当局的交涉①，而地籍资料，则可以从产权关系提供不一样的视角，比如这些地产是如何被分割的，分割后又被谁购买了，之后又如何改变用途了等等，这些问题显然有利于理解当时城市化的过程。

除了筑路等基础设施建设外，对上海租界地区而言，更具体的城市化过程则是华人土地产权转变为西人土地产权过程。学界普遍认为，一旦土地被洋人购置后，便不再从事农业生产，故可视作城市化的开始。1902 年法租界地籍图，既包括地籍图，还包括地籍册。据 1902 年法租界地籍册，笔者将土地产权简单分为华人地产和洋人地产两大类，并运用 GIS 付之于图。由图可知，旧租界区除了四明公所和其他零星几处地产属于华人外，其余均为洋人所有，而新扩展区则恰恰相反，以华人地产为主，据 1902 年法租界地籍册统计，在新扩展区内，洋人地产 123 处共 298.8006 亩，而华人地产404 处共 526.7063 亩。从地籍图上还可看出新扩展区土地产权转移的时序差异，而洋人首先购置的仅为村落周边的土地（主要是农田），原先的村落，其土地产权大部分仍为华人所有。这说明华人虽然把农田转租与洋人，但仍保留了宅基地，反映了当地华人在这种以扩展为名进行类似掠夺式的抢地运动中试图保留自己的一丝利益。

---

① 苏智良：《试论 1898 年四明公所事件的历史作用》，《学术月刊》，1991 年第 6 期；吴健熙：《对第二次四明公所事件中诸现象之考察》，《史林》，2001 年第 4 期；陈蕴茜、吴敏：《殖民主义文化霸权与近代中国风俗变迁——以近代上海公墓为中心的考察》，《江海学刊》，2007 年第 6 期；尤乙：《四明公所与法租界的两次流血冲突》，《档案春秋》，2009 年第 4 期；傅亮：《刘坤一与第二次四明公所事件交涉》，《近代中国》，第 24 辑，2015 年。仅有曹胜梅《四明公所事件之根源——四明公所地产权问题试析》，《档案与史学》，2002 年第 4 期，从产权角度分析。

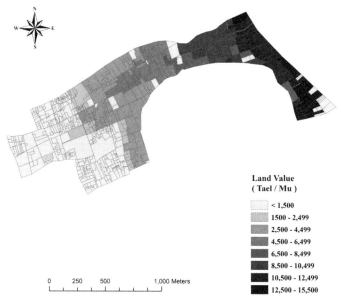

图 6-3-4 法租界地价的空间分布（1902）

以洋商为主的外商资本投入，是推动该地区城市化的重要推动力。地价是反映城市化的一项重要指标，地价的高低受土地利用方式影响，又反作用于土地利用方式，促使其发生改变。地价是城市经济地理研究最重要的内容之一，任何的经济活动，均与地价存在或多或少的关系，故地价成为学界深入了解城市经济发展的重要内容。但对于历史时期，或因资料缺失而无从下手，或因材料太过分散，而难度极大。相对而言，地籍册中却完整保留了每块地产的地价信息。1902 年地籍册中即有"土地估价"一栏，虽然土地估价并非市场价，而是由地产估价委员会每隔一至二年评估得出。地产估价委员会从地产主中公选，相对公平，而且土地估价参考了市场价、区位、交通和基础设施等多个要素，因此可总体反映土地市价的基本特征与走势。

据 1902 年法租界地籍图册，笔者绘制了 1902 年法租界土地价格分布图（图 6-3-4）。由图可知，法租界区土地价格总体上呈现自东向西逐步衰减的变化趋势，这符合了城市由东向西发展的基本规律：外滩密集分布着码头、航运公司，为法租界发展最早也是区位最好的地区，故地价最高，在11000—155000 两/亩之间。外滩向西至周泾的老法租界区，是仅次于外滩的高价区，大致在 4000—10000 两/亩之间，新扩展区明显低于前两者，除了极个别地产外，大部分在 4000 两/亩以下。新扩展区地价，坟山路北段以东在 3000—4000 两/亩，坟山路北段以西以南至嵩山路以东大致在 1200—3000 两/亩，而嵩山路以西地区，在 1200 两/亩。而地价最低的位于黄河路（今崇德路）以南地区，1000 两/亩。尽管新扩展区的地价明显低于老租界区，但与扩界之前相比，已有了极大的增长。

促成地价上涨的因素很多，其中土地开发程度是其中的重要因素之一。就新扩界区而言，该地区并入租界后，无论是洋商，还是当地华人，都看到了地价上涨的极大空间。首先是基础设施配套建设。扩界后，公董局制定了该地区的筑路计划，公馆马路延伸路段（今金陵西路）、西江路（今淮海东路）、坟山路等中心干道先后兴筑。

附近地产，土地开发明显早于其他边缘地区。20 世纪初达尔特（Charles Ewart Darwent）所撰《上海手册》记载，"在坟墓之外，其南面和西面，法公董局开筑了很多新路，那里正在快速地布满外国人的房子"。[1]而这一时期洋人向公董局提交的旅馆、零售店、饭店等营利性商业建筑申请的若干记载，均位于这些路段：其中公馆马路延伸路段最多，如德尼斯（J. Denis）先生在公馆马路 No.370、372 和 374 建造一座"巴黎咖啡饭馆"（Café Restaurant de Paris）。[2]德勒伽先生（J. Delga）在公馆马路 No.461 开建的运动员烤肉餐馆（Rotisserie Sportman）。[3]而扩界区岸路（今西藏南路一段）也

---

[1] Charles Ewart Darwent, *Shanghai: a handbook for travellers and residents to the chief objects of interest in and around the foreign settlement and native city*, Shanghai: Kelly & Walsh, 1904, p.104.

[2] 公董局董事会会议录，1902 年 4 月 10 日，上海市档案馆藏，卷宗号：U38-1-2770。

[3] 公董局董事会会议录，1902 年 6 月 5 日，上海市档案馆藏，卷宗号：U38-1-2770。

颇多：1902 年公董局董事会接受了比森（E. Bission）先生在扩界区河岸 No.53 建造一个咖啡饭店的许可请求。①亨芮昂黎先生（Henry Antonelli）在扩界区河岸上 No.53、54 和 55 号房屋开设一家咖啡饭店②等。此外还有坟山路（今普安路）：凯斯尔（Chesnel）夫人在坟山路 No.133—155 建造一家饮料零售店。而在其他路段的此类申请则颇为少见，可见这些中心路段成为洋商优先开发的地区，故成为扩界区地价最高的地区。若结合影响地价的其他因素，如人口密度、商业机构、交通、设施等，可揭示城市发展的基本规律。

二、《1906 年法租界地籍册》主要内容

《1906 年法租界地籍册》③，即 1906 年 1 月 1 日上海法租界土地估价表。该表格是根据 1905 年 11 月 14 日公董局董事会决议编制的。该地籍册中还附录了一份法租界公董局总办 G. Laferrière 的通知，传达了 1905 年 11 月 14 日法租界公董局董事会的决议：

> 土地税（Impôt Foncier）——董事会考虑到当下的土地估价远低于土地的市场价值，决定自 1906 年 1 月 1 日起，将目前的土地估值增加 30％。
>
> 对未建土地征税（Taxes sur les terrains non bâtis）——董事会考虑到租界已实现了新的扩张，土地，特别是为欧洲建筑保留的土地，尚未建成；这种情况不利于法租界的利益；
>
> 会议决定：从 1906 年 1 月 1 日起，除了所有土地的土地税外，在法

① 公董局董事会会议录，1902 年 3 月 27 日，上海市档案馆藏，卷宗号：U38-1-2770。
② 公董局董事会会议录，1902 年 9 月 11 日，上海市档案馆藏，卷宗号：U38-1-2770。
③ Concession française à Shanghai, *Rôle d'Évaluation de la Propriété Foncière au 1er janvier 1906*, Shanghai, Imprimerie de la Presse Orientale, 1906.

租界或扩展区范围内，未建设的土地还必须另外支付该土地价值1‰的附加费。

这种附加税，之前从未实行过。之所以在1906年，即租界扩界后的七年实行，显然是为了推动租界房屋建设，避免过度的土地买卖炒作，而做出的有利于法租界发展的市政举措。

这份表格主要包括：一主表，主要内容包括：Nom de plan cadastral(地籍编号)；Nom des proprietaires(业主姓名)；superficie(面积)；valeur estimate de(每亩估价)；Impot a 5‰(千分之五的土地税额)；Observations(备注)。二附表，各类免税土地和公董局市政土地。三汇总表，各分区土地、估值和地税汇总表。

与表格相对应的是14张地籍分区图(section)，表格的数据统计，就是按照14张分图进行统计，然后汇总。但令人缺憾的是没有与地籍册放在一起，无法知道该地籍图的详情。该表格记载法租界总共有770块土地，计1569.9202亩土地，其中免税的土地22块，面积173.7522亩，故可征税的土地为748块，共1396.168亩土地。所有土地的总估值为8919988.27银两，按5‰的比例征税，去除免税土地，可征收土地税为42466.80银两。免税的土地主要包括法租界市政用地，比如公董局大楼、各捕房用地、屠宰场、发电厂、公墓等，部分教会的土地，如江南教会填筑教堂，还有中国的四明公所、潮汕公所等。

三、《1908年法租界地籍册》及主要内容

《1908年法租界地籍册》[①]，即上海法租界1908年7月1日土地评估表，系土地估价委员会(la Commission des Proprietaires Fonciers)根据纳税

---

① Concession française à Shanghai, *Rôle d'Évaluation de la Propriété Foncière au 1er Juillet 1908*, Shanghai, Imprimerie de la Presse Orientale, 1908.

人大会(Assemblee Generale)1908 年 3 月 11 日会议决议编制的。卷首附土地估价委员会致公董局的报告(Rapport de la Commission au Conseil d'Administration Municipale),落款,1908 年 6 月 30 日于上海。该报告的主要内容简述如下：

土地估价委员会的成员："J. Gaillard""W.M. Dowdall""R.P. Ch. Barriere""B.A. Clarke""E. Ghisi",于 1908 年 3 月 11 日选举产生。为重估法租界的土地,该委员会前后开会 9 次,其中第一次会议发生在 3 月 18 日,W.M. Dowdall 被一致推举为主席。

土地评估的具体过程是：

首先,委员会向市政工程师要一张地籍图,这张地籍图上清晰地标注了1906 年土地估价的数额。在作出决议之前,他们尤其关注位于法租界外滩、洋泾浜和其他主要干道,如法领事馆路、孟斗班路等地的地产的价值,并与公共租界的土地估价的比率进行比较,以便作出相对公平的估价。

另外,要求总办写出一份关于近二十年各类土地评估的报告,供委员会参考,并作为土地评估的基础。这种估价略低于市场价,然而,他们并没有固定一个百分比,对各土地价值根据市场价进行减少。

委员会最终形成了一套评估办法,自 3 月 23 日会议,委员会成员开始按照分区,对土地价值进行修正,并在 4 月 6 日,15 日和 22 日的会议继续进行。委员会对法租界的土地进行了一块又一块的重估,主要考虑地块的位置、地产的临街面等等,公平地代表其相对于相邻地块的价值。最终接受的土地总估值是委员会一致公认的,或经绝大多数成员同意的。

6 月 2 日和 10 日的两次会议又做了总的修改,主要通过检测新的数值与旧的数值,他们交流意见后对某些数值进行了修改。

6 月 29 日,土地估价委员会完成土地估价任务。

这份土地估价的内容,与 1906 年的土地估价表基本相同,也是包括一个主表,即所有土地的表格,还有两个附表,即豁免土地表和市政土地表,最后是一张汇总表。

1908 年土地评估表中共有 783 个地块,共 1548.2462 亩土地,相比 1906 年,地产数量增多了,但土地面积减少了。所有土地的土地价值为 21389052.77 银两,为 1906 年土地总值的 2.4 倍。免税土地的面积 23 块,共计 180.0892 亩。减掉豁免土地,1908 年征收的土地税额为 100623.28 银两,为 1906 年征收的土地税的 2.4 倍。

下文按照土地业主进行统计分析:

该表格中,有姓名的业主 125 个,另有 293 块地产无业主姓名,共计 230.006 亩土地,估计为华人地产。其中 10 亩以上的大地产主共计 36 人,计 1039.031 亩土地,占总数的 67.11%。10 亩以下有姓氏的地产主有 89 人,占有 279.199 亩土地,占总数的 18.03%。

10 亩以上的大地产主,按照性质可以分为以下三类:

(1) 房地产公司,为大地产商的主要部分。以英国地产商为主,比如新瑞和、通和行、爱尔德、雷士德、业广地产公司、沙逊等,均是在当时上海势力雄厚的大地产商。法国地产商,有新兴的英法房地产公司,以 18 块土地 80 余亩土地,高居榜首;老牌法国地产公司——上海不动产公司,1908 年在法租界仍占有 40 余亩土地。

从空间分布上看,房地产公司的地产几乎遍布法租界,各大地产商的分布如下:

英法房地产公司的地产主要集中在三处:最大一处位于孟斗班路、公馆马路一带,另一处位于宝昌路的西段。

法商上海不动产公司,主要集中在小东门附近,占据了很大一个街区。之前,这里曾是皮少耐的地产。

英商汉璧礼在地产,主要在新扩展区租地较早,其地产也比较集中,主要分布在敏体尼路和公馆马路延伸、宝昌路附近。

英商爱尔德公司,主要分布在新扩展区的西北部,地块较小,分布较为分散。

英商通和行，地产分布较为分散，主要位于宝昌路以北的新扩展区。

沙逊家族的地产，主要分布在法大马路（即今金陵东路）及其延伸路段。

英商雷士德的地产，主要分布在老法租界区的西部，法大马路以北至洋泾浜一带，即原八仙桥的地方。

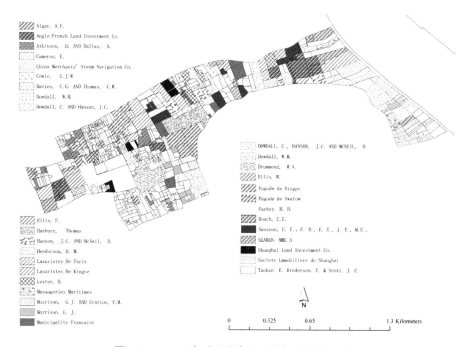

图 6-3-5 1908 年法租界超 10 亩大地产商分布图

玛礼逊（或写作玛礼孙）的地产，主要位于敏体尼路，靠近上海县城西北的地方。

教会虽非严格意义上的房地产公司，但由于教会购买土地，主要用于房屋出租和经营房地产业，故可视为变相的房地产商。在法租界，巴黎遣使会以 13 块土地 79 余亩土地，主要分布在外滩、法大马路北门路，还有江西遣使会，占有 17 余亩土地，主要位于法大马路（今金陵东路）以北、今云南南路附近,另外宝昌路(今淮海中路)以北、今淡水路附近。

(2)律师。除了房地产商,占地最多的一个行业就是律师行了。高易律师事务所:"C. Dowdall and J.C. Hanson" "J.C. Hanson and D. McNeil" "C., Dowdall, J.C. Hanson and D. McNeil";还有担文等。这些律师事务所的地产主要位于:老法租界区,主要在法大马路附近;新扩界区,主要位于宝昌路以南、外国公墓以东的地区。

C.M.F
Credit Franco-Chinois
China Realty Co.
Credit Foncier d'Extreme-Orient
Algar & Co.
A.Du Pac de Marsoulies
International Savings Society

图 6-3-6 1908 年法租界各类机构地产分布图

表 6-3-2 1908 年法租界超 10 亩以上大地产主统计表

面积:亩;总值:银两

姓　　名	地产数	面　积	总　值
Anglo-french Land Investment Company 英法房地产公司	18	80.682	1820623
Lazaristes De Paris 巴黎遣使会	13	79.667	962401
Dowdall,C. and Hanson,J.C.高易	16	51.639	585821

续　表

姓　　名	地产数	面　积	总　值
Cimetiere International（Baxianqiao）八仙桥公墓	1	44.403	86585
Pagode De Ningpo 四明公所	4	43.905	278282
Davies，C.G. and Thomas，C.W.新瑞和	16	42.191	446810
Societe Immobiliere De Shanghai 上海不动产公司	20	42.075	1240459
Hanson，J.C. and McNeill，D.高易	14	40.216	595345
Atkinson，B. and Dallas，A.通和行	28	39.421	158438
Hanbury，Thomas 汉璧礼	6	39.272	294543
Drummond，W.V.担文	8	38.985	134528
Pagode De Swatow 汕头公所	10	38.066	176165
Roach，C.E.	7	36.320	1447625
China Navigation Company 太古轮船公司	3	35.635	2403350
China Merchants' Steam Navigation Company 轮船招商局	7	34.283	1396189
Algar，A.E.爱尔德	24	30.574	108031
Lester，H. 雷士德	18	27.600	424409
Morrison，G.J. and Ggatton，F.M.玛礼孙	6	25.072	281266
Ellis，F.	4	21.831	74955
Cimetiere De La Municipalite Francaise 法国公墓	1	21.754	0
Cameron，E.	12	21.461	797983
Shanghai Land Investment Company 业广地产公司	7	19.927	122088
Lazaristes Du Kingse 江西遣使会	3	17.013	152183
Dowdall，C.，Hanson，J. C. and McNeil，D.高易	8	16.792	448330
Henderson，D.M.	4	15.770	284731

续　表

姓　　　名	地产数	面　积	总　值
Parker，R.H.公利	11	15.482	54187
Morrison，G.J.玛礼孙	7	14.474	68260
Tucker. E. Brodersen. C. & SCOTT. J.C.	1	13.047	45665
Sassoon，E.E.沙逊	2	12.610	441340
Messageries Maritimes 大法国火轮船公司	5	12.247	488608
Seaman，A.	6	12.001	185184
Ellis，W.	2	11.786	273651
Sassoon，F.D.沙逊	5	11.490	285932
Municipalite Francaise(Hôtel Municipal)公董局大楼	1	10.682	0
Cowie，G.J.W.高易	4	10.557	118479
Dowdall，W.M.陶威廉	9	10.104	51398

资料来源：《1908 年法租界地籍册》。

四、《1916 年法租界地籍册》及主要内容

《1916 年法租界地籍册》，即上海法租界公董局《法租界区不包括扩展区的土地估价表》。[①]

这份表格主要包括：No du Titre(道契号)；Consulat(领事馆)；No. du Plan Cadastral(地籍图上的编号)；Noms des Proprietaires(业主姓名)；Superficie(即土地面积)；Valeur estimative du(土地估价)；Impôt a 5‰ par an (即每年的税额)；Orservations(备注)。

该表格数据所覆盖的空间范围，包括老法租界区和第一次扩展区、第二次扩展区，总计 812 条数据。其中，有土地估值的数据 799 条。老法租界区

---

① Conseil d'Administration Municipale de la Concession Française A Changhai, *Rôle d'Évaluation Foncière des Propriétés Sises dans les Limites de la Concession Française，Extension non comprise，1916*，Imprimerie Municipale.

和第一次扩展区,为地籍号 1—190,第二次扩展区,为地籍号 191—724,共571 份地产。

第四节　越界租地与土地产权转移

1912 年,公董局董事会决议,要求法国领事向中国政府提出扩张法租界的要求。1913 年,法国公使康德正式向北洋政府外交部提出法租界外马路警权问题。当时,法租界已有越界筑路 20 余条,所谓警权问题,不过是要北洋政府承认法租界扩张的既成事实。1914 年 8 月,杨晟与法国驻上海总领事甘世东签订法租界界外马路警权协定 11 条,规定将"法租界以西之地址:北自长浜路,西自英之徐家汇路,南自斜桥、徐家汇路沿河至徐家汇桥,东自麋鹿路、肇周路各半起至斜桥为止"的大片地域全部划归公董局管理。9 月 14 日,正式执行划界手续。法租界面积由此达 15150 亩。[①]

早在 19 世纪末,租界以西的华界区,也就是后来被并入法租界的第二次和第三次扩展区,还是上海的农业圩田区,以河浜和稻田为主,仅有一条东西向的大路——Greatroad,还有一些乡间土路。1890 年前后,这里成为在沪西方侨民运动的重要区域。1891 年上海赛马俱乐部在苏州河至肇嘉浜的区域内,有多条郊外赛马路线:Foot paper chase(1888 年、1890 年等6 条)、Handdicap course(障碍跑,1890 年 3 条),其中障碍跑马路线,主要位于今淮海中路以南的徐汇区等法租界西部,而 Footpaperchase,主要位于法租界东部。

早在 1899 年之前,即第二次扩展之前,法租界当局已将扩展区域作为其未来发展的新区域,在开发第二次扩展区时,已开始在第三次扩展区内有

---

① 　上海租界志编纂委员会编《上海租界志》,上海社会科学院出版社 2001 年版,第 101 页。

规划地越界筑路。法租界当局的扩展野心昭然若揭，颇有投机眼光的西商自然不会放过这千载难逢的土地投机契机，在1895—1914年间，他们疯狂地在越界筑路区租地，这也使该时段成为近代上海史上的第二次租地高峰期，第一个高峰期出现在太平天国时期。[①]笔者根据已刊《上海道契》，对1895年—1914年在沪各国领事在法租界第二次和第三次扩界区域内颁发的道契资料，共计约1390余份，但不包括遗失的道契。笔者根据1925年上海法租界地籍图册进行地理定位，可准确定位的道契为1086份。笔者运用GIS方法复原了该时段该区域内道契册地的地理分布。为行文方便，除1894年以前外，以五年为一时间段进行论述，剖析西商越界筑路和越界租地的背景下土地划分与街区形成的新机制。

一、1860—1894年之前洋商租地

本时段共发行道契57份，主要分布在原法租界区附近以及界外河浜附近，如上海县城以西、周泾以东临城地区，在徐家汇路（辟筑于太平天国时期），西门外至斜桥，以及肇家浜一带，还包括八仙桥附近等。其中1860—1870年，该区域内仅颁发了18份道契，但总面积高达331.571亩，平均每份道契为18.421亩。1870—1880年间，仅有两份道契，共6.983亩土地。1880—1990年间，颁发31份道契，面积为96.79875亩，平均为3.12254亩。1890—1895年间，有9份道契，共25.536亩土地，平均2.8373亩。从最初的18.421亩到3.12254亩，每次交易的土地越来越少，说明了原来的农业土地已被分割为小型土地出售。

本阶段共有租地商36位，主要为英商，其中购地较多的有：英商得利隆茂行（2份道契，52.346亩）、英商得架（1份道契，47.8亩）、英商博克能（7份道契，31.96745亩）、玛礼逊（6份道契，24.7366亩）、英商卜列（2份道契，

---

① 杜恂诚：《晚清上海道契申领总趋势及影响因素分析》，《财政研究》2011年第8期。

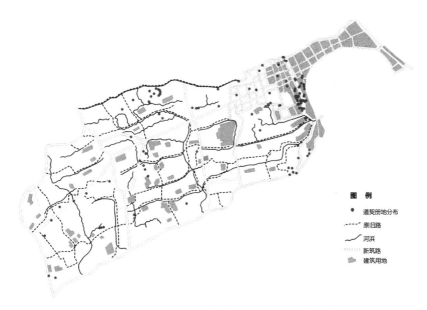

图 6-4-1　1864—1894 年道契分地分布示意图①

24.365 亩)、怡和行刻什刻(1 份道契,16.83 亩)、英商太耶斯(1 份道契,12.995 亩)、英商道达(1 份道契,12.058)、格来登(2 份道契,13.8687 亩),英商得立隆(又写德立隆)(2 份道契,共 13.56465 亩)等,其余英商有准霍格、古柏、李夫斯那德代女总、梅博阁、天孙、咸大生和马淇罗等。

其他国籍洋商并不多,其中有德商柯化威、德商罗德挖、德商慕叟、法商加利即刻路、美商太而士等,还有一些租地人并未表明国籍,如英册 1930 号租地人高第,英册 1928 号高易行陶德而,英册 1821 号吉露布等。除此之外还有医院、教会等,如西门外租地商妇孺医院、上海医院执年董事,美国传教会董林、董华、林先生代女监礼会等。

二、1895—1899 年洋商地产分布

本时段颁发道契共 80 份,面积达 560.8272 亩,平均每份道契 7.0134

① 本图的数据均来自《上海道契》,底图为上海测绘局制作的《2003 年上海的街道和建筑图》。

亩。其中英册道契56份,占70%;美册道契17份,占20%多;德册、法册较少,分别为5份和2份。从分布范围看,洋商地产向北、向西延伸,集中分布在徐家汇路段,公馆马路和宁兴街的延伸路段(即今金陵中路和宁海西路),以及北长浜至华格路(即今华山路)一带,今肇嘉浜路一带也有零星分布,总之"靠城、沿浜"分布特征更为明显。

与前一阶段相比,本阶段租地商人数明显增多,共41位洋商。除了前一阶段出现的马立师、玛礼逊、古柏、高易行、妇孺医院等之外,出现了一些新英商,如英商台惟司(6份道契,共113.765亩)、德商松行(12份道契,共36.279亩)、英商爱尔德(4份道契,共14.64亩)、英商葛劳福(5份道契,共11.471亩)、英商施笃克(2份道契,共15.159亩)等。除此之外,还有法商教士三德堂、英商威以钱、捕、铅甯、白罗氏、华田、大胜行、道达、端第门、哲米斯特拉克、高易行、哈同、甲登、麦格里俄、裴来德、施笃克、司浦乃、谭华行等。

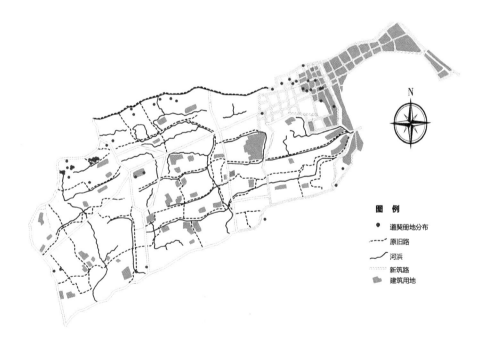

图6-4-2　1895—1899年道契分地分布示意图

与前一阶段相比,美册道契明显增多,但这并不意味着美商人数增多,相反美册道契的租地商却多为英商,如美册 857 号租地商为"英商新瑞和",美册 852 号租地商为"英商通和行"等。有些德册道契的租地商亦为英国人,如德册 171 号租地商为英商壳件,德册 169 号租地商为英商玛礼逊、葛来敦等。法商很少,仅见法册 17 号,租地商为艾克柏惟良白尔克利贾,但未注明国籍。

三、1900—1904 年洋商地产分布

本阶段发行道契 403 份,共 2071.263 亩土地。相比前一阶段,无论数量还是土地交易额均明显增长,其中英册道契 235 份,仍占半数以上,法册道契明显增多,125 份,占 30%,美册道契明显减少,仅 22 份,德册为 22 份。这些地产,除了分布在法租界新扩展区①以外,沿新筑界外路呈带状分布特

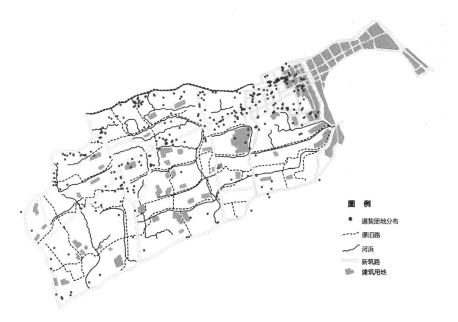

图 6-4-3　1900—1904 年道契分地分布示意图

① 1899 年法租界第二次租界扩张实现的新扩展区,范围东至今西藏南路,西至重庆南路,北至延安路,南至太仓路。

征,即向西沿西江路及宝昌路(今淮海中路),向南沿卢家湾路(今重庆南路),向北沿圣母院路(今瑞金一路)分布。北长浜(今延安中路)南北两侧,同样为洋人租地密集地区。

这一阶段英商仍占多数,但比重明显下降,且多半为前一阶段出现的洋商,如英商爱尔德(43 份道契,共 104.152 亩)、英商通和行(47 份道契,共 214.174 亩)、英商新瑞和(14 份道契,共 44.442 亩),这三位洋商已成为名副其实的大地产商,购地面积达 362.768 亩,占全部道契分地的 17.5%。英商担文、铅甯、乾安华田、道达、玛礼孙行、华田、高易、德茂公司福开森等,虽然稍逊于前三位,但也发展迅速,比如英商担文(13 份道契,共 51.134 亩)。新增英商数量不多,有英商美查(13 份道契,共 29.599 亩)、英商裴来德(7 份道契,共 11.404 亩)、英商利记(3 份道契,共 15.782 亩)、英商罗白生(1 份道契,共 13.916 亩)、英商马矿师(2 份道契,共 12.138 亩)等。值得注意的是,英商洋行也加入购地行列,比如自来火行,中庸行、长利行、源茂行、有恒行、永年公司、同孚洋行等。其他英商有威以德、托先生、泰利、斯美利、司可特、卡特、实格利、盛金生、沙、桑?[1]勒司、钮根、慕亚、马海、马纲、罗白生、罗白臣、鲁意师摩、利记、克明、克老福、克拉克、卡莫格而、镜明卫白兰、金士美、纪路、华勒司、亨生、麦根尼、赫福氏、海立师、哈华托、格兰、哥特、卡特、哥六四为意为、德禄、保格利、巴吉、掰兰、派葛、卢清凉、叙尔班等。

相比前一阶段,法商人数骤然突增。据统计,法册道契 125 份,占总数的 25%,面积达 1121.366 亩,占总数的 54.13%。不过仔细观察,这些法商大多为公董局、传教士和特殊身份的法商,其中公董局,仅 1903 年租地高达 600.413亩,"三德堂"属于天主教会,虽然其传教区不在上海,但在上海设立办事处,专门负责经营管理房地产业。本阶段三德堂共 28 份道契,租地 145.137亩。还有法商"若瑟天主堂",同属于天主教会。除此之外,法商东方

---

① 原文献此处不清。

汇理银行,也开始在法租界租地。其他租地较多的法商有,卫尔农(13 份道契,共 133.887 亩)、巴吉(9 份道契,共 16.629 亩),此外还有法商琐斐铅、四加来路、云特顿、隆大、立兴、麦思格、邵禄、忽郎苏亚、蓝藏古、良济葛、麦思格等。德商人数增长明显,其中德商福医生购地最多,3 份道契,共 24.63 亩土地。德商美叶尔夫人,2 份道契,共 4.892 亩。其他洋行有利康洋行生达、泰来洋行、克礼瑞记行等。此外还有蓝姆吉、洽生、文宝琳、司内特拉格、韦地、康星司、达施潭夫人等等。他国洋商不多,如意国商人爱尔铅莫而、美商巴克等。

四、1905—1909 年洋商地产分布

本时段颁发道契 397 份,共 1437.105 亩土地,平均 3.6199 亩,集中分布在"扩展区"及其外缘区,尤其是宝昌路以南至南长浜(今复兴东路)一带,其中宝昌路中西部路段、金神父路呈带状密集分布,而北长浜一带明显减少,肇家浜及其以北地区较为稀疏,总之集中分布在越界筑路附近。

图 例

- 道契册地分布
- - - 原旧路
——— 河浜
…… 新筑路
■ 建筑用地

图 6-4-4　1905—1909 年道契分地分布示意图

英册道契 209 份,共 714.098 亩土地,占总数 49.69%。在所见英商中大地产商仍占绝对优势,如新瑞和(30 份道契,共 79.727 亩)、通和行(19 份道契,共 76.99 亩)、永年公司(4 份道契,共 55.625 亩)、爱尔德(20 份道契,共 40.874 亩)、华田(8 份道契,共 27.794 亩)、英商高易(6 份道契,共 21.776亩)、道达行(7 份道契,共 11.995 亩)、马海行(4 份道契,共 10.554 亩)等。值得注意的是,本阶段出现了一些新的地产公司,如泰利公司(17 份道契,共 41.287 亩)、胜业公司(13 份道契,共 21.845 亩)以及后来执上海房地产业之牛耳的业广公司(2 份道契,共 6.247 亩)等。

法册道契 92 份,共 225.075 亩土地,仅次于英册,且法商人数比前一阶段明显增多。其中法商邵禄(10 份道契,共 17.587 亩)、巴吉(11 份道契,共 12.925 亩)等,均为前面出现的老洋商。新增法商有大昌(6 份道契,共 16.838 亩)、大罗(6 份道契,共 14.535 亩)等。其他法商有徐而辨、勿郎苏埃、葛利挪、格买大姆、唐丹、帅慕尔、蒲石、缪治、美轧而、麦四格来罗、马立司、罗若时、罗白圣、蓝辉烈、赖脱来、开达、哈华托、法拿、达商、不德利重、伯脱利重、博仕、柏德俚崇、白尔亨、挨维哑、祥茂等。以公董局或市属公司名义购地的洋商明显减少,仅见法电车公司,购地 21.926 亩,用于建造公司。善爱堂、三德堂等宗教组织购地比前一阶段明显减少。

德册道契仅次于英、法,但德册道契分地总面积却超过法册,为 337.659亩。其中宝隆医生购地最多(15 份道契,共 94.894 亩),他还以他妻子"宝隆医生夫人"身份购地(13 份道契,共 18.24 亩)。此外如福医生(7 份道契,42.039 亩)、美叶尔夫人(5 份道契、31.005 亩)均为前面出现的德商。新增德商洋行中,购地较多者有德商美最时洋行(5 份道契,共 21.387 亩)、倍高洋行(8 份道契,共 17.792 亩)等。一般德商有信义洋行、瑞和洋行、美隆洋行、利康洋行东生达、地亚士洋行东卖伯、爱礼司洋行东米地、美丰行东符非实尔等洋行,以及工程师柯乃克,律师佛威,以及也森、伦士、格来克等。

五、1910—1914 年洋商地产分布

本时段颁发道契明显减少,仅见 87 份,共 295.614 亩土地。这可能与材料缺失有关,如法册和德册均缺乏 1913 年和 1914 年数据,而英册也缺失 1913 年数据。另一原因可能与一战前夕的国际大环境有关,很多地产商担心战争会波及上海而不再购地。本时段道契分布特点是:均匀、稀疏分布,无集中分布区。

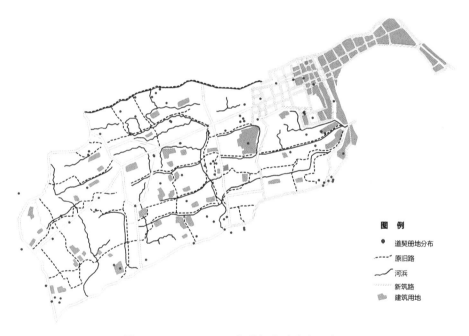

图 6-4-5　1910—1914 年道契分地分布示意图

英册道契 40 份,共 137.384 亩。其中英商业广公司、新瑞和、通和行等老牌大地产商仍为购地大户,此外还包括马立司、马海、利记医生、雷以生氏、柯芝、华勒司、花百、汉璧礼、高易、蔡叔记、倍发、美昌、尼孙氏、史达甫、泰利、永年公司、有恒等洋行。

法册道契 28 份,共 118.361 亩,其中法商巴吉(8 份道契,共 23.658

亩)、法商邵禄(3份,共15.858亩)等老地产商已发展为大地产商。此外,还包括法商唐丹、麦第、马来克、罗锐、辉朗、法白、杜物理尔、达商、柏尔德等洋商,以及法公董局储蓄箱、法电车公司以及东方汇理银行等洋行。

德册道契18份,共33.423亩,其中德商麦克(3份道契,共8.403亩)、福医生(2份道契,共7.142亩)、美最时洋行朴拉实(4份道契,共5.927亩)、宝隆医生夫人(4份道契,共3.091亩)等,均为前面出现的德商,此外还有地亚士行达施潭夫、瑞生行东伦得等。

第五节　1914—1941年法租界地籍图册及主要内容

1914年,法租界实现第三次扩界之后,出于税收和管理的需要,迫切需要对新扩展区进行土地登记和地籍测绘,从1916年地籍办公室开始绘制扩展区的地籍图,制作公董局征收地产的各项税表。地籍测绘时,扩展区被分为了25个街区①(secteurs),老租界分为14个街区,②无论有无房子均进行测绘。③1917年8月委员会决定由"Geographical& Topographical Society of China"编辑2个上海地籍图的地籍样本。④1917年底完成的地籍图(不包括老租界),面积为1250000平方米,大约为14个区,包括1916年绘制的共804张地籍图。从1月1日开始测量完成了9个街区,从15至23号,其中16号、17号和20号街区绘制完成并付之印刷,当时地籍测绘的范围,西至圣母院路和金神父路。

1918年绘制完成的扩展区地籍图,主要位于亚尔培路以东,从15号街

① "Secteur",或写"Section",由两个街区(四条马路围合的区域)或者一个街区组成。
② Compte-rendu des Travaux Exécutes pendant l'Annee 1916,上海市档案馆藏,卷宗号:U38-1-2784。
③ Séance de la Commission Municipale du 28 Aout 1916,上海市档案馆藏,卷宗号:U38-1-2784。
④ Séance du Comité des Travaux du 2 Aout 1917,上海市档案馆藏,卷宗号:U38-1-2785。

区至 28 号街区,共 14 个街区。测量面积大约 5000 亩,而 1917 年为 3500 亩。[1]1919 年租界扩展区的地籍图几乎全部完成,只留下 39 街区的大约 1000 亩未完成。也就是说,在 1919 年,位于祁齐路、宝建路和善钟路以西的法租界地区被测量,面积为 4000 亩。[2]1920 年租界扩展区的地籍测绘全部完成,并将白尔部路、吕班路以及白尔路以西以南的扩展区地籍图,印成一张整图在市场上销售。[3]1921 年整个租界的地籍图,包括旧租界,全部绘制完毕。整个法租界的地籍绘制工程从 1916 年开始至 1921 年 11 月结束,前后持续了近 6 年时间。[4]

一、《1920 年法租界扩展区地图》及主要内容

收藏于上海图书馆的一张 1920 年法租界扩展区地图,关于该地图的测绘背景和具体细节,学界讨论较少,也鲜有文献记载。该地图虽非严格意义上的地籍图,但该地图上深蓝色数字表示地籍编号,说明该图测绘者参考了这一时期地籍测绘成果,故有学者甚至认为是上海分区大比例地籍图的一种。[5]但不无缺憾的是,该地图并不包括新扩区全部,仅包括新扩展区的东部,西至亚尔培路(今陕西南路),图名:French Concession:Extension(法租界扩展区),该图由 The Geographical & Topographical Society of China 于 1920 年 9 月 15 日测绘。该图为布面衬底,全图由 24 幅小图拼贴而成,廓内面积 136.5 厘米×153.0 厘米,比例尺:1:1800。图上还有该机构的主管领导和地形师的签名,以及落款:上海,1920 年 9 月 15 日。从地图上的信息来

① Compte-rendu des Travaux Exécutés pendant l'Année 1918,上海市档案馆藏,卷宗号:U38-1-2786。

② Compte-rendu des Travaux Exécutés pendant l'Année 1919,上海市档案馆藏,卷宗号:U38-1-2787。

③ Rapport du Service des Travaux(1920),上海市档案馆藏,卷宗号:U38-1-2788。

④ Rapport du Service des Travaux(1921),上海市档案馆藏,卷宗号:U38-1-2789。

⑤ 孙逊、钟翀:《上海城市地图集成》,上海书画出版社 2017 年版。

看，该图主要反映 1920 年前后法租界第三次扩展区陕西南路以东地区的土地利用状况。

该地图的内容极为丰富，包含土地产权(地籍)、土地利用和地上建筑物等多方面的信息。土地利用方面，除了城市用地外，草地和林地分别用不同的形象符号表示。还有基础设施的信息，包括规划道路、街道、电车路线及站点、中国邮局及邮筒、水塔、消防栓等各种城市要素信息，图片右侧附有道路的中法文对照表。这是了解当时法租界土地开发、城市土地利用以及道路信息最为宝贵的地图资料。

二、《1925 年法租界地籍图》、《1925—1929 年法租界地籍册》及主要内容

上海图书馆藏《1925 年法租界地籍图》，为目前所见最早的一幅包括三次扩界区在内的完整的法租界地籍图。该地籍图包括一张总图(Plan d'Ensemble des Sections，比例尺为 1∶12000)和 25 张分图(C.M. F Plan

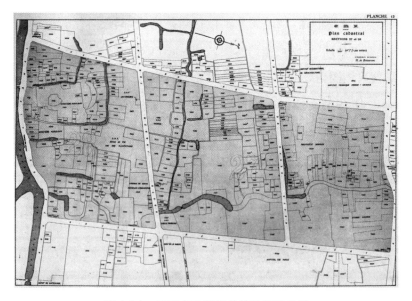

图 6-5-1　1925 年法租界地籍总图和分图

Cadastral，比例尺为 1：2000），其中，每张分图包括 1 到 2 个街区，1925 年法租界共包括了 40 个街区。该地图署名：公董局市政工程师 H. de Boisse-zon。

1925 年法租界地籍图，尚未被学界使用过，故具有极为珍贵的史料价值。该地图上信息非常丰富。除了清晰标注每个地块的信息，如编号、四至边界等外，还有城市道路的信息，实际存在的道路用实线表示，计划筑路，则用虚线表示。尤为难得的是，该地图上保留了当时河浜的信息，为我们了解当时的土地状况具有重要的价值。

根据 GIS 方法，将该地籍图上的道路与河浜信息绘制于图。从图可以看出，1925 年的法租界的道路与河浜分布。尽管 1925 年法租界大部分地区纳入城市化范畴，但仍有相当多的死水河浜存在。这些河浜原系圩田体系下的河流。随着城市化进行，土地产权转移，土地利用改为城市用地之后，这些河浜逐步失去了原有的功能，被废弃，有些河浜被填埋成陆，再被变卖，也有一些河浜被填埋造路。从而使原有的河浜圩田系统支离破碎。但所有河浜彻底消失，仍需要相当长的时间。这些残留的河流，或死水河浜，对当时的环境产生了非常重要的影响，可以说城市化的过程，也是填埋河浜或再利用河浜土地的过程。因此复原这些河浜，对于城市化研究颇有价值。但一般地图上不会标注这些小河或断头河浜的信息，而一般的文献也不会记载，显然，这份地籍图就成为了解和研究该地区城市化过程的景观变迁的一份非常宝贵的史料。

其次，将该图中的土地信息全部数字化，绘制 1925 年法租界地产空间分布图。从图上可以看出法租界土地空间形态的若干特点：

（1）道路网络。东部较为成熟的城区，路网比较密集，而西部偏远的郊区，道路网络较为稀疏。因此由道路构成的街区，也是东部小，西部大。特别是今常熟路、淮海西路以西的地区，道路构成的街区的面积，是东部普通街区面积的二到三倍。对于土地开发而言，这些街区显然过大，还需要再细分。

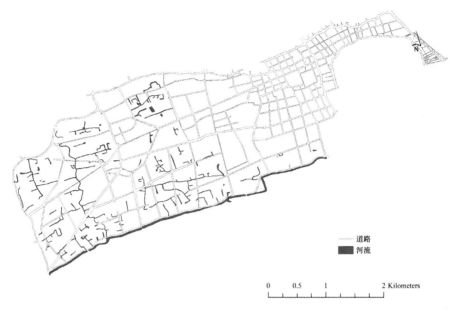

图 6-5-2   1925 年法租界城市道路分布图

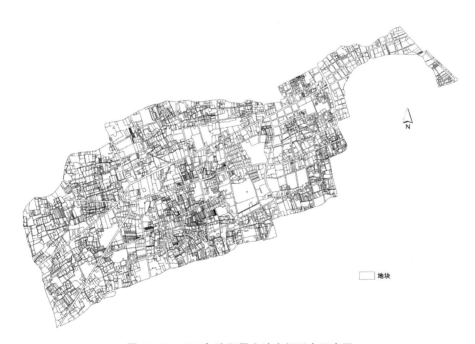

图 6-5-3   1925 年法租界土地空间形态示意图

（2）土地排列的空间形态，并非完全错乱无序。道路沿线的地块，一般是沿路整齐排列。这是筑路后土地重新划分的结果。对于城市用地而言，临街面是一个极为重要的因素。而街道内部，对于东部已完全开发的街区，其地块的分布呈现规则的井字形，这是里弄住宅区土地形态的显著特点，所有地块沿着一两条主弄堂整齐分布。但是对于未开发的西部郊区，在稀疏道路网构成的较大街区内，地块的分布则多沿旧河浜两岸整齐分布，这是圩田河浜体系下的土地空间形态。

（3）从土地形态上看，地块形态较小，且密集分布的地区，一般是原来的乡村聚落，也是开发最迟缓的地区。乡村外围的农田早已被洋商租去，而乡村宅基地仍为原华人业主所有。乡村宅基地的土地产权转移，之所以没有如农田那样，很快为外国人租去，主要是因为宅基地土地产权比农田更加复杂，加上华人的反对，给华洋交易增加了不少困难。更主要的是，乡村聚落环境更为糟糕，并没有一条像样的道路，而要从乡村中间，开筑一条笔直的阳光大道，要拆除更多的房屋，筑路费用更大，租界当局并不愿意为此付出更多的开支。在1925年法租界地籍图上，在法租界的西部地区，可以看到很多这样的"城中村"，仍然保持着原来的土地形态。

三、《1931年法租界地籍图》

由法租界公董局工程师绘制。该地籍图由2幅地籍总图和41幅地籍分图构成。其中第一总图，Plan d'ensemble des blocs 1 à 270，图幅36×54厘米，比例尺1：2000，主要是老法租界区、第一次第二次扩展区，包括了第1—116街区，分图第1—6幅，土地编号第1—720号；第二总图，Plan d'ensemble des blocs 117 a 270，主要是第三次扩展区，包括第117—270街区，分图第7—41幅，土地编号第1000—14291号。

图 6-5-4 1931 年法租界地籍分图

四、《前法租界 1932 年地册簿》

《前法租界 1932 年地册簿》[1]，是由法租界土地委员会对第 1000—14289 号土地的估价进行修正后编制的。新的土地估价从 1932 年 7 月 1 日开始实施。[2]故这份地籍册的数据仅包括第 1000—14289 号土地。

根据统计可知，该表共计共有 5919 条数据，土地面积总计12055.606亩（有效数据 5913 条）。从地产主来看，无姓名的土地（主要是华人业主）共 861 块，计 1079.3429 亩。其他均为有姓名的土地，共 4533 块，计 10067.61 亩土地。有姓名的土地业主，共 1632 个，既有华人业主，也有外国业主，或中外公司等。

---

① 《前法租界 1932 年地册簿》，上海市档案馆藏，卷宗号：U38-1-1073。
② Conseil d'Administration Municipale de la Concession Française a Shanghai，Compte-rendu de la Gestion pour l'Exercice，Budget 1933，Publications Municipales. p.300.

　　各国领事馆土地登记信息：（1）法册道契最多，共1486份，在法租界分布最广，主要分布在霞飞路以南的地区，其中金神父路和吕班路之间的地区分布最为密集。（2）英册道契次之，共808份，在法租界分布较广，主要分布在霞飞路以及靠近公共租界的长浜路和海格路地区。（3）美册道契又次之，共253份，主要分布在霞飞路以及贝当路地区，西门区以及善钟路附近也有分布。（4）比册41份道契，日册19份，分布较为零散。

表6-5-1　1932年法租界扩展区超20亩的洋商地产汇总　　面积单位：亩

姓　　名	面积	姓　　名	面积
Conseil Municipal Français	650.472	Compagnie Française de Tramways	98.918
Crédit Foncier d'Extrême-Orient	649.5823	Shanghai American School	92.589
China Realty Company	626.084	Tissot-Dupont P.B.	77.216
Du Pac de Marsoulies	381.061	Sassoon, E.D. & Company	76.838
Crédit Franco-Chinois	366.557	Missions Etrangères	74.128
International Savings Society	366.554	Wilson, G.L.	73.776
Algar & Company	321.9	Morris, H.E.	67.351
Mission du Kiangnan	310.652	Hongkong & Shanghai Banking Corporation	65.181
Atkinson, B. and Dallas, A.	233.178	Darré, M.	64.998
Brandt & Rodgers	230.754	Cathay Land Company	64
Foncière & Immobilière de Chine	217.688	Staff Bulidings Ltd.	62.651
Loh Pah Hong	211.323	Brandt, W.	59.754
Asia Realty Company	185.612	Yada, S.	57.232
Davies, C. G. and Brooke, J. T.W.	176.2627	Barraud, J.	55.317
Shanghai Land Investment Company	152.4706	Swire John & Sons	55.131
Wright, G. H. & Holborow, A.C.	144.414	Jardine Matheson & Company	55.031
Rockefeller Foundation	130.089	Yangtsze Insurance Association	52.005

续　表

姓　　名	面积	姓　　名	面积
Master，R. F. C. and Harris，M.R.	50.385	Azadian，J.	35.723
Missions Belges	50.149	Fessenden，S.	34.723
Institut Technique Franco-Chinois	50	Algar，A.E.	31.774
Edwardes，A. H.	49.623	Vanderburgh，R.M.	29.879
Banque de l'Indo-Chine	48.087	Midland Investment Company	29.119
Ezra，E.I.	47.756	Platt，W. A. C.，Macleod，R.N. and Wilson，A. S.	27.821
McNeill，D. and Wright，G. H. and Holborow，A.C.	47.738	Caisse des Oeuvres d'Intérêt Public	27.394
Institution Saint Joseph	47.735	Noxon，S.H.	25.886
Culty Dairy Company	47.22	Société immobilière d'Extrême-Orient	25.622
Mitsui Bussan Kaisha	45.949	Chollot，J.J.	25.159
International Bank Corporation	45.596	Mission des Lazaristes	24.844
Somekh，B.A.	45.017	Johnson & Morriss	23.026
Japanese Government	43.982	Metropolitan Land & Buiding Company	22.75
F.C. 2784	43.761	Cimetière Musulman	22.647
F.W. Maze	42.1342	Lazaristes de Paris	21.922
Moorhead，R.B. and Halse，S.J.	39.6771	Gaillard，J.	20.925
China Record Company	38.958	Anderson，J.O.	20.01

资料来源：《前法租界 1932 年地册簿》，上海市档案馆藏，卷宗号：U38-1-1073。

五、《公董局 1934 年地籍册》

该地籍册包括了整个法租界的全部数据，但这些数据并非来自一次性的土地评估。其中第 1—116 号街区的土地估价的新值，是 1933 年初由土

图 6-5-5　1932 年法租界银行业大地产商地产分布

地委员会修正的,新的估价从 1933 年 7 月 1 日开始实施。[①]第 117—270 号街区的土地估价的新值,是土地委员会(Commission Foncière)根据 1933 年 12 月 22 日公董局董事会会议的决议修正的。新的土地估价值自 1934 年 7 月 1 日开始实施。[②]

　　法租界洋商地产主共有 646 人,10190.2525 亩土地。其中超过 100 亩的洋商 18 人,50 亩至 100 亩地产的洋商 19 人,10 亩以上 50 亩以下的 87 人,1 亩以上 10 亩以下的 237 人,1 亩以下 137 人。若以十亩以上洋商地产统计,共 124 人,占地 9344.259 亩。根据法租界官方统计,第三次扩界后共 15150 亩土地,而 1934 年地籍册中登记的土地为 13257.0108 亩。若以登

---

① Conseil d'Administration Municipale de la Concession Française a Shanghai, Compte-rendu de la Gestion pour l'Exercice, Budget 1933, Publications Municipales. p.237.

② Conseil d'Administration Municipale de la Concession Française a Shanghai, Compte-rendu de la Gestion pour l'Exercice 1934, Budget 1935, Publications Municipales. p.123.

记土地为准，10亩以上洋商地产占总数的70.49％。这说明法租界70％以上的地产归124个大洋商所有。如表6-5-2所示。

表 6-5-2　1934 年地籍表中 20 亩以上的大地产商

地产主	面积（亩）	地产主	面积（亩）
C.M.F.公董局	806.38	Johnson & Morriss	80.217
Credit Foncier d'Extreme-Orient	725.8515	Darre，M.	70.23
China Realty Co.	692.342	Wilson，G.L.	69.453
International Saving Society	420.719	Metropolitan Land & Buiding Co.	67.987
Mission du Kiangnan	388.4827	Morris，H.E.	67.351
Algar & Co.	382.389	Azadian，J.	63.951
Credit Franco-Chinois	375.7198	Missions Etrangeres	61.862
A. Du Fac de Marsoulies	368.826	Yada，S.	57.232
Atkinson & Dallas	286.0904	Platt，Macleod & Wilson	56.545
Brandt & Rodgers	275.3838	Cimetiere International	55.54
Fonciere & Immobiliere de Chine	232.375	Master & Harris	55.402
Davies & Brooke	216.247	Swire John & Sons	55.131
Wrigh & Holborow	180.135	Brandt，W.	51.9307
Asia Realty Co.	178.879	Municipalite Francaise	50
Shanghai Land Investment Co.	155.4906	Institution Saint Joseph	49.12
Rockfeller Foundation	130.089	Missions Belges	48.223
Banque de l'Indo-Chine	127	Culty Dairy Co.	48.112
E.D. Sassoon & Co.	100.457	Edwardes，A.H.	48.048
Compagnie Francaise de Tramway	99.8552	Tissot Dupont	47.676
Lazaristes de Paris	95.2586	Dowdall，Hanson & Mc Neill	46.6438
Shanghai American School	92.433	Mitsui Bussan Kaisha	45.949
Hongkong & Shanghai Banking Co.	89.0752	Somekh，B.A.	45.131
Mc Neil，Wright &Holborow	84.1269	Japanese Government Imperial	43.982

续　表

地产主	面积（亩）	地产主	面积（亩）
Universite Aurore	43.761	Barraud, J.	29.2935
Mazc, F.W.	41.8652	Realty Investment Co.	27.498
Algar & A.E.	41.2417	Societe immobiliere d'Extrême-orient	25.622
Societe Immobiliere de Shanghai	39.6063	Morriss, Nation, Bell & Gregso	25.121
Caisse des Ceavres	39.485	Le Champ de Courses Francais	25.056
Moorhead & Halse	37.1271	Noxon, S.H.	24.504
Mission Etrangeres	36.348	Cathay Land Co.	24.368
China Navigation Co.	35.6449	Platt, Teesdale & Macleod	23.4388
Hansons	35.516	Brandt, W.	23.115
Lester Johnson & Morriss	34.191	Cimetiere Musulman	22.647
International Banking Corporation	33.264	G. Morriss & J.R. Maughan	22.1448
Anglo-French Land Investment	30.6059	Ezra, E.J.	21.968
Succession Tissot-Dupont	30.156	Anderson, J.O.	20.01
Mid Land Investment Co.	29.434		

资料来源：《公董局 1934 年地籍册》，上海市档案馆藏，卷宗号：U38-1-1074。

六、《法租界 1935 年地籍册》

《法租界 1935 年地籍册》[Rôle de la propriete Fonciere Blocs 1 a 116(lots cadastraux 1 a 720)]，即土地估价表 1—116 街区（第 1—720 地籍编号土地），是土地委员会自 1935 年初对这部分土地估值进行修正后编制的，新的土地估价自 1935 年 7 月 1 日开始实施。

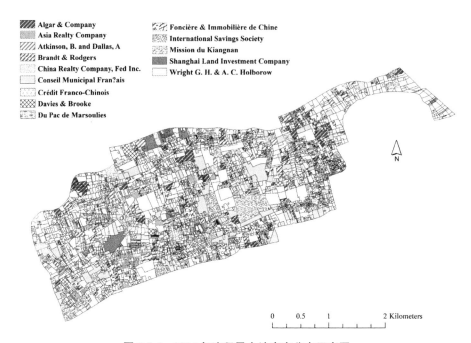

图 6-5-6　1934 年法租界大地产商分布示意图

七、《上海佛兰西租界地籍图》(1939)

《上海佛兰西租界地籍图》,①作者 Dai ni yasen sokuryotai,这是一家日本军事测绘机构。该图为黑白地图,图幅 77×57 厘米,比例尺 1∶5000。此图绘制于抗战爆发之后的 1939 年,绘制过程不详。这实际上是一幅法租界地籍总图。以往法租界地籍图一般是包括总图和分图,总图只是简单绘制了街道边界,并标注街道编码,便于检索,并未画出地块的边界和相关信息。这幅地籍图的用途主要是为了满足日本侵略者控制租界土地的需要。该地图上标注了 6925 块地产的信息,地产上标注了地籍编号,编号 1-14291。同时,标注街道编码 1—270。

————————————

① https：//www.virtualshanghai.net/Asset/Preview/vcMap_ID-41_No-1.jpeg[2022-5-9].

八、《1941 年法租界地籍图册》

《1941 年法租界地籍图册》,系法租界公董局土地估价委员会编制的法租界全区的地籍图册,也是法租界最后一次土地评估成果。

1.《1941 年法租界地籍图》

该地图绘制于 1940 年。据 1940 年法租界公董局年报记载:关于地籍图,1940 年公董局工程师测绘了法租界总图:测绘了以下街区(bloc):30号,113 号,125 号,152 号,154 号,155 号,156 号,162 号,165 号,188 号,190 号,200 号,201 号,204 号,237 号,239 号,243 号,255 号,257 号,264号,以及以下各分区图(section):41,44,45,46,47,48,49,56,58 号。绘制了以下街区地图:30,84,96,125,131,150,152,153,154,155,156,190,200,201,204,204A,221,237,239,243,248,249,256,

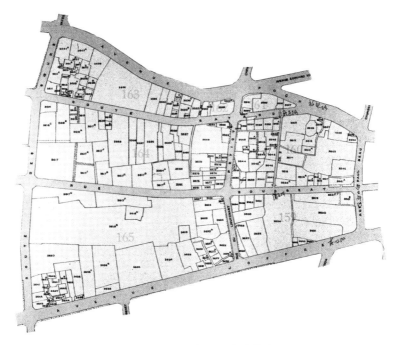

图 6-5-7　1941 年法租界地籍分图

257号街区，以及以下各分区图(section)：41，44，45，46，47，48，49，56，58号分区。[①]由此可见，并非所有的地区均进行了重新测量，只是部分地区进行了测量。未测量的区域，仍采用最近一次的地籍图作为底图。该地图包括2张总图和41张分图。地图为彩色，制作精美。为目前所见法租界最后的一幅地籍图册，主要反映1940—1941年，即二战期间上海法租界的地产状况。

2. 关于土地评估

土地估价委员会在1940年2月19日，3月4日，11日，14日和18日，4月8日，5月3日和22日，6月10日和10月16日对法租界的土地估价进行了修正。土地估价委员会成员J. Sauvayre主持了此次土地评估。新的土地估价作为税收的依据，自1941年1月1日开始实施。[②]土地委员会根据每次土地评估最终确定的值，最后编制了《1941年土地估价表》。

3. 数量统计

《1941年法租界地籍册》上共记载有7040块，12557.6582亩土地，相比1934年，地块数量明显增多。其中有657块地产业主无姓名，共计525.6759亩土地。然后对有姓名的业主，进行统计。

1941年，法租界共有2479个有姓名的土地业主。其中，

百亩以上的地产主共有22人，占有6264.502亩土地，接近占总数的一半(49.89%)。

20—100亩的地产主有53个，占有2609.2309亩土地，占总数的20.78%。

20亩以下的地产主有2404人，占有3158.2494亩，人均占有土地为1.313亩。

---

① Conseil d'Administration Municipale de la Concession Française a Shanghai, Compte-rendu de la Gestion pour l'Exercice 1940，Budget 1941，Publications Municipales. p.170.

② Ibid.，p.93.

表 6-5-3　1941 年法租界超 20 亩地产主统计表

姓　　名	面积	姓　　名	面积
Conseil Municipal Français	787.5072	Wilson，G.L.	91.592
Crédit Foncier d'Extrême-Orient	670.0633	Caisse des Oeuvres d'Intérêt Public	91.592
China Realty Company，Fed Inc.	638.761	Maze，F.W.	90.6157
Mission du Kiangnan	526.1353	Hongkong & Shanghai Banking Corporation	88.3262
Algar & Company	382.0072	J. Swire & Sons	84.689
Crédit Franco-Chinois	368.5208	Tissot-Dupont，P.B.	81.845
Brandt & Rodgers	318.5739	McNeill，D. & Wright，G.H.	77.1696
Foncière & Immobilière de Chine	269.558	Chase Bank	76.337
International Savings Society	243.922	Barraud，J.	74.6985
Wright，G. H. & Holborow，A.C.	224.713	Brandt，W.	73.4737
Atkinson，B. and Dallas，A.	222.313	Morriss，H.E.	68.311
Du Pac de Marsoulies	222.0817	Darré，M.	68.081
Davies，C. G. and Brooke，J. T.W.	202.4391	Johnson G.A. & Morriss G.	65.377
Banque de l'Indo-Chine	172.489	Loonis，A.	64.985
Asia Realty Company，Fed Inc.	171.23	Staff Buildings	60.688
Shanghai Land Investment Company	153.9436	Cathay Land Company	58.894
Mission des Lazaristes	139.2957	Anglo-French Land Investment Company	57.6609
Champ de Courses français	123.206	Shanghai Municipal Council	55.54
Gouvernement Japonais	111.229	Algar，A.E.	53.2837
Missions Etrangères	111.025	Master，R. F. C. and Harris，M.R.	52.253
Compagnie Française de Tramways	104.5192	Morriss，G. and Maughan，J.R	51.4538
E.D. Sassoon & Company	100.969	Culty Dairy Company	48.914
Shanghai American School	91.909	Institution Saint Joseph	48.819

续　表

姓　　名	面积	姓　　名	面积
Pagode de Ningpo	47.4142	Société immobilière de Shang-hai	31.1917
Missions Belges	46.841	Burkill, A.R. & Sons	30.889
Mitsui Bussan Kaisha	45.949	Midland Investment Company	27.566
Metropolitan Land & Building Company	44.392	Du Pac de Marsoulies(Land & Estate Off.)	26.372
Joseph, R.M.	42.353	Cabinet M Darre	26.158
Moorhead, R.B. and Halse, S.J.	41.4152	Wright, G.H. & J.E. Badeley	25.4085
Platt, W. A. C., Teesdale, J.H. and Macleod, R.N.	40.4542	Bureau Bienfaisance de Chang-hai	25.4
Electric & Musical Industries (China)	40.413	Hongkong & China Property Company	22.441
Building Company	37.795	Conseil Municipal Français (Cimetière français)	21.7538
McNeill, D. and Wright, G. H. and Holborow, A.C.	37.158	Holy Trinity Cathedral (Trustees)	21.251
Yangtsze Insurance Association	35.759	Master, R. F. C. and Harris, M.R. & M.B. Brown	20.4
China Navigation Company	35.6449	Ezra, E.I.	20.379
Holborow, A.C.	33.57	Nissim, E.	20.3783
Metropolitan Land Company	32.4846	Banque Franco-Chinoise	20.2014
Société immobilière d'Extrême-Orient	31.29		

资料来源:《1941 年法租界地籍册》。

4. 空间分析

运用 GIS,将 1931 年和 1941 两个年份的地籍图进行叠加,并计算分析每个地产的分割情况,并将分割的地产绘制于图,由图可见:(1)发生土地分割的地区,主要集中在 1914 年新扩展的区域,即新城区,而老城区因土地利用基本达到饱和状态,故很少再有地产分割现象发生;(2)发生分割和再利用的地产,在法租界呈点状分布,但主要集中于主干道附近,因为基础设施好,故具有很好的升值潜力。故业主认为土地分割后出售盈利更大;(3)地

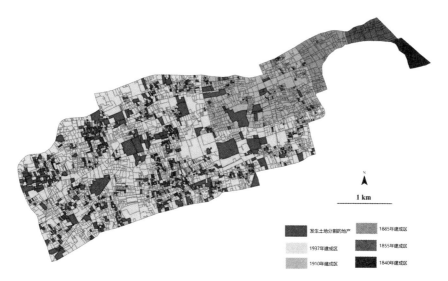

图 6-5-8　1931—1941 年法租界地产分割分布图

Algar & Company (164)
Asia Realty Company, Fed Inc. (99)
Atkinson, B. and Dallas, A (105)
Banque Franco-Chinoise (9)
Banque de l'Indo-Chine (69)
Brandt & Rodgers (125)
Champ de Courses fran?ais (13)
China Realty Company, Fed Inc. (289)
Comité International pour l'amélioration de la S (1)
Community Church (1)
Compagnie Fran?aise de Tramways (66)
Compagnie Franco-Américaine d'Assurances (5)

Congrégation des Frères Maristes (1)
Conseil Municipal Fran?ais (128)
Crédit Foncier d'Extrême-Orient (259)
Crédit Franco-Chinois (312)
Davies, C. G. and Brooke, J. T. W. (94)
Du Pac de Marsoulies (172)
Compagnie des Messageries Maritimes (1)
Compagnie fran?aise de Tramways (2)

E. D. Sassoon & Company (13)
Foncière & Immobilière de Chine (111)
Gouvernement Japonais (4)
International Savings Society (80)
Mission des Lazaristes (27)
Mission du Kiangnan (54)
Missions Etrangères (19)
Shanghai Land Investment Company (37)
Wilson, G. L (19)
Wright G. H. & A. C. Holborow (73)

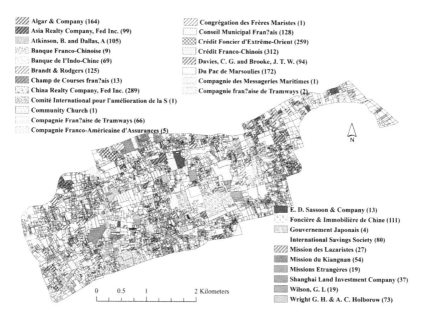

图 6-5-9　1941 年法租界 100 亩以上的大地产商的土地空间分布图

产分割的方式,除了业主自行分割土地外,还有不少地产因新筑路而被分割土地,新筑路主要是街区内的巷道,或小路,并非指干道,这些巷道并非完全由租界当局修筑,也有不少是由业主修筑,业主之所以自行在其地产上修路,除了满足其交通的需要之外,更重要的在于通过修路改善了基础设施,提高了区位条件,故推动了土地的升值。

第六节　法租界地价的时空演进

与公共租界不同,尽管法租界也经历了三次扩展,但法租界为一个整体而未分区,故地价的分布与增长变化,整体上是连贯而延续的,呈现由东而西逐步扩展的特征,而中轴线在地价的分布中起着决定性的影响。在1900年之前的老租界区,地价分布逐步形成了以外滩和公馆马路(今金陵东路)为丁字形的高地价中心轴线,而1900年之后的法租界新区,则逐步形成了以霞飞路(今淮海路)为中心的高地价轴线。法租界的地价演变经历以下几个阶段,每个阶段的演变规律分析如下。

一、1849—1865 年法租界初期的地价变化

开埠前 20 年,是法租界快速城市化的阶段:土地产权逐步由华人所有转变为由洋商所有,城市道路逐步代替了之前河浜纵横的水网体系。之前的稻田农业区和近郊区,逐步转变为一个高密度发展的城区。这一时期的地价数据,主要是法国外交部档案馆所藏的法国道契(也称为法领馆契)。根据这些材料,本著述统计分析了法租界开埠初期的地价变化。研究发现:

第一,时间上,法租界前二十年的地价增长,呈波浪式增长,其中1853—1855 年小刀会起义期间、1860—1862 年太平军三次进攻上海期间,为地价的迅速上涨期,而战后则是地价的跌落期。这主要是受战争的影响,

大量难民涌入租界,催生了火热的土地市场,迅速增长的居住需求,推动了
地价迅速上涨。相反,战后,大量难民返乡,租界市场一落千丈,加上战后贸
易暂时未恢复,经济不景气,地价跌落严重。

　　第二,空间上,法租界的地价呈现从小东门由南而北,从外滩由东而西
逐步递减的变化趋势,其中,交通、码头和基础设施,是影响地价的重要因

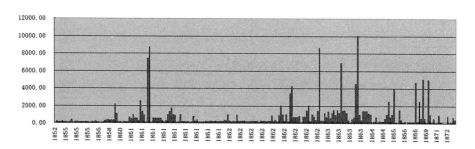

图 6-6-1　1852—1872 年法租界年均地价变迁图

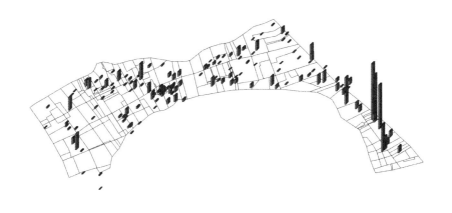

图 6-6-2　1852—1865 年法租界地价分布图

素。一般交通区位好,基础设施佳的地段,地价亦高。地价的空间结构,逐步形成了两条中轴线,一条是法租界的外滩,这是法租界的起源地,也是地价最高的地区,另一条是法大马路,也称法公馆路,即今金陵东路,两条中轴线构成一个丁字形的结构,成为法租界独有的地价空间特征。

第三,地价还受到该地区土地交易的冷热程度的影响,通常被抢购的热点地段,是地价涨幅最快的地区,相反土地交易被冷落的地段,地价涨幅不大。土地开发程度,也会对地价产生影响,土地开发越成熟,地价越高,但地价升值不可能一直涨下去,相反土地开发处于初级阶段的地区,地价涨幅则更巨,对于以盈利为目的地产商而言,自然获利更大。

二、1865—1900 年法租界地价变迁

1865—1900 年,为法租界地价变迁的第二个时期,为地价平稳上涨,没有发生大起大落。而 1895 年之后,又迎来了新一轮的地价高涨期,1895—1900 年地价上涨速度尤其快。这一时期的地价数据,主要有 1877 年、1880 年、1881 年、1885 年和 1895 年法租界的地籍册。统计范围:老法租界区,即初次划定和第一次扩界区。根据这些数据分别统计其地价变化趋势,并绘制地价变化趋向图和地价空间分布图。

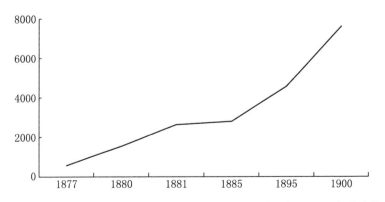

图 6-6-3　1877—1900 年老法租界区(即初次划定和第一次扩界区)年均地价

图 6-6-4　1881 年和 1885 年法租界地价分布

1889 年

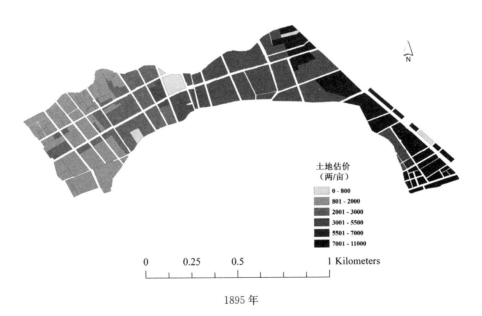

1895 年

图 6-6-5 法租界 1889 年和 1895 年法租界地价分布图

由图可见，时间序列来看，1877—1885 年为一个阶段，地价变化较为平稳，缓慢增长，从每亩年均不足 1000 两，1885 年增至近 3000 两，而 1885—1900 年为第二个阶段，地价增幅明显大于前一个阶段，每亩年均不足 3000 两，增至每亩年均近 8000 两。

从空间结构上看，法租界地价呈现从外滩向内地地价逐步降低的趋势，其中外滩为第一高价区，今四川南路至北门路（今河南南路）次之，今四川南路至浙江南路又次之，浙江南路以西至界路（今西藏南路）最低。

三、1901—1920 年法租界地价变迁

1901—1920 年，为法租界地价变迁的第三个时期，法租界实现了两次扩界，面积增至 15150，比最初的法租界增长接近 20 倍。但由于范围较大，地价的区域差异很大，另外又受到一战影响，变化起伏，先增后涨。

本时期大致可分为两个重要时段：即战前和战后，战前又分为两个阶段：1902—1906 年地价变化较为平缓，无论是老法租界区，还是第二次扩界区，地价增幅较小，1906—1914 年，两个区域地价均呈现快速增长时期，而一战爆发后，老法租界区的地价又出现低速增长的态势，而第二次扩界区似乎并没有受一战的影响，保持之前的增速继续上涨。战后，两个区域又开始了新一轮增长。从空间上看，由外滩向内地逐步降低的态势并未发生改变，扩展区的总体地价水平，明显低于老法租界，而另一方面，扩展区的增幅大于老法租界区，并保持了持续增长，故与老法租界区的地价差异越来越小。

首先，从空间结构来看，1916 年法租界地价呈现由外滩向内地（即由中心向郊区）逐步下降的结构特征。这与 1902 年相比颇为相似。其中法租界外滩地价最高，在 45000—80000 两/亩，法租界外滩至老北门街（今河南南路），地价次之，在 27000—45000 两/亩，老北门街以西至坟山路（今龙门路）一带，又次之，地价在 8000—16000 两/亩，该区东部

的部分地价在 16000—27000 两/亩，坟山路以西，地价最低，在 800—8000 两/亩。

其次，从时间序列来看，地价上涨非常明显，1916 年老法租界区、第一次扩展区、第二次扩展区的地价，总体水平平均 11543 亩/亩，比 1902 年总体平均水平 3260 亩/两，增长 2.54 倍。其中老法租界区、第一次扩展区，1902 年总体平均为 7614 两/亩，最高 15500 两/亩，最低 2500 两/两，而 1916 年总体平均为 26306 两/亩；第二次扩展区，1902 年总体平均为 1543 两/亩，最高 4000 两/亩，最低 1000 两/亩，而 1916 年总体水平为 5425 两/亩，最高 13000 两/亩，最低 3000 两/亩。

在空间上存在着明显的地域差异。其中地价增长速度最快最明显的地区，一个在外滩，因濒临黄浦江，同时占有航运、交通和港区等优越的区位，也是最核心的城区，另一个在最西郊区，也是城市化发展最快的地区，此两区地价上涨均在 5—8 倍；爱多亚路（今延安东路）、老北门街等老法租界的部分地区，次之，地价上涨 4—5 倍；第二次扩展区东北部、老北门以西以及其他老法租界部分地区，地价上涨在 2—3 倍。地图上显示的 0 倍的地区，大部分是法租界公董局的公用地产，属于免税土地。

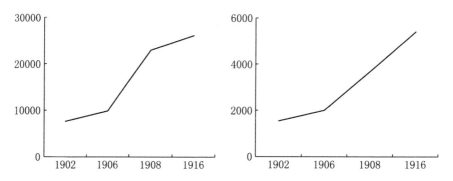

图 6-6-6　1902—1916 年老法租界区和第二次扩界区的年均地价变化趋向图

图 6-6-7　1902 年和 1906 年法租界地价分布图

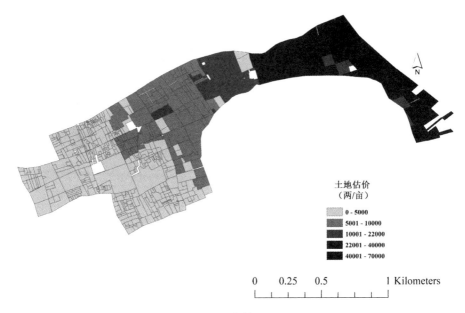

土地估价
（两/亩）

0 - 5000
5001 - 10000
10001 - 22000
22001 - 40000
40001 - 70000

0   0.25   0.5   1 Kilometers

1908 年

土地估价
（两/亩）

600 - 6000
6001 - 11000
11001 - 23000
23001 - 45000
45001 - 80000

0   0.25   0.5   1 Kilometers

1916 年

图 6-6-8   1908 年和 1916 年法租界地价分布图

四、1921—1933 年法租界地价变迁

1921—1933 年,为法租界地价又一个快速上涨时期。特别是郊区地价上涨迅猛,逐步缩小与市中心之间的地价差距。美国经济学家雷麦(C. F. Remer)指出,"自从 1870 年以来,地产一业,尤其在上海,是外人投资的一种重要形式","1931 年外人在华投资总额中的三分之一,集中于上海"。①地产在外人投资中的比例呈增长趋势,地产在外人在华投资中的比例从 1914 年的 6.5％,增至 1931 年的 10.5％。②1931 年,英日苏美四国的地产总值为 3 亿 1630 万美金,占所有在华投资的 14％。而上海一埠外人所有的地产,总数即达 2 亿 2500 万美元。③

据时人评论:"上海一埠,商务繁盛,各处货栈房屋等,日见增多,而制造厂兴旺之地点,则多在上海东部一隅,故将来该处之兴盛及地产之价昂可操左券。迩来,各地富有之人类皆挟其资财来沪,存放而最稳妥方法,莫如购置地产,购者既多则地价必随之高涨,有利可图。"④"比年时局不靖,各处避难来沪之寓公日多,往往执有现款,而无业可营无资可投,以致坐吃山空者,不知凡几。上海各项商业受市面影响,无不萧条退步。惟地产则日进不已,年长一年,而稳妥无比。故稍有眼光之资本家,对于商界地产之将来有无穷之希望。"⑤而房地产商也恰恰抓住了人们急切致富的心理,对于土地增值大肆宣扬。《申报》刊登的一则广告:"上海位居全国枢纽,万商咸集,百业繁兴。其地价日增月涨,殆无已时。试观沪西愚园路一隅,可为明证。其地价十年前。每亩为一千两者。今竟涨至一万两。其相差之别有如此者。请君

---

① ［美］雷麦:《外人在华投资》,蒋学楷、赵康节译,商务印书馆 1959 年版,第 69、52—53 页。
② 同上书,第 51 页。
③ 同上书,第 61、70 页。
④ 《申报》,1928 年 10 月 19 日。
⑤ 《申报》,1928 年 4 月 29 日。

速置产业。数年后自可安处无忧,团团然作富家翁。"[1]

首先运用 GIS 的方法,对 1924、1925、1926、1928、1929、1932 和 1934 年地籍册中数据[2]进行数字化处理,建立地价数据库,总计有 25441 条数据。地价数据库字段,包括业主姓名、地产编号(道契号)、地籍编号、土地面积、土地估价。在此基础上,运用 ArcGIS 对 1925 年和 1931 年法租界地籍图进行矢量化处理,并在矢量图上为每宗地产添加地籍编号。根据地籍编号,将地价数据库与矢量地籍图建立连接,由于地籍图仅有两个年份,故采用了就近年份的原则,1924—1928 年的地价数据库采用 1925 年地籍图,而 1929—1934 年的地价数据库采用 1931 年地籍图。再利用 ArcGIS 空间分析功能,绘制不同年份地价空间分布图、变化图,以及不同年份之间宗地尺度的地价增长率分布图。

(一) 时间序列的变迁

1. 老租界区(包括第一次扩展区)

老租界区包括第一次扩界区,即 1900 年之前法租界范围。这是法租界最早建立的区域,早在 19 世纪末已是成熟的商业中心区,因位于城市的心脏地区,土地稀缺,土地利用强度最大,商业最发达,人口密度最高(55—66 人/亩),也是法租界地价最高的区域。1924—1934 年地价总体呈上升趋势。1927 年国民党建立大上海之后地价增幅加快,1929 年比 1926 年增长了 20.26%,1934 年比 1929 年增长了 69.38%。

2. 第二次扩展区

第二次扩展区是 1900 年法租界第二次租界扩展范围。早在 1900 年

---

[1] 《申报》,1929 年 6 月 29 日。

[2] 1924—1929 年的数据,系上海市档案馆收藏了的一份相近年份的法租界土地估价表。该表格包括 1924 年、1925 年、1926 年、1928 年和 1929 年的土地估价数据。可惜,每个年份的数据都不完整。1924—1926 年的土地估价表上,老租界区的估价时间为 1926 年,第二次扩界区是 1925 年,第三次扩界区为 1924 年。而 1928—1929 年土地估价表上,老租界区和第二次扩界区的估价时间为 1929 年,而第三次扩界区的土地估价时间为 1928 年。其中,1929 年的估值以 1929 年 7 月 1 日提出的估值为准。

前,靠近城区地段已开始城市化,扩界后随着基础设施完善,至1914年之前已是成熟城区,人口密度与老法租界区相近。中心干道如公馆马路延伸路(今金陵西路)、霞飞路东段(今淮海中路),均是繁华的商业街。地价仅次于老租界区,"法租界自开辟新界以来,地方辽阔,地价骤增数倍"。1924—1934年地价总体上呈增长趋势,增长特征与老租界区基本相同,但涨幅要大于老法租界区,1925—1929年增长了90.4%,1929—1934年增长了1.736倍,增幅大于前五年。

表 6-6-1　1924—1929 年间法租界土地估价区域统计表　单位:银两/亩

年份	总有效数	老法租界区(1861)		第二次扩界区(1900)		第三次扩界区(1914)		总平均值
		有效数	平均值	有效数	平均值	有效数	平均值	
1924						5658	2046	
1925				466	8196			
1926		233	56476					
1928						5666	3698	
1929		233	67918	475	15610			
1932						5895	14249	
1934	6782	176	115040	392	42709	6214	21522	25173
1941	7304	176	114227	384	45838	6752	27725	30791

资料来源:法租界1924—1929年地籍册。

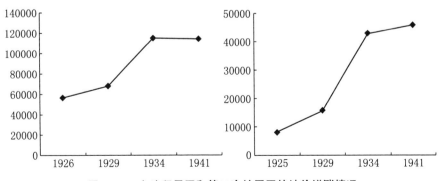

图 6-6-9　老法租界区和第二次扩展区的地价增涨情况

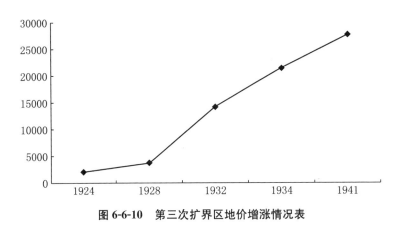

图 6-6-10　第三次扩界区地价增涨情况表

3. 第三次扩展区

第三次扩展区是 1914 年法租界第三次扩界范围。自 1900 年开始，法租界行政机构—公董局开始在该区域内越界筑路。1914 年并入租界后，公董局加快了该地区城市基础设施建设，实施了填浜、筑路、铺设下水道等市政工程，部分路段还铺设自来水和煤气管道等公用设施。随着基础设施逐步完善，城市环境不断改进，1924—1934 年来法租界租地的洋商趋之若鹜，洋商地产数量不断增加，1924—1926 年为 6357 宗，1934 年为 6782 宗，主要增长地区是城市化水平较低的第三次扩展区，这是城市化快速发展的重要反映。而老租界区和第二次扩展洋商地产数量反而减少。1924—1934 年，该地区地价呈持续增长趋势，也是法租界三个区中增长最快的：1932 年比 1928 年增长了 2.85 倍，远高于前两个区。1932 年"一·二八"战事后，上海大部分城区房地产市场陷于低谷，地价下跌明显。法租界也受到一定影响，但 1934 年又出现回暖，地价比 1932 年增长了 51.04％。

综上所述，从时间序列来看，1924—1927 年和 1929—1934 年均地价呈增长趋势，但前者的增长幅度略小于后者，1929—1931 年增幅最大，而地价又以 1934 年最高。日本学者城山智子对此做过深入研究，她指出 1924—1929 年上海房地产总价值增加了 20 亿两，其中一半的增长来自 1928—1929 年。她认为外国大量白银流入上海和银行业将大量资金投入房地产业,是造成这一时期土地价格上涨的重要因素,"上海的地产投资很少是基于对房产的真正需求和对赚取租金的期望,而是基于对利率和白银价值的追求"。[①]

（二）空间分布差异

法租界中心区地价与郊区地价差异颇大,其增涨特征也明显不同。以1934年为例,老法租界区比第二次扩展区的平均地价高2.69倍,比第三次扩展区的平均地价高5.34倍。但这种小比例尺度的区域差异只能反映地价空间结构的总体特征,还不能反映宗地尺度的细部变化。笔者运用GIS方法,对不同年份的地价数据进行处理,复原了1924、1928、1932、1934年4个时间断面的地价空间分布图,部分地区缺失同一年份的数据,用相近年份补齐。

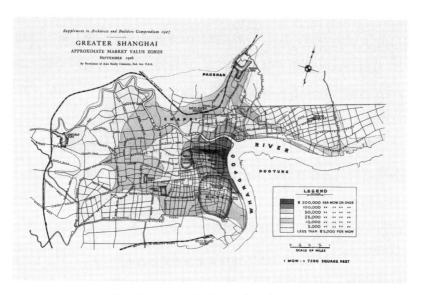

图 6-6-11　1926 年大上海市区地价分布

资料来源:*Greater Shanghai*, *Approximate land value zones*, *September 1926*, 28×44 cm,原图载 Brooke, J.T.W., Davis, R.W., *The China architects and builders compendium*(1927)。引自 https://www.virtualshanghai.net/Maps/Source?ID=439[2019-3-1]。

---

① 城山智子:《大萧条时期的中国:市场、国家与世界经济》,孟凡礼、尚国敏译,江苏人民出版社2010年版,第148—151页。

由图可见,尽管 1924—1934 年间法租界地价不断发生变化,但其空间结构却相对稳定。总体上呈现以外滩与公馆马路、霞飞路组成的丁字形为中心,由中心向外缘逐步递减的圈层空间结构。这与 1926 年 9 月普益地产公司绘制的大上海地价分布图所反映的地价空间结构基本一致:整个上海的地价呈现以外滩南京路为中心并向城市边缘不断递减的圈层结构。法租界位于该圈层结构中,地价被分为五个等级:10 万两/亩、5 万两/亩、2.5 万两/亩、1 万两/亩和低于 5000 两/亩。这五种水平基本上反映了 1926 年法租界地价分布的空间特征,但不能反映法租界西部城市化水平较低的地区,也不能反映前后的增幅变化。由于各区差异较大,下文分区论述之:

1. 老租界区

城市化十分成熟的老租界区,地价空间结构呈现明显的圈层结构,地价大致可分为四个等级,如表 2 所示:以 1926 年为例,外滩为第一等级,10万—14 万两/亩,是法租界地价最高区;从外滩至山东南路西为第二等级,6 万—9.5 万两/亩;从山东南路至浙江南路为第三等级,3.5 万—5 万两/亩;从浙江南路至西藏南路为第四等级,为 2 万—2.5 万两/亩。1926—1934 年间,4 个等级的圈层结构基本未变,但整体上均有上涨趋势,但第一等级和第四等级之间的差距在逐步缩小,等级之间的界限日益不明显。另外,外滩始终是法租界地价的最高区。原作为老法租界区中轴线的公馆马路,其地价水平已让位于法租界与公共租界的界路——爱多亚路(今延安东路)。1914 年,

表 6-6-2　1926—1934 年老法租界区的地价状况　　单位:万银两/亩

地价水平	1926	1929	1934
第一等级(外滩)	10—14	11—15.8	18.2—25.9
第二等级(外滩至山东南路西)	6—9.5	6—9.5	9.8—22.4
第三等级(山东南路至福建南路)	3.5—5	4—6	7.7—14
第四等级(福建南路至西藏南路)	2—2.5	3—4	5.6—11.9

爱多亚路系填洋泾浜筑成,为两租界的中心干道,在整个上海的区位优势,仅次于南京路,其地价显然高于公馆马路,也在情理之中。

2. 第二次扩展区和第三次扩展区东部

第二次扩展区及第三次扩展区东部,即今陕西南路以东地区,西藏南路以西的法租界区。这一区域的城市化水平仅次于老租界区,地价空间结构也呈现明显的圈层结构。以1929年为例,大致分为四个等级:第一等级15000—20000两/亩,大致在今黄陂南路以东,兴安路、桃源路以北,西藏南路以西围合区域,以及西藏南路附近地区;第二等级10001—15000两/亩,在今复兴中路以北,茂名南路、瑞金一路和瑞金二路以东的区域;第三等级7501—10000两/亩,在第二等级的外围地区,或者零散分布在第二等级范围内;第四等级5000—7500两/亩,在第三等级外围,主要分布在今建国东路、复兴中路、淮海中路、常熟路及以东至陕西南路。1924—1929年,四个等级的地价水平明显提升了,特别是第一等级和第二等级的范围明显扩大了,第三四等级变化不显著。

1934年之前,该地区地价的空间结构为摊大饼式的圈层结构,中心街道地价水平并不凸显。1934年的变化表现为中心街的地价明显高于周边其他地段。今淮海中路为第一等级的中轴线,地价最高,复兴中路、巨鹿路和长乐路等为第二次中心街,地价次之,以此类推,地价水平随着道路区位的高低而变化。区位对地价起决定性作用,是城市化过程中不同街区之间竞争的反映:位于中心区位的街区率先实现了由居住用地向商业用地转换,促使地价上涨幅度快于其他街区。

表6-6-3　1926—1934年第二次扩展区及第三次扩展区东部的地价状况

单位:万银两/亩

地价水平	1925	1929	1934
第一等级	1—1.25	1.5—2	5.5—7.5

续　表

地价水平	1925	1929	1934
第二等级	0.75—1	1—1.5	4—5.5
第三等级	0.5—0.75	0.75—1	3—4
第四等级	0.3—0.5	0.5—0.75	2.5—3

3. 第三次扩展区西部

第三次扩展区西部,主要指今陕西南路以西的法租界第三次扩展区。该地区城市化水平较低,但城市化发展较快。该地区的地价空间结构不再是圈层结构,而是呈现以新筑路为中心的扇形结构。当时霞飞路西段(今淮海西路)、贝当路(今衡山路)、白赛仲路(今复兴中路)、福开森路(今武康路)、祁齐路(今岳阳路)等新筑路,为扇骨,其地价明显高于街道内部地区。地价水平大致分为两个等级,霞飞路西段为第一等级,其他新筑道路为第二等级。1924—1934 年间,扇骨的地价水平均上涨了近 10 倍,但地价空间结构基本保持不变。

表 6-6-4　1924—1932 年第三次扩展区西部的地价状况

单位:万银两/亩

街道名	1924	1928	1932
霞飞路西段(今淮海西路)	0.3—0.5	0.5—0.75	2—3.5
贝当路(今衡山路)	0.18—0.3	0.3—0.5	1.5—2
福开森路(今武康路)	0.2—0.3	0.4—0.5	1.5—2
福履理路(今建国西路)	0.2—0.3	0.3—0.4	1.5—2
拉都路(今襄阳南路)	0.2—0.3	0.4—0.5	1.5—2
白赛仲路(今复兴西路)	0.2—0.3	0.4—0.5	1.5—2
台拉斯脱路(今太原路)	0.2—0.3	0.4—0.5	1.5—2
巨福路(今乌鲁木齐南路)	0.2—0.3	0.4—0.5	1.5—2
巨泼来斯路(今安福路)	0.2—0.3	0.4—0.5	1.5—2
祁齐路(今岳阳路)	0.2—0.3	0.4—0.5	1.5—2

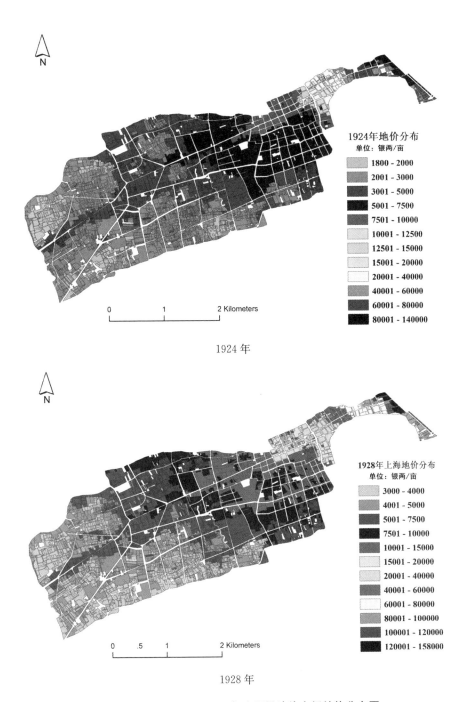

图 6-6-12 1924 年和 1928 年法租界地价空间结构分布图

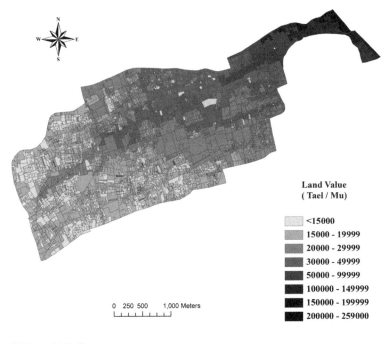

1932 年

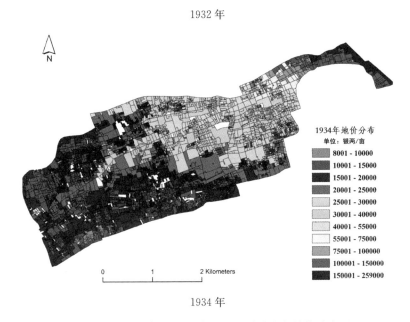

1934 年

图 6-6-13　1932 年和 1934 年法租界地价空间结构分布图

（三）法租界地价增长的空间过程及其增长模式

笔者运用 GIS 方法统计比较了 1924 年和 1928 年，1928 和 1932 年每块地产的地价增长率，并绘制了 1924—1928 年和 1928—1932 年的地价增长率分布图。从图上看，法租界地价增长的空间过程呈现以下特点：

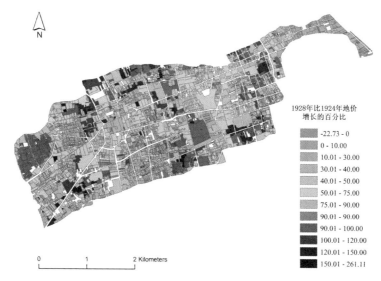

图 6-6-14　1924—1928 年地价增长率分布图

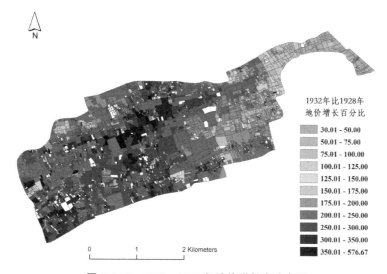

图 6-6-15　1928—1932 年地价增长率分布图

1. 地价增长过程

(1) 1924—1928 年,城市水平较低的法租界西部地区的地价增幅,明显高于城市化水平较高地区的老法租界区,其中外滩及公馆马路(今金陵东路),地价增幅最低,甚至出现负增长。而法租界西部,一些环境较差地区,特别是未填埋的死水河浜区,卫生条件较差,地价负增长,最低降幅为22.73%。地价增幅较大地区,主要位于第二次扩展区东部,康悌路(今建国东路),金神父路与亚尔培路之间城区,巨籁达路(今巨鹿路)与福熙路(今延安西路)之间城区,善钟路以西,福开森路、霞飞路和华山路之间城区,贝当路及其附近等,这些地区的地价增幅在 1 倍以上,最高达 2.61 倍。除了第二次扩展区,其他均是城市化建设过程中的街区,如新筑道路及铺设水电煤等。或者填浜区,成为建筑用地后,改善了整个街区的卫生环境,推动了地价上涨。

(2) 1928—1932 年,无论是城市化水平较高的老租界区,还是城市化水平较低的西部地区,均呈明显的增长趋势,从增幅的空间分布上看,呈现西高东低的特征。与前四年相比,地价增幅较大的地区,也是城市化发展较快地区,如亚尔培路与金神父路之间街区、贝当路及其附近地区、福履理路及附近地区等地区,这些地区也是前四年地价上涨地区,延续了之前的地价增长趋势,特别是福履理路,因填浜改善环境,成为法租界增幅最快地区,高达5 倍以上。唯一不同的是,作为法租界中轴线的霞飞路,在这四年中表现出超强的地价增长态势,最高增幅达 5.76 倍。霞飞路至 30 年代前后已成为上海仅次于南京路的第二大商业中心街,地价增长不仅受惠于其得天独厚的中心区位优势,也受益于商业繁荣带来的福利。作为次中心的辣斐德路西段,地价增长也较快。

2. 地价增长模式

(1) 基础设施改善促进地价上涨的模式

这一时期法租界地价最重要的增长模式就是基础设施改善促进地价上

涨。在法租界,交通对地价影响尤著。一战结束后,公董局在修筑和拓宽马路等方面投入颇多,仅 1920—1927 年,公董局新修道路 29.375 公里。另外,1926—1931 年,共开通了 6 条电车路线,19.609 公里,2 条公交车路线,14.04 公里,总计 33.649 公里,涵盖了法租界的主要经济和居住地区。

贝当路(Avenue Petain,今衡山路)是基础设施改善促进地价上涨的典型案例。贝当路及其附近地区是法租界西区地价增幅最大的地区之一,1924—1934 年,地价增长了 5—8.45 倍。贝当路,筑成于 1924 年,为连接徐家汇和霞飞路的一条中心干道。在筑路之前,该地区主要是农田。以贝当路为中心,公董局又修筑了高恩路(今高安路)、汶林路(今宛平路)、福履理路(今建国西路)、西爱咸斯路(今永嘉路)、劳尔登路(今襄阳南路)、台拉斯脱路(今太原路)、巨福路(乌鲁木齐南路)等其他道路,使该地区成为路网密集的建成区。基础设施的改善推动了房地产开发和地价上涨。贝当路及其附近地区兴建了大量欧式建筑,至1930 年贝当路地区已成为法租界高档住宅区。其他街区,如亚尔培路南段、福履理路等地区的地价上涨,均是这一模式。

表 6-6-5　1926—1934 年贝当路及其附近地价状况　　单位:银两/亩

路　名	路　段	1924	1928	1932	1934
贝当路(今衡山路)	今淮海中路至乌鲁木齐南路	3500—4000	5500—7000	14000—23000	19600—37800
	今乌鲁木齐南路至徐家汇	2800—3500	3500—5000	11000—13500	16800—18900
福履理路(今建国西路)	今瑞金二路西至衡山路	3000—3500	5000—6000	11000—14000	15400—18200
西爱咸斯路(今永嘉路)	今瑞金二路至衡山路	2800—4000	4000—7000	10000—16000	16800—28000

(2) 城市更新促进地价上涨的模式

地价上涨的另一种模式是城市更新,其中有一个典型的案例区域为:法租界西门区。这里因靠近上海县城西门,曾被称为西门区。1924—1928 年间成为法租界地价上涨速度最快的地区之一,最高增幅达 1.5—2.6 倍。1915 年之前,这里是城市近郊,分布着众多死水河浜、坟墓,卫生环境较差。1915 年初,公董局工程处批准了工程师提交的西门区筑路计划。1916 年开始先后修筑了蓝维蔼路(今西藏南路),肇周路和吕班路之间的辣斐德路(今复兴东路)、菜市场路、平济利路(今济南路,自忠路南段),并将贝勒路(今黄陂南路)、萨坡赛路(今淡水路)向南延伸。在填浜筑路过程中,原河岸旁的大部分中国房屋被拆迁。如,1916 年开筑平济利路,许多中国房子被拆毁。1916 年,铺筑辣斐德路时,河浜两岸大部分中国房子被征购拆毁。①1917 年,整修斜桥至辣斐德路之间的蓝维蔼路时,"拆毁了 586 所中式房屋"②。取而代之的是新式里弄住宅、商业店铺,如蓝维蔼路,"目前许多中式民宅或者华人商铺已经建在这条路两侧"③。新建筑是以中式一层、中式二层和中式三层等新式里弄为主。1926 年 11 月,又开通了爱多亚路—斜桥(自打浦桥起,经金神父路、薛华立路、菜市路、白尔路、敏体尼路,至爱多亚路)、打浦桥—爱多亚路(自斜桥起,经菜市、白尔路、敏体尼路,至大世界)的 17 和 18 路无轨电车,促进了该区与市中心和城郊之间的联系。城市更新改造和有轨电车的开通,成为促进西门区地价上涨的主要因素。

(3) 商业发展促进地价上涨的模式

商业的发展促进地价上涨的模式是法租界另一种较为普遍的地价上涨模式,其中霞飞路为典型案例。霞飞路,筑于 1906 年,原名宝昌路,是贯穿租界主城区的一条主干道。筑路后很长一段时间只是一条连接法租界和徐家汇的城郊道路。1920 年开始,因大量白俄的入住,成为一条繁华的商业

---

① Compte-rendu des Travaux Exécutés pendant l'Année 1915,上海市档案馆藏,上海法租界公董局档案,档号:U38-1-2783。

②③ Compte-rendu des Travaux Exécutes pendant l'Année 1917,上海市档案馆藏,上海法租界公董局档案,档号:U38-1-2785。

表 6-6-6　1924—1934 年法租界重要商业街地价状况　　单位：银两/亩

街 名	位 置	1924	1928	1932	1934
公馆马路延伸段（今金陵西路）	今西藏南路至普安路	9000—14000	18000—25000		50000—84000
	今普安路至黄陂南路	7500—9000	15000—18000		39000—50000
霞飞路（今淮海中路）	今西藏南路至马当路	9500—12000	16000—23000		49000—77000
	今马当路至茂名南路	6500—9000	12000—15000	30000—35000	49000—55000
	今茂名南路至东湖路	5500—6000	7000—11000	20000—34000	30000—47600
	今东湖路至乌鲁木齐中路	4500—5000	6500—7500	19000—27000	26600—39200
	今乌鲁木齐中路至华山路	3500—4000	5000—6500	13000—17000	13000—23800
金神父路（今瑞金二路）	今延安中路至复兴中路	6000—7000	10000—11000	22000—35000	30000—50000
	今复兴中路至肇嘉浜路	3000—5000	5000—8000	12000—20000	16800—26600
亚尔培路（今陕西南路）	今延安中路至复兴中路	4500—5500	8000—9500	21500—35000	30100—49000
	今复兴中路至肇嘉浜路	3000—4000	3500—7500	13000—20000	16800—28000
善钟路（今常熟路）		3500—4500	6500—8000	15000—25000	19600—37800

街。据文献记载，2000 余俄国侨民在霞飞路开设了 100 余家商业店铺、百货店、咖啡馆，霞飞路也被俄侨自称为"涅瓦街"。①至 20 世纪 30 年代，入住法租界的白俄人口倍增。据法租界户口调查，1930 年 4 月 24 日，法租界的俄侨有 3879 人，而 1934 年增至 8260 人，比 1930 年增加了 1.13 倍。霞飞

---

① 汪之成：《上海俄侨史》，上海三联书店 1993 年版，第 80—81 页。

路，成为上海俄侨聚居中心，在 1930 年代已成为上海仅次于南京路的第二大商业繁华街道，"行列整齐的梧桐，黑白相间的仲夏遮阳伞，含有浓重俄国味的店招，高加索式的粗厚用具，莫斯科近郊式的花坛，伏尔加河流域式的烈酒……也使霞飞路及其附近，很快就被称作'东方的圣彼得堡'"。①1932 年"一·二八"事变后，大批俄侨从公共租界转入法租界，只有经过短短的七八年，便"使霞飞路及其周围地区彻底改观，成为上海新的现代化闹市中心"。在 1928—1932 年间，霞飞路的地价增幅高居法租界首位，最高涨幅达 5.76 倍。霞飞路地价上涨，还带动了周边地区的地价增长，如霞飞路附近的巨籁达路、蒲石路、环龙路等俄侨聚集区，地价涨幅也颇大。

据 1935 年法租界公董局基于街区的商业店铺调查，法租界商业店铺较为密集、店铺数量超过 40 的商业街区，主要分布在老法租界(南部除外)、第二次扩展区东部、西门区、霞飞路中段(吕班路至亚尔培路)、巨籁达路、蒲石路、福熙路西段、善钟路、亚尔培路、薛华立路南部街区、吕班路等，这些商业区的地价增长模式与霞飞路大同小异，均是由商业繁荣推动了地价上涨。

五、1934—1943 年法租界地价变迁

1934 年之前至 1937 年，法租界地价变化较为稳定。据时人评论，1935 年"从前投于本市土地之一大部分资本，系由国内及国外双方输入。上海今日之繁荣，外人投资与有力焉，中国支付对外贸易入超之资金，其一大部分留存在上海，以为土地投资。其他因国际贸易、由国外输入中国之资金，亦为土地投资"。②1937 年之后，随着难民涌入租界，地价又迅速上涨。根据《1934 年法租界地籍册》《1939 年法租界地籍图》和《1941 年法租界地籍图册》，对 1934—1941 年法租界地价的时空演变进行统计分析。

① 汪之成：《上海俄侨史》，上海三联书店 1993 年版，第 93 页。
② 《外人投资》，《申报》，1935 年 12 月 16 日，第 10 版。

第一,这一时期,法租界的地价空间结构与前一时期相比并未发生大的变化,呈现以公馆马路、霞飞路为轴线,从东向西地价逐步降低的特征。值得注意的是,道路的等级和区位,对价格的高低具有重要的影响。一般道路级别越高,区位条件越好,其道路两侧土地的价格也越高。

第二,这一时期法租界西区地价增幅整体上快于东部地区,其中,外滩的地价,几乎没有变化,老法租界区中部甚至出现了负增长。而法租界西南部主要干道,如今衡山路、建国西路、华山路、武康路、常熟路等沿街及街道内部,即原低价区,为这一时期地价上涨最快的地区。各街道地价上涨情况详见下表。

第三,西部也有几块区域的地价出现了负增长,与周边地区地价增长差异颇大,比如位于今复兴西路、安福路、武康路等围合的街区,地价明显低于周边。出现这种现象,很有可能与战争有关,待考。

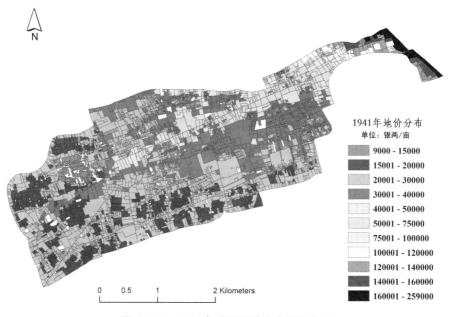

图 6-6-16　1941 年法租界地价空间分布图

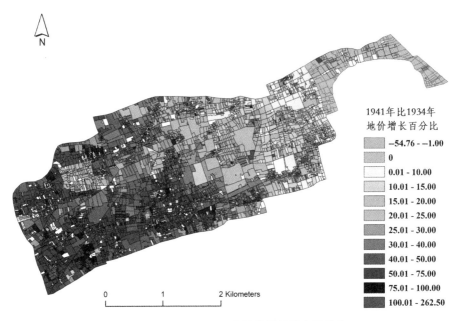

图 6-6-17 1934—1941 年地价增长的空间分布

表 6-6-7 老法租界区 1934—1941 年的地价状况 单位:万银两/亩

地价水平	范围	1934	1941
第一等级	外滩	18.2—25.9	18.2—25.9
第二等级	外滩至山东南路西	9.8—22.4	10.9—22.4
第三等级	山东南路至福建南路	7.7—14	7.5—13.8
第四等级	福建南路至西藏南路	5.6—11.9	5.6—12.4

表 6-6-8 1924—1941 年法租界主干道及次干道的地价状况

单位:银两/亩

路 名	范 围	1934	1941	1934—1941 年增长%
公馆马路延伸,今金陵西路	西藏南路至普安路	50000—84000	57000—75000	1.89—1.61
	普安路至黄陂南路	39000—50000	47000—57000	2.7—1.89

续　表

路　名	范　围	1934	1941	1934—1941 年增长％
霞飞路，今淮海中路	西藏南路至马当路	49000—77000	60000—77000	2.94—0
	马当路至茂名南路	49000—55000	35000—60000	−4.69—1.25
	茂名南路至东湖路	30000—47600	28000—57000	−0.98—2.61
	东湖路至乌鲁木齐中路	26600—39200	45000—49000	3.24—7.8
	乌鲁木齐中路至华山路	13000—23800	19000—42000	5.57—8.45
衡山路	淮海中路至乌鲁木齐南路	19600—37800	29000—45000	2.52—5.76
	乌鲁木齐南路至徐家汇	16800—18900	26000—30000	6.44—6.82
复兴中路		30000—33600	33000—41000	1.37—2.88
复兴西路	重庆南路至瑞金二路	26600—33600	38000—40000	2.52—5.23
	瑞金二路至衡山路	17500—28000	30000—38000	4.46—8
	衡山路至华山路	16800—26600	9000—26000	−8.53—0.33
建国西路	重庆南路至瑞金二路	19600—23800	27000—30000	3.36—4.68
	瑞金二路西至衡山路	15400—18200	24000—29000	6.54—6.88
建国东路	肇周路至重庆南路	22400—25200	30000—34000	4.26—4.37
合肥路	西藏南路至重庆南路	26600—29400	29000—35000	1.24—2.52
永嘉路		16800—28000	19000—31000	1.46—1.77
长乐路	重庆南路至茂名南路	35000—50000	30000—52000	−2.18—0.9
	茂名南路至常熟路	16800—33600	28000—43000	6.36—7.57
	常熟路至华山路	11200—23800	18000—34000	7.01—9.32

续　表

路　名	范　围	1934	1941	1934—1941 年增长%
延安中路	重庆南路至瑞金二路	30000—42000	41000—50000	4.56—4.45
	瑞金二路至乌鲁木齐中路	25200—40600	28000—52000	1.52—6.38
延安东路		56000—259000	60000—259000	0.99—0
肇嘉浜路	肇周路至重庆南路	19600—22400	21000—28000	0.99—5.7
	重庆南路至陕西南路	16800—19600	21000—27000	3.24—8.3
	陕西南路至徐家汇	13300—16800	18000—26000	4.42—11.5
西藏南路	延安东路至寿宁路	46000—119000	49000—119000	0.91—0
	寿宁路至合肥路	35000—42000	35000—45000	0—0.99
黄陂南路	延安中路至太仓路	35000—56000	40000—60000	0.99—1.93
	太仓路至合肥路	28000—35000	32000—40000	1.93—1.93
	合肥路至肇嘉浜路	22400—26600	24000—32000	0.99—2.68
重庆南路	延安中路至太仓路	39000—50000	40000—60000	0.36—2.64
	太仓路至建国东路	26600—39000	31000—40000	0.36—2.21
	建国东路至肇嘉浜路	22400—23800	28000—30000	3.24—3.36
瑞金二路	延安中路至复兴中路	30000—50000	38000—60000	2.64—3.43
	复兴中路至肇嘉浜路	16800—26600	24000—33000	3.13—5.23
陕西南路	延安中路至复兴中路	30100—49000	35000—60000	2.18—2.94
	复兴中路至肇嘉浜路	16800—28000	24000—37000	4.06—5.23
常熟路		19600—37800	31000—45000	2.52—6.77
岳阳路		15400—19600	22000—31000	5.23—6.77

续　表

路　名	范　围	1934	1941	1934—1941年增长％
华山路	常熟路至乌鲁木齐中路	19600	26000—33000	4.12—7.73
	乌鲁木齐中路至武康路	16800—19600	26000—28000	5.23—6.44
	武康路至淮海中路	12500—16800	22000—28000	7.57—8.41
	淮海中路至徐家汇	15400—16100	24000—26000	6.54—7.09
天平路		12600—16800	25000—27000	7.01—10.28

　　地价上涨与抗战爆发后，难民大量涌入，人口骤增存在密切的关系。根据法租界公董局的一份人口普查资料可知（这份资料仅包括第三次扩展区的人口密度），1939年法租界人口密度最高的地区在陕西南路、成都南路、卢家湾、徐家汇地区等，这些地区比1937年增长了1.71倍。此外，还有永嘉路、建国西路、衡山路等街区，比1937年增长了50％—100％。若对比1934—1941年地价增长的空间过程图，人口密度增长最快的陕西南路、永嘉路、建国西路和衡山路等街区，也是战后地价上涨最快的地区。1938年，法租界每月建筑数量比上年增加14％，总造价增加了26.8％。[1]张辉通过对比公共租界和法租界历年人口增长得出同样的结论："但吾人若认人口增加地价亦因之增高之原则为可信，并证以公共租界因保护难民而使人口突然增加地价激增之前提为有力之证件，则由下列人口增加，而可以得知法租界人口增加影响于地价高涨之甚矣。"[2]

　　贝当路（今衡山路）是抗战爆发后人口增长较快的街区，1937年，衡山路的人口密度为14427人/km²—28293人/km²，而1939年衡山路的人口密度增为20997人/km²—49050人/km²，增长73.36％，地价在1934年为

①　熊月之主编：《上海通史》，第8卷，上海人民出版社1999年版，第293页。
②　《上海市地价研究》，正中书局1935年版，第39页。

1.68 万—1.82 万两/亩,1938 年,增至 2 万两/亩,1941 年又增为 2.6 万—3 万两/亩,1941 年是 1934 年的 1.6 倍。又如陕西南路至襄阳南路的街区,是抗战爆发后增长最快的街区,1937 年,该街区的人口密度为 7.5 万—16.2 万人/km²,1939 年增至 15.7 万—44 万人/km²,1939 年比 1937 年增长了 1.73 倍,该街区地价在 1934 年为 16800—28000 两/亩,1941 年增为 24000—37000 两/亩,1941 年为 1934 年的 1 倍以上。其他街区情况类似,不难推测,人口的增长对于地价影响颇著。

后　记

在本书稿完成之际,谨向对本书稿有重要指导的安克强(Christian Henriot)教授、满志敏教授,以及其他帮助我的师友致以最诚挚的谢意。

本书稿是笔者在法国 2010—2012 年以及 2016—2017 年法国做博士后和访学时的科研项目,导师为安克强教授。在目前的国际汉学界,安克强教授是最为活跃的上海史研究者之一。2010 年 6 月,我在复旦大学历史地理研究中心顺利通过了博士论文《近代上海法租界城市化空间过程研究》答辩。当时,安克强教授正在从事"虚拟上海"(Virtual Shanghai)的国际项目,考虑到我的历史地理背景,并且博士论文采用了 GIS 研究方法,于是邀请我赴法国做博士后,参与"虚拟上海"的国际项目。

到法国后,安克强教授和我商谈具体的研究方向。安教授给我几个建议,要么按照博士论文的方向,继续以城市道路为切入点,从事城市空间的研究,要么选择另外一项全新的研究。我考虑到博士论文写作期间,还有一项重要任务没能如愿完成,故不想重复那个时段的工作。还记得在 2009 年秋季,即博士论文最后一年,我向导师满志敏教授汇报博士论文的进展时,谈到了做地籍图研究的想法。当时我已处理了 1895 年、1931 年和 1843 年等几个年份的法租界地籍图册的数据。满老师听了我的汇报,没有直接反驳我,而是轻轻地说,"地籍图的史料价值确实非常高,但也很耗时,如果按照现在这样的进度,再有三年时间也是完不成博士论文的",并建议我工作了之后再继续这项研究。我也听从了他的建议,才按时完成博士学位论文。巧合的是,安克强教授当时正在处理公共租界(1939年)中、北、西、东区和法租界(1939年和1941年)的地籍图，由伊丽莎白工程师利用ArcGIS软件进行绘图。安克强教授同意了我做这项研究。安克强教授把他已经收集的文献、数据和已经数字化的地图全部给了我，让我继续处理。我接手后，伊丽莎白工程师也就不再进行地籍图的数字化工作，但伊丽莎白工程师，之后还有Charlotte Aubrun工程师，在绘图方面给了我很多的指导，在此表示感谢。

实际上，从事地籍研究是一项非常艰巨的任务，因为数据非常的庞大，据不完全统计，上海两个租界的地籍数据，接近10万条。另外，地籍图的数字化也非常耗时。最开始进行这项工作时，还遇见一个非常大的困难，即地籍资料缺乏、不系统。最初仅有公共租界1933年地籍册和1939年地籍图，而法租界的地籍资料也仅限于1932—1934年，1939年和1941年等几个年份的地籍图册。也正因为这一问题，使这项研究断断续续，持续了多年。特别感谢安克强教授，他为寻找地籍资料费尽心血，其中有两份地籍图册，就是通过他找到的，系由法国私人收藏，提供给我们使用。一份是1877年法租界地籍图册，这是目前所知最早的法租界地籍图册。还有1902年法租界的地籍图，系法租界第二次扩界后绘制的一份地籍图，价值极高。

为了查找其他年份的地籍图册，我去了很多的国内外收藏机构，比如法国外交部档案馆(巴黎主馆和南特分馆)，法国国家档案馆、法国国家图书馆，英国国家档案馆、英国国家图书馆，上海市档案馆、上海市图书馆等。有不少年份的地籍图册资料是很偶然地发现的，比如1906年、1908年、1916年法租界地籍册是在法国南特档案馆中查阅其他资料发现的，还有1924—1928年法租界地籍册是在上海社科院举办的一次国际会议上，由一位比利时的学者提供的，原图存放在比利时的一个小镇图书馆里。差不多每个地图，都有一个故事。最终，经过几年努力，总算收集到比较系统的上海租界地籍图册资料了。地籍图册的数字化和大量数据的处理，花费了我极大的精力。还记得在法国的四年留学时间里，差不多每个晚上，办公室仅剩下我一个人工作至23时，等回到家，妻、儿早已进入梦乡。

另外,安克强教授对于地籍数据方面也做了很多工作。不同年份的数据,在内容和格式上各有不同,安克强教授对每一个我完成的 Excel 表格数据,都进行了多次校对,并在格式上进行了统一。另外,对于研究的内容,多次进行指导。在法国留学期间,我发表了两篇英文的学术论文,安教授给予了大量的指导,并对我的稿子进行了大量的修改,最终达到了发表的程度。在此表示衷心的感谢。

此外,还要感谢我的导师满志敏教授,在我毕业之后的几次相聚中,满老师总是关心我的研究进展,特别在绘图方面,给予了大量的指导,让我避免了很多弯路。还有业师张晓虹教授,不仅在学业上给予我很大帮助,而且在生活上也关心备至。在此向我的两位导师,表示衷心的感谢。

我要感谢对本书提供资料或其他帮助的师友。法国里昂第二大学的柯榕教授、法国巴黎东方语言学院萧小红教授、法国里昂高等师范大学尹冬茗博士、赵伟清博士、台湾东海大学的郭奇正教授、澳门科技大学的杨迅凌教授、北京大学的李孝聪教授、云南大学的成一农教授、中国社会科学院孙靖国研究员、孙宏年研究员,还有复旦大学的周振鹤教授、张伟然教授、丁雁南教授、徐建平教授、上海师范大学钟翀教授、吴俊范教授、上海电机学院刘炳涛教授等等,我还要感谢上海社会科学院的同仁马学强研究员、王敏研究员、宋钻友研究员、徐涛研究员、何方昱研究员、葛涛研究员、万勇研究员、陆烨副研究员,还有罗婧副研究员、陈云霞助理研究员、刘雅媛助理研究员,等等,在此一并致谢。

感谢上海社会科学院重要学术成果出版资助项目,为本书出版提供了资金支持。

最后要感谢我的父母和岳父母,妻子李永梅,还有牟怀天、牟怀瑾两个宝贝,对我的极大的支持和精神鼓励,让我有精力从事自己的研究,并完成这一书稿。

牟振宇

2022 年 12 月 1 日于沪

图书在版编目(CIP)数据

道契与地籍图册:近代上海城市空间形态研究:
1843－1943/牟振宇著.—上海:上海人民出版社,
2022
(上海社会科学院重要学术成果丛书.专著)
ISBN 978－7－208－18050－5

Ⅰ.①道… Ⅱ.①牟… Ⅲ.①城市史-上海-1843－
1943 Ⅳ.①K925.1

中国版本图书馆 CIP 数据核字(2022)第 223346 号

责任编辑 聂　瓦
封面设计 路　静

上海社会科学院重要学术成果丛书·专著

道契与地籍图册:近代上海城市空间形态研究(1843－1943)
牟振宇　著

出　　版　上海人民出版社
　　　　　(201101　上海市闵行区号景路 159 弄 C 座)
发　　行　上海人民出版社发行中心
印　　刷　上海商务联西印刷有限公司
开　　本　720×1000　1/16
印　　张　55.5
插　　页　4
字　　数　729,000
版　　次　2022 年 12 月第 1 版
印　　次　2022 年 12 月第 1 次印刷
ISBN 978－7－208－18050－5/K·3254
定　　价　248.00 元